本书受中国人民大学科学研究基金项目暨中央高校基本科研业务费专项资金支持

百家廊文丛
BAIJIALANG WENCONG

战国楚简语言研究

龙国富◎著

中国人民大学出版社
·北京·

编委会名单

序　言

中国人民大学建校八十年，也是中国共产党创办新型高等教育的八十年。从 1937 到 2017，从延安的陕北公学，到晋察冀边区的华北联合大学、正定的华北大学，再到北京的中国人民大学，八十年历史沧桑，斗转星移，中国人民大学始终与党和国家同呼吸、共命运。八十年来，几代学人进行了殚精竭虑的学术探索，在治学方面取得了令人瞩目的杰出成就。

改革开放以来，中国人民大学的学者在马克思主义指导下，努力继承中华传统文化精粹，发扬老一辈学者的笃实学风，同时借鉴了西方学术研究的新方法、新成果，解放思想，大胆创新，有力推动了我国人文社会科学的深入发展。经过数十年的建设与积淀，中国人民大学在人文社会科学各领域内学科门类建设齐全，研究领域日渐拓展，研究水准不断提升，呈现出人才辈出、欣欣向荣的学术繁荣景象。

2017 年 9 月，经国务院批准，教育部等部门下发了《关于公布世界一流大学和一流学科建设高校及建设学科名单的通知》，中国人民大学入选 A 类一流大学建设名单，哲学、理论经济学、应用经济学、法学、政治学、社会学、马克思主义理论、新闻传播学、中国史、统计学、工商管理、农林经济管理、公共管理、图书情报与档案管理等 14 个一级学科入选一流学科建设名单。入选学科除统计学为理学学科外，其余全部为人文社会学科。

中国人民大学入选"双一流"建设高校和 14 个学科入选"双一流"建设学科，既体现了党和国家对人文社会科学的重视，同时也是对中国人民大学八十年发展成就的充分肯定，是鼓励和认可，更是鞭策和期许。我们感觉肩上的担子更重了。

习近平总书记指出："人类社会每一次重大跃进，人类文明每一次重大发展，都离不开哲学社会科学的知识变革和思想先导。"如果我们将"双一流"的入选视为中国高等教育在新的历史阶段开启新的征程的信号，那么当前，中国人民大学已经站在新的历史坐标点上。我们需要总结历史，更需要开拓未来。

2016年中，学校科研处的同志与我们谈起，他们准备在校庆年启动一项名为"百家廊文丛"的持续支持工程，希望通过多年连续性的资助，把学校各学科卓有成就的学者所撰写的代表性学术成果择优出版，系统性地展示中国人民大学近年来的整体学术水平。科研处作为管理和服务教师科学研究的机构，一直把提升科研品质、打造学术精品作为部门的责任。但是，客观讲，中国高校的文科科研经费投入还是有限的，怎样把有限的资源配置到最需要、最出成效的地方，是中国人民大学多年来认真思考的问题。为了把"好钢用在刀刃上"，科研处也做了许多有益的谋划，推动了学校科研事业的蓬勃发展。

在校庆年首度推出"百家廊文丛"，具有几层特殊的意义。首先，"百家廊文丛"反映了中国人民大学在人文社会科学方面的深厚学术实力。本年入选的多部著作各具特色，有的资料翔实，有的论述细密，有的条理畅达，有的富有文采，足以彰显中国人民大学近年来的学术实绩。其次，体现出中国人民大学学者群体持续关注和深入研究我国发展面临的重大理论和实践问题的深沉人文情怀。有的学者耐得住寂寞，苦坐书斋；有的学者读万卷书行万里路，遍寻一手数据。再次，丛书是一个对外交流的窗口，在人大学者与国内外的学者之间架起了一个交流的平台。"百家廊文丛"如能持续坚持下去，就是一项规模较大的学术文化工程，值得期待。

大学因学术而显厚重，因学者而富气象。"百家廊文丛"首批推出的著作，选题丰富多元，特别是对基础学科和学科基础中的一些重要问题进行了专题研讨。对于"基础学科和学科基础"的强调和看重，一直以来也是我校科研工作的指导方针。"百家廊文丛"如果能做到叫得响、传得开、留得住，就成功了。好的学术成果一定要能沉淀下来，而非过眼云烟。

习近平总书记《在哲学社会科学工作座谈会上的讲话》指出：“这是一个需要理论而且一定能够产生理论的时代，这是一个需要思想而且一定能够产生思想的时代。我们不能辜负了这个时代。自古以来，我国知识分子就有‘为天地立心，为生民立命，为往圣继绝学，为万世开太平’的志向和传统。一切有理想、有抱负的哲学社会科学工作者都应该立时代之潮头、通古今之变化、发思想之先声，积极为党和人民述学立论、建言献策，担负起历史赋予的光荣使命。”中国人民大学长期秉持立学为民、治学报国的优良传统，始终践行着实事求是的学术良知。不论是在抗战烽火中，还是在建国伊始，不论是遭受了“文革”的磨难，还是在改革开放中凤凰涅槃，中国人民大学的学者一方面坚守书斋、甘于清贫，另一方面又关心国家、民族的命运，关心社会的进步。中国人民大学的命运从来与党和国家的命运休戚相关，而人大学者从来志向远大，他们为构建具有中国特色、中国风格、中国气派的哲学社会科学做出了积极贡献。今天，我们推出这套文丛，正是传承中国人民大学八十年文脉，弘扬砥砺奋进、实事求是精神的有益之举。

“百家廊文丛”的名字，非常契合中国人民大学的实际。因为“百家廊”是中国人民大学校内的著名风景，在李东东同志创作的《人民大学赋》中有云：“百家廊，檐飞七曜，柱立八荒，凝古今正气，汇中外学术。”我们认为，这几句话就是对即将面世的首批“百家廊文丛”的最好诠释。“百家廊中百家争鸣”，这套文丛是献给历经岁月沧桑、培育桃李芬芳的中国人民大学八十年校庆的一份心意，祝愿这所伟大的学校在新的历史征程中继往开来、再续辉煌。

是为序。

靳诺　刘伟

目　　录

第一章　战国楚简名词研究

出土战国楚简文献主要指公元前475年至公元前221年共250余年楚地出土文献。从文献版本类型看，有帛书、竹简和钟鼎。楚地在今湖北、湖南、河南三省境内，出土了大量竹简。据不完全统计，迄今为止，已出土战国简帛文献共30余批，全部或部分公布释文的有20余批。

我们把战国历史分为战国早期（公元前475—前350）、中期（公元前349—前280）、晚期（公元前279—前221），根据这三个阶段，出土战国楚简时间主要是在战国中、晚期。

战国中期出土楚简文献丰富，共有13组：湖北随州曾侯乙墓楚简（简称为《曾侯乙墓简》）①、湖北荆门包山2号墓楚简（简称为《包山简》）②、湖北江陵望山1号墓楚简（简称为《望山1号墓简》）、湖北江陵望山2号墓楚简（简称为《望山2号墓简》）③、河南新蔡葛陵1号墓楚简（简称为《葛陵简》）④、河南信阳长台关1号墓楚简（简称为《长台关

---

① 裘锡圭，李家浩．曾侯乙墓竹简释文与考释//湖北省随县考古队．曾侯乙墓．北京：文物出版社，1989．

② 刘彬徽，彭浩，胡雅丽，等．包山二号楚墓简牍释文与考释//湖北省荆沙铁路考古队．包山楚简．北京：文物出版社，1991．

③ 朱德熙，裘锡圭，李家浩．望山一、二号墓竹简释文与考释//江陵望山沙冢楚墓：附录二．北京：文物出版社，1996．

④ 贾连敏．新蔡葛陵楚墓出土竹简释文//河南省文物考古研究所．新蔡葛陵楚墓．郑州：大象出版社，2003．

简》)①、湖北江陵九店 621 号墓楚简（简称为《九店 621 号墓简》)②、湖南常德夕阳坡 2 号墓楚简（简称为《夕阳坡简》)、长沙杨家湾 6 号墓楚竹简（简称为《杨家湾简》)、长沙五里牌 406 号墓楚竹简（简称为《五里牌简》)③、长沙子弹库帛书（简称为《子弹库简》)④、浙江大学藏战国楚简（简称为《浙大简》)⑤、湖北荆门郭店 1 号墓楚简（简称为《郭店简》)⑥。

战国晚期出土楚简文献，共有 7 组：《上博简》（1—9 册）⑦、《清华简》（1—7 册）⑧、湖北江陵九店 56 号墓楚简（简称为《九店 56 号墓简》)⑨、长沙仰天湖 25 号墓楚简（简称为《仰天湖简》)⑩、香港中文大学文物馆藏楚简（简称为《香港简》)⑪、湖北江陵砖瓦厂 370 号墓楚简（简称为《江陵砖瓦厂简》)⑫、湖北黄冈曹家岗 5 号墓楚简（简称为《曹家岗简》)⑬。这些竹简有 50 060 余枚，共 109 100 余字，加上战国楚系青铜器铭文 8 000 余字，总计出土战国楚系文献 117 100 余字。

---

① 刘雨. 信阳楚简释文与考释//河南省文化局文物工作队. 信阳楚墓. 北京：文物出版社，1986.

② 李家浩. 621 号墓楚简释文与考释//湖北省文物考古研究所，北京大学中文系. 九店楚简. 北京：中华书局，2000.

③ 五里牌 406 号墓简，杨家湾 6 号墓简，长沙五里牌 406 号墓简//商承祚. 战国楚竹简汇编. 济南：齐鲁书社，1995. 杨家湾 6 号墓楚简共 72 枚，不少文字模糊不清。有文字的 24 枚，能认出的只有 8 个单字（商承祚，1995）。

④ 李零.《长沙子弹库战国楚帛书研究》补正//古文字研究：第 20 辑. 北京：中华书局，2000.

⑤ 曹锦炎. 浙江大学藏战国楚简. 杭州：浙江大学出版社，2012.

⑥ 彭浩，刘祖信. 释文注释//湖北省荆门市博物馆. 郭店楚墓竹简. 北京：文物出版社，1998.

⑦ 马承源. 上海博物馆藏战国楚竹书：第一至第九册. 上海：上海古籍出版社，2001—2010.

⑧ 李学勤. 清华大学藏战国竹简：第一至第七册. 上海：中西书局，2010—2017.

⑨ 李家浩. 56 号墓楚简释文与考释//湖北省文物考古研究所，北京大学中文系. 九店楚简. 北京：中华书局，2000.

⑩ 仰天湖 25 号墓简//商承祚. 战国楚竹简汇编. 济南：齐鲁书社，1995.

⑪ 陈松长. 香港中文大学文物馆藏简牍. 香港：香港中文大学文物馆，2001.

⑫ 滕壬生，黄锡全. 江陵砖瓦厂 M370 楚墓竹简//李学勤，谢桂华. 简帛研究 2001. 桂林：广西师范大学出版社，2001.

⑬ 黄冈市博物馆，黄冈区博物馆. 湖北黄冈两座中型楚墓.《考古学报》，2000（2）.

一　析《诗论》“文亡隐意”的“文”与“意”

1.1　引言

上海博物馆藏战国楚竹书第一册《孔子诗论》简1①：

(1) 孔子曰：“訔（诗）亡隱（离）志，乐亡隱（离）情，旻（文）亡隱（离）言。”②

整理者注：“隱”，读为“离”，从陧从心，以㥯为声符，“㥯”读若邻。《说文》无此字。“旻”即“文”，文采之意。楚简“[illegible]”字仅存上部，下部已残损，隶作“言”。③“亡”读“无”。

关于“文亡隱[illegible]（用‘Y’代）”的隶字和解释，已有很多研究成果，但存在多种不同观点。主要观点有六：

A. 整理者（2001：123）释为“文亡离言”，即文采不离开语言。“隱”读为“离”，“Y”读为“言”。④

B. 李学勤（2002）、裘锡圭（2002）、黄怀信（2004）释为“文亡隐意”，即文辞不隐藏文意。“文”指文辞，“隱”读为“隐”，“Y”读为“意”。⑤

C. 廖名春（2002）释为“文亡泯言”，即文采不泯灭语言。“文”指文采，“隱”读为“泯”，“Y”读为“言”。⑥

D. 庞朴（2002）、周凤五（2002）、刘信芳（2003）、陈桐生（2004）释为“文亡隐言”，即文采不隐藏语言。“文”指文采，“隱”读为“隐”，

---

① 除了特殊需要以外，全书所引用出土文献语料尽量使用最近研究成果，各家不同释文和观点择善而从，恕不一一注明出处，请见谅。引文符号体例：随文所注异体字、假借字、通行字用“（　）”表示，随文注出正确的字用“〈〉”表示，笔画不清或残损字用“□”表示，据文以确认的字用“[]”表示，残缺且不能确定字数的简文用“[illegible]”表示，字数不能确认的字用“……”表示。

② 马承源. 上海博物馆藏战国楚竹书（一）. 上海：上海古籍出版社，2001：123.

③④ 同②125-126.

⑤ 李学勤.《诗论》简的编联与复原. 中国哲学史，2002（1）；裘锡圭. 关于《孔子诗论》. 中国哲学，第二十四辑；黄怀信. 上海博物馆藏战国楚竹书《诗论》解义. 北京：社会科学文献出版社，2004：267-271.

⑥ 廖名春. 上海博物馆藏《诗论》简校释. 中国哲学史，2002（1）.

“Y”读为“言”。①

E. 饶宗颐（2002）、李零（2002）、王志平（2002）隶为“文亡吝言”，即文辞有藏而未发之“言”。“文”指文辞，“隱”读为“吝”，“Y”读为“言”。②

F. 何琳仪（2006）隶为“文亡陵言”，即文章不可使言辞陵越。“文”指文章，“隱”读为“陵”，陵越之意。“Y”读为“言”。③

A、C、D主张把“文”读为文采，B和E把“文”理解为“文辞”，F观点把“文”理解为“文章”。关于“隱”的解释，五种不同的释读分别为“离”（离开）、“隐”（隐藏）、“泯”（泯灭）、“吝”（吝啬）、“陵”（超越）。关于“Y”的理解，B观点读为“意”，指文意；其余观点都读为“言”，指言辞、语言。由此各种观点所表达的意义如下：

A观点的句意指“诗歌离不开志的表达，音乐离不开感情的抒发，文采离不开语言的表达”。

B观点指“诗歌不隐藏志意的表达，音乐不隐藏抒发感情，文辞不隐藏文意”。

C观点指“诗歌不泯灭思想感情心志的表达，音乐不泯灭抒发感情，文采不泯灭语言的表达”。

D观点指“诗歌不隐藏心志感情，音乐不隐藏抒发感情，文采不隐藏语言的表达”。

E观点指“诗歌有藏而未发的‘志’，音乐有藏而未发的‘情’，文辞有藏而未发的‘言’”。

F观点指“诗歌不可使心志陵越，音乐不可使感情陵越，文章不可使

---

① 庞朴. 上博藏简零笺//上博馆藏战国楚竹书研究. 上海：上海书店出版社，2002：241；周凤五.《孔子诗论》新释文及注解//上博馆藏战国楚竹书研究. 上海：上海书店出版社，2002：152；刘信芳. 孔子诗论述学. 合肥：安徽大学出版社，2003：106，109；陈桐生.《孔子诗论》研究. 北京：中华书局，2004：257.

② 饶宗颐. 竹书《诗序》小笺//上博馆藏战国楚竹书研究. 上海：上海书店出版社，2002：228；李零. 上博楚简校读记（之一）//上博楚简三篇校读记. 北京：中国人民大学出版社，2007：11；王志平.《诗论》笺疏//上博馆藏战国楚竹书研究，上海：上海书店出版社，2002：210.

③ 何琳仪. 沪简《诗论》选释//上博馆藏战国楚竹书研究. 上海：上海书店出版社，2002：243-244.

言辞陵越”。

从这些研究来看，“文亡隐 Y”中“文”的解读和“Y”的隶定及解读尚无定论，需要进一步研究。我们认为，“文”宜解读为“语言形式创作的文章”，残损字“Y”当隶定为“啬”，即“意”，指作者思想。下面就此展开讨论。

1.2　“文亡隐 Y”的“文”的意义

1.2.1　先秦“文”已经产生出“文章”的意义。“文”字本指花纹交错。《说文·文部》：“文，错画也。”段玉裁注：“错当作逪，逪画者㕛逪之画也。《考工记》曰：‘青与赤谓之文，逪画之一端也。逪画者，文之本义。”朱芳圃以“文”之本义为“文身”之文，不妥。因为“文”的形符是表达概念，而不是象形会意。《易·系辞下》：“物相杂，故曰文。”韩康伯注：“刚柔交错，玄黄错杂。”《礼记·乐记》：“五色成文而不乱。”引申为文采。常与“质”或“野”对称。《论语·雍也》：“质胜文则野，文胜质则史。”也引申为文字、语言。《孟子·万章上》：“故说诗者不以文害辞。”也引申为文辞、词句。《国语·楚语上》：“若是而不从，动而不悛，则文咏物以行之。”韦昭注：“文，文辞也。咏，风也。谓以文辞风托事物以动行也。”《韩非子·五蠹》：“儒以文乱法，侠以武犯禁。”表示语言的“文”，如果宾语是作者思想，那么“文”可引申出“文章”之意。表示文章之“文”已在战国秦汉使用。如：

(1) 故中章、胥己仕，而中牟之民弃田圃而随文学者邑之半。(《韩非子·外储说左上》)

此句子大意：于是，王登推荐中章和胥己做了中大夫，由此，中牟百姓中放弃田园耕作、追随文人学者习文断字的人，占全邑总人数一半。这里“文”指通过语言叙述礼仪制度、人文历史等方面的一切文体样式的统称。

(2) 发动而成于文，行快而便于物。(《淮南子·本经》)

高诱注：“文，文章也。”指利用语言所进行的讲说创作作品。“物”即事，“文”与“物”对文。句意指下笔就能成文，行动就能成事。

(3) 初，京师闻青、徐贼众数十万人，讫无文号旌旗表识，咸怪异之。(《汉书・王莽传》)

颜师古注："文谓文章。"这里"文""文章"指文告，"号"指召令。当时文章范围宽泛，包括诗词歌赋以外的各种文学样式。

(4) 贾谊，雒阳人也，年十八，以能诵诗书属文，称于郡中。(《汉书・贾谊传》)

颜师古注："文谓文章。言其能为文也。""属文"指撰写文章。

1.2.2 上下文与"诗"对举，"文"字可以理解为"文章""散文"。文学的重要表现形式是以语言表现内心情感，再现一定时期或一定地域社会生活。《孔子诗论》："诗亡隐志，乐亡隐情，文亡隐意。"孔子把"诗""乐""文"放在一起论述，目的是为了讨论这三种艺术形式的本质特征。众所周知，孔子此文意在探讨《诗》这样一种文学样式的本质。周早期，"诗"与"乐"二者不分，因诗歌需要配以音乐，再加上舞蹈才能演唱，所以"诗"论离不开"乐"论。周后期，随着"乐"与诗歌分离，因此，即使诗歌不配乐，不配舞蹈，仍能以朗诵诗作的方式表达人们志趣。《孔子诗论》中，孔子把"诗"这一文学体裁独立开来，并使之与"乐"并列，这体现出文学体裁在历史发展进程中的一次变革。又，一种新的文学形式正在兴起，即诗歌以外的口头讲说文学创作形式正在兴起，孔子将这种新的文学形式称作"文"，其特点是以语言方式讲说，句式自由、无韵；可口头述作，也可书面写作；能理性表达作者思想感情。与"诗"相比，"文"的不同之处在于其应用更为广泛。《孔子诗论》中，孔子对"文"和"诗"都有探讨。

徐正英（2014）研究发现，"诗无隐志，乐无隐情，文无隐意"中"文"是文章，"意"是思想内容。从文体学角度看，孔子提出"文亡隐意"具有重要意义。一是揭示出散文文体的本质特征，即以散文的形式表达作者的思想感情。二是将诗、乐、文三者的界限予以区分。他认为，诗歌以表达作者的志意为主，辅助以"情"；音乐是作者情感的直接表达，其"情"溢于表；文章是作者思想意志的理性表达，其"情"藏于内心。这种区分，很符合当时抒情诗尚不发达、文学散文尚不独立的历史背景。

三是从客观上确立了一个用于表达思想内容的散文文体评价体系。① 由此，结合“诗无隐志，乐无隐情，文无隐意”的上下文看，“文”当理解为“文章”，“意”当理解为作者思想感情。“文章”，指通过语言艺术表达个人思想意志的形式。“诗”指通过歌颂艺术表达个人思想意志的形式。

1.2.3　孔子言论中有关“文”具有“文章”或“散文”的概念。如：

(1) 子曰：“文，莫吾犹人也。躬行君子，则吾未之有得。”(《论语·述而》)

何晏注：“莫，无也。文不吾犹人者，凡言文皆不胜于人。”皇侃疏：“文，文章也。”邢昺疏：“此章记夫子之谦德也。莫，无也。文不吾犹人者，凡言文皆不胜于人，但犹如常人也。躬，身也。言身为君子，己未能也。”句子大意：论文章，我不如别人。论做君子，我还不能算成功。何晏、皇侃、邢昺都认为，孔子说的“文”指通过语言讲说的口头述作。

(2) 子曰：“博我以文，约我以礼，欲罢不能。”(《论语·子罕》)

何晏注：“孔曰：‘言夫子既以文章开博我，又以礼节节约我，使我欲罢而不能。’”皇侃疏：“文，文章也。”邢昺疏：“言夫子既开博我以文章，又节约我以礼节，使我欲罢止而不能。”句子大意：用各种文章来丰富我的知识，又用一定的礼节来约束我的行为，使我想停止学习都不可能做到。何晏、皇侃、邢昺认为，孔子说“文”指书面和口头形式的各种文体作品。

(3) 曾子曰：“君子以文会友，以友辅仁。”(《论语·颜渊》)

邢昺疏：“此章以论友，言君子之人以文德会合朋友，朋友有相切磋琢磨之道，所以辅成己之仁德也。”这里是借曾子的话表达孔子的观点。“文”应该理解为文章。这是因为，战国时期，随着诗韵采集风气的衰落，一种非韵文的散文文体形式兴起。于是，一种以口头文章讲说创作的形式广为流行。这种创作主题融“立言”“慎言”“言以足志，文以足言”为一体，意在表达作者的思想观念。文人墨客聚集在各种场合，利用口头创作

① 徐正英. 上博简《孔子诗论》“文亡隐意”说的文体学意义. 文艺研究，2014 (6)：55.

的方式，互相交流和沟通，并以此表达各自的思想意志，从而达到加深了解和增进友谊的目的。“文”于此处指利用语言媒介所进行的口头创作文体形式。

有些学者认为，如下两个例句中“文”指文章。如：

(4) 子曰：“吾犹及史之阙文也。”(《论语·卫灵公》)

我们认为，“文”于此处不是文章之意，而是“文字”“文辞”之意。何晏注：“包：‘古之良史，于书字有疑则阙之，以待知者。’”邢昺疏：“‘史’是掌书之官也。‘文’，字也。古之良史，于书字有疑则阙之，以待能者，不敢穿凿。孔子言我尚及见此古史阙疑之文。”

(5) 子贡曰：“夫子之文章，可得而闻也。夫子之言性与天道。不可得而闻也。”(《论语·公冶长》)

何晏注：“章，明也。文彩形质著见，可以耳目循。性者，人之所受以生也，天道者，元亨日新之道。深微，故不可得而闻也。”邢昺疏：“此章言夫子之道深微难知也。‘子贡曰：夫子之文章可得而闻也’者章，明也。子贡言，夫子之述作威仪礼法有文彩，形质著明，可以耳听目视，依循学习，故可得而闻也。‘天子之言性与天道，不可得而闻也’者，天之所命，人之所受以生，是性也。自然化育，元亨日新，是天道也。与及也。子贡言，若夫子言天命之性，及元亨日新之道，其理深微，故不可得而闻也。”

我们认为，这里“文”指礼乐制度。句子大意：夫子之所述作的礼乐制度，可以闻听目视；而夫子之所述作的天命之性与天道，其理深微，故难知难解。《礼记·大传》：“考文章，改正朔。”郑玄注：“文章，礼法也。”孙希旦集解：“文章，谓礼乐制度。”《论语·泰伯》：“巍巍乎其有成功也，焕乎其有文章。”朱熹集注：“文章，礼乐法度也。”韩愈《读〈礼仪〉》：“于是孔子曰‘吾从周’，谓其文章之盛也。”韩愈所说“文章”即礼乐制度。“文”也可指礼乐制度。《论语·子罕》：“文王既没，文不在兹乎。”朱熹集注：“道之显者谓之文，盖礼乐制度之谓。”《荀子·解蔽》：“墨子蔽于用而不知文。”这类“文”指“礼乐制度”。

从例(1)至(3)可看出，孔子在《论语》中讨论文体形式时，已着手把以语言讲说及散文样式为主要特征的文体与诗歌分开，尝试把“文”（“文”即以语言文字为形式）作为概念词来归纳这类文章的本质特征。孔子讨论此类以语言形式及表达理性思想意志为特征的“文章”，反映出语言艺术文学形式在百花齐放、百家争鸣的战国时期就已产生，并已得到发展。把“文无隐意”中的“文”视作以语言形式表达作者思想的“文章”或“散文”，是正确认识和准确把握孔子“诗论”的前提和条件。

1.3　“文亡隐 ”的“ ”的形体

“文亡隐 ”的“ ”字，由于字形残损，其隶定存在有两种不同的观点：一是隶为“言”，前文 1.1 中 A、C、D、E、F 观点持此意见；二是隶为“意”，B 观点持此意见。

从文字笔画上看，隶为“言”的观点恐难成立。因为《孔子诗论》中有关“言”字楚文有第 2、3、8、17、19、20、25、28 简，共 15 次，都作“ ”，字头没有一小横笔。据研究，《子羔》的形制和文字与《孔子诗论》一致，我们调查《子羔》篇发现，有第 4、5、10 简共 3 次用“言”，字头也没有一小横笔。而此楚文“ ”则有一小横笔，那么其不宜隶为“言”。

我们赞同楚文“ ”隶定为“意”的观点。不过，其字形不应该是“意”，而应该是“啻”。据我们调查，在楚简中有《郭店简・语丛三》简 64、《上博简五・鬼神之明》简 4、《上博简七・武王践阼》简 1 都有“意”，其字形隶作“啻”。下面，可从“意”字形演变入手，为“啻”的隶定提供证据。

“意”是意义较抽象的动词，产生于西周，字形作“啇”。战国秦汉时期其字形包括“悥”和“意”。其字形演变路径为：由“啇”“啻”到“悥”“意”。

西周金文中有“意”字出现，写作“啇”。如西周中期《九年卫鼎》2831 号“寿商罘意”之“意”写作“ ”，《意簋》3738 号“意作宝簋”之“意”写作“ ”。西周晚期《漳伯簋》3821 号“意与尊簋”之“意”写作“ ”。战国中期《令狐君嗣子壶》9720 号“万意（亿）年”之“意”写作“ ”。可见金文有“意”隶作“啇”的情况。

战国时期楚文“意”，早期写作“啻”，晚期写作“意”。如：

（1）其力能至焉而弗为乎？吾弗知也。其力固不能至焉乎？吾又弗知也。（《上博简五・鬼神之明》简 4）

此简中“”，原释曹锦炎（2005：318）隶为“啻”，释为“意”，没有“心”的偏旁。通“抑”，抑或之意，表示推测。如：

（2）武王问于师尚父，曰：“不知黄帝、颛顼、尧、舜之道在乎？微茫不可得而睹乎”（《上博简七・武王践阼》简 1）

此简中“”，原释陈佩芬（2001：151）隶为“啻”，即为“意”，没有“心”的偏旁。通“抑”，抑或之意，表示推测。如：

（3）毋，毋固，毋我，毋必。（《郭店简・语丛三》简 64—65）

此简中“”，原释（1998：212）隶为“啻”，即为“意”，没有“心”的偏旁。通“臆”，臆测之意，表示推测。

楚简晚期出现从心从啻的“意”。如：

（4）亡勿用。（《清华简一・程寤》简 7—8）

此简中“”从心从啻，字形与“意”存在一定差别。原释（2010：138）隶为“意”，读为“亿”，度的意思。“亿亡”指度其将亡。关于“意亡”的解释可商，参见本书第六章第四节“析连词‘意亡’和‘殹之’”。

这些隶为“啻”和“意”的字都表示推测之义。战国时期，“啻”加“心”旁作“意”，小篆讹变为“意”。钱大昕《廿二史考异・史记五・屈原贾生列传》：“‘好恶积意’，当作‘意’。”徐灏注《说文・心部》云：“意、意实一字，古意之籀文作意，去入一声之转，当从心啻声为正，意乃小篆变体耳。”依此楚文“意”的用法，我们推测《孔子诗论》“文亡隐”中的“”应该与上面楚文“啻”字形体一样，也宜隶为“啻”，读作“意”。

字形上，“意”字还极有可能存在另一种演变路径，即由“音”到“意”。

字形用“，(音)”不用“意”。如：

(5) 有出于域，生出于有，音出于生，言出于音，名出于言，事出于名。或（域）非或（域），无胃（谓）或（域）。又（有）非又（有），无胃（谓）又（有）。生非生，无胃（谓）生。音非音，无胃（谓）音。(《上博简三·恒先》简5—6)

此简中，五个楚文都隶为“音”，读为“意”。古“音”入声，与“意”相通用。廖名春说“音”通作“意”，二者是假借关系。季旭昇认为，“音”字应该直接释为“意”，表示“意思”之义。也就是说，“意”是“音”的引申用法。

“音”与“意”构成古今字，先是“音”既表示音乐义的“音”，又表示“意思”义的“意”。上例《恒先》中的“音”都读“意”，“音出于生，言出于音”就是意出于生，言出于意。“音非音，无谓音”就是意非意，无谓意。类似如秦时“说”，既读“说话”的“说”，又读高兴的“悦”，这些字的用法都构成古今字，后来逐渐分化。战国秦汉之际，“音”字加意符为“意”，表示“意思”义的“意”从“音”字的基础上衍生出来。这个时期，由于文化的发展，新的汉字大量产生，出现不少古今字。

战国时期，秦国开始写作“意”。如战国《十钟印举》作“ ”，秦小篆作“ ”。如《睡虎地秦墓竹简·法律答问》简29“甲意所盗羊也”中“意”作“ ”。“ ”从心音声。秦国与楚国“意”的写法有方言的差别：秦国写作“ ”，从心音声；楚国写作“啻”和“ ”，前一字从立从中从曰，后一字从心从啻。

汉代承传秦国写法，作“意”。马王堆汉墓帛书《老子》甲简96作“ ”，银雀山汉墓竹简《孙膑兵法》简31作“ ”。定州汉墓竹简《论语》简283作“ ”，汉孔和碑作“ ”。如马王堆汉墓帛书《老子》甲简96“意（音）声之相和也”中“意”写作“ ”。

与“意”有关的文字，在《说文》中保留三个：

一是“意”，这是记录秦国字形。《说文》：“意，志也。从心，察言而知意也。从心从音。”

二是“意”，这是记录西周雅言晚期字形。《说文》：“意，满也。从心啻。籀文‘意’。十万曰意。”段玉裁注：“《方言》曰：‘臆，满也。’《广雅》曰：'臆，满也。'汉蒋君碑'余悲冯亿'。皆意之假借字也。”“意”表示推测之义。

三是“啻”，这是记录金文的字形。《说文》：“啻，快也。从言从中。”段玉裁注：“会意。中之言得也，言而得故快。”“啻”为“億”的本字。《泰山都尉孔宙碑》：“永矢不刊，啻栽扬声。”黄公渚评注：“啻，与億同，十万曰億。”《说文》“意”与“意”是形义都不同的两个字。于省吾在《甲骨文字释林》（458～459页）中认为，“音”和“啻”都从“言”分化出来，而“音”与“意”关系密切。“意”的语义抽象，文献中用“音”为“意”是“音”的引申用法。季旭昇（2004）认为，根据出土文献用法，应该是“音”加上义符“心”，造出形声字“意”。

1.4 结论

综上所述，“意”与“意”所产生的地域、用法和演变历程均有所不同。“意”最早见于秦国，表示意思、愿意、希望之意，沿用至今；“意”最早见于周朝，表示意思、推测之意，汉代废止，其用法归入“意”。

“意”的字形有带有地域性的不同演变路径。

秦国“意”字形演变路径为：音（东周）→意（秦国），表示意思、愿意、希望之意，传到今天。

西周雅言“意”字形演变路径为：啻（西周）→意（东周），表示意思、推测之意，汉代字形废止，其义归入“意”。

楚国“意”的字形演变路径为：啻（楚国早期）→意（楚国晚期），表愿意、思想、推测之意。

从“意”字形历史演变看出，“文无隐□”中的“□”当隶为“啻”，读为“意”，表示思想。由此，“诗无隐志，乐无隐情，文无隐意”指诗以吟诵形式表达志意，音乐以弹唱形式抒发情感，文章以语言形式表达思想。

楚地简帛文献中，由于“意”的意义抽象，字形晚起，故多用借字。楚地有“抑、殹、伊、罷”等假借用法。雅言和秦地简帛文献中“意”则有“抑、懿、噫、亿、忆、臆”等假借用法。

二　析《诗论》“颂坪德”的“坪”

2.1　引言

上海博物馆藏战国楚竹书（一）《孔子诗论》简 2：

（1）讼（颂）坪（平）悳（德）也。①

整理者注：“颂”即《毛诗·颂》的篇名。楚文“□”隶为“坪”，“坪德”一词，古籍中未见。坪、平古通用。“坪德”读为平德。《颂》之平德指文王武王之德，平德理解为平成天下之德。②

关于楚文“□”字的隶字和释文，学界已有很多研究，存在许多种不同观点。主要观点有五：

A. 原释马承源（2001：127）隶为“坪”，读为“平”，“颂，平德”指《颂》的篇章歌颂文王、武王具有平成天下之德。季旭昇（2003）予以申说。但他说，文献中难以见到“坪德”一词③，汪维辉（2003）认为，释“平德”为平成天下之德，显得过于迂曲④。

B. 廖名春（2002：18）隶为“塝”，读为“旁”。《说文·上部》：“旁，溥也。”《水部》：“溥，大也。”《广雅·释诂二》：“旁，广也。”“旁德”即大德、广德。⑤ 何琳仪（2002）、周凤五（2002）、冯胜君（2002）、许全胜（2002）也持此观点。⑥

C. 杨泽生（2002）、张桂光（2002）隶为“塄”，读为“雱”。“雱”又是“旁”的籀文，“雱”有雪盛之貌，“雱德”即盛德。⑦

---

①② 马承源. 上海博物馆藏战国楚竹书（一）. 上海：上海古籍出版社，2001：127.

③ 季旭昇. 读《上博（二）》小议.（2003-01-12）. 简帛研究网.

④ 汪维辉. 上博楚简《孔子诗论》释读管窥. 汉语史学报，2003（3）：154-158.

⑤ 廖名春. 上博馆藏诗论简校释. 哲学史研究，2002（1）：19.

⑥ 何琳仪. 沪简《诗论》选释.（2002-03-18）. 简帛研究网；周凤五.《孔子诗论》新释文与注解//上博馆藏战国楚竹书研究，上海：上海书店出版社. 2002：152-172；冯胜君. 读上博简《孔子诗论》札记//古籍整理研究学刊，2002（2）：11；许全胜.《孔子诗论》零拾//上博馆藏战国楚竹书研究，上海：上海书店出版社. 2002：363-373.

⑦ 杨泽生. 上海博物馆所藏楚简文字杂说. 江汉考古，2002（3）：75-81；张桂光. 战国楚竹书《孔子诗论》文字考释//上博馆藏战国楚竹书研究，上海：上海书店出版社. 2002：335-341.

D. 裘锡圭（2002）从字形和文意考察提出，无论读“平”还是读“旁”（或“雱”“滂”）都不是最妥当，相对来说，读“旁”比读“平”更为适合。楚文“”（《孔子诗论》简 2）与楚文“”（圣）（《孔子诗论》简 3）形似。它可能是“圣”字的误写。①

E. 俞志慧（2002）隶为“坊”，读为“旁”。②

此五种不同隶定，主要可以归纳为三类：一类是以“坪”字为代表，如观点 A；再一类以“旁”或“方”为偏旁的字为代表，如观点 B、C、E。又一类以“圣”字为代表，如观点 D。

2.2 “塝”与“坪”的文字演变

我们先考察“旁”（塝）和“坪”（平）二字的产生和历史演变。

“塝”的初文是“旁”，“旁”产生于商代，字形演变为：

商代甲骨文中，“旁”有简体“”（一期《合》6666）和繁体“”（四期《英》634）两种，简体从从方，繁体从凡从方（王国维说）。

到周代金文中，“旁”（塝）的凡形与方形结合，产生讹变，也有简体和繁体，简体有“”（周中父丁尊），或省作“”（周晚妐趩母簋）、石鼓文皆从“”；繁体有“”（周中者减钟）。简体把凡形和方形结合，多数上加一横笔，繁体凡形讹变为用形，且与方省形结合，上加一横笔。

战国秦文字“旁”作“”（《睡虎地秦简》简 16）、“有田其”（《睡虎地秦简》简 79），凡形讹变为用形，且与方形结合，上加一横笔。

“塝”字没有出现时，与偏旁“旁”有关的字开始出现，西周时，“滂”出现，石鼓文《灵雨》作“”，周代，“榜”出现，金文《舀鼎》作“”。先秦还有“傍”“雱”等。

“塝”应该出现于中古，但从周代到隋代，我们调查的传世文献和出土文献中都没有见到，唐代写本佛经中见到“塝”字。如唐敦煌写本佛经《普贤菩萨说证明经》“头复戴山谷堤，共佛争力”中的“”，又同

---

① 裘锡圭．谈上博简和郭店简中的错别字//新出楚简与儒家思想国际学术研讨会论文集，2002：13-25.

② 战国楚竹书·孔子诗论．(2002-01-17)．简帛研究网.

卷“神珠明月卦着城”（又甲本作坊，乙本作傍）中的“”（黄永武《敦煌宝藏》第116册，382页）。《康熙字典》曰：“‘塝’本是吴楚间方语，土之平阜曰塝，沟塍之畦畔处亦曰塝。”从“塝”字产生时代看，应该指唐代江淮一带。

“坪”的字形演变，其初文是“平”，出现于春秋时期。

春秋战国金文“平”有简体和繁体，简体作“”“”，如“”（春秋诺公鼎），从兮，上一横，象气之平舒（杨树达说）。繁体作“”（肤平钟）“”“”“”（战国中平夜君成戈）等。“坪”，简体作“”（战国高平戈），从土，从兮。繁体作“”（攻敌臧孙钟）、“皇角”（律管）、“竞”（秦王钟）、“夜君成之载鼎”（平夜君鼎）、“”（救奉戌钟），简体是两横或三横，繁体是四横到五横。这类繁体容易与“塝（旁）”混同。

楚文字“坪”“平”都作“坪”，有简体和繁体两种，简体作“”（《曾侯乙墓》简67），从土，从兮，上一横。繁体作“”（《望山1号墓简》简72）、“九州岛不”（《长沙帛书乙》简5）、“夜君”（包山简简206）、“皇”（《曾侯乙墓简》简580）。金文与楚文“坪”的演变一脉相承，都是从土，从兮，上一横。

从“塝”“坪”的字形演变看，二者有不同笔画也有相同的笔画。其差别表现在：(1) 字形笔画不同。“旁”字下面必须有“方”形，“坪”字的繁体下面虽然有的也有横折弯钩，但是不成“方”形。(2) 产生时间不同，“坪”“平”产生于周代，“旁”产生于商代，“塝”产生于中古以后。其相同之处表现在：“旁”字本为从凡形讹为用形（王国维说），但“坪”的繁体其偏旁“平”也近似“用”形的笔画；“旁”字也讹为“用”，导致其与“坪”字的繁体偏旁“平”近似。所以楚简中“塝”与“坪”通用。

那么，从历史角度看，战国时期近似于“旁”的带土形的字，其字形都宜看作“坪”。

2.3　出土简帛中“坪”的字形演变

前文研究发现，战国时期只出现“坪”字，“塝”字还没有产生。这一节我们进一步考察出土简帛文字“坪”字的使用及字形演变。楚简中“坪”字有简体和繁体之分。

楚简中简体“坪”字，如：

随县曾侯乙墓出土编钟“皇”中的“”（《古文字诂林》第 11 册，501 页），从土，从兮，上加一横笔。

《曾侯乙墓简》简 67“所驭夜君之畋车”中的“”，从土，从兮，上加一横笔。

又简 181“夜君之州加公熊鹿”中的“”（《古文字诂林》第 11 册，501 页），从土，从兮，上加一横笔。

楚简中繁体“坪”字，与简体比较多了一横笔，塝位于右边。如：

《石盘》“皇”中的“”（《古文字诂林》第 11 册，501 页），从土，从兮，再在中间加一横笔。

《长沙子弹库帛书》简 5“九州不”中的“”，从土，从兮，再在中间加一横笔。

《包山简》简 5“所驭夜君之畋车”中的“”，从土，从兮，“兮”形中的偏旁“八”开始讹变，再加横笔。

《清华简一·王居》简 12“景王即位”中的“”，从土，从兮，中间加一横笔，又在中间多了一小横笔，有向“用”形靠近的趋势。

《簠斋古印集·古印》“阿”中的“”，从土，从兮，中间加一横笔，“八”形与二横笔一起讹为“凡”形，与甲骨文金文“旁”的“凡”形相混。

《平夜君鼎》“夜君成之载鼎”中的“”。从土在左边，从兮，在中间加一横笔，“八”形与二横笔一起讹为“凡”形。与甲骨文金文“旁”的“凡”形相混。

《上博简七·凡物流行（甲）》简 12“土奚得而”中的“”，与“”（《望山 1 号墓简》简 72）相近，只要塝一个在左一个在右，从兮，中间加一横笔，“八”形已经残缺，似乎也讹为“从”形。

楚文中下面四组文字发生很大的讹变，带有很强的楚文字特色。

第一组：《上博简二·容成氏》简 18“山陵隰”中的“”，《上博简四·昭王毁室》简 5“王徙处于漫”中的“”，《上博简六·平王问郑寿》简 1“景王”中的“”，从土在左边或右边，从兮，上面和中间分别加一横笔，“八”形讹为“从”形，第三个字“从”形少一撇笔，“兮”形下部分似与“方”形近似。

第二组：《上博简一·孔子诗论》简 2“颂，德也”中的“”，《上博简二·子羔》简 1“万邦”中的“”，从土，“兮”形中的“八”形讹为两竖，与二横笔结合近似于“用”形，“兮”形中的竖折弯钩讹为“方”形下部，这样“平”的形体与“旁”的形体混同。“坪德”读旁德，“旁”有大、盛之意，指《颂》用来歌颂文王武王之大德盛德。“坪万邦”读为平万邦，平定万邦之意。

第三组：《上博简一·孔子诗论》简 4“诗其犹门”中的“”，《上博简五·鲍叔牙与隰朋之谏》简 8“雩陸至膝”中的“”，《上博简五·季康子问于孔子》简 23“邦”中的“”，楚文中这类字形宜从土，“兮”形中的“八”讹为两竖，近似于“用”形，“兮”形中的竖折弯钩讹为“方”形，这样容易与“塝”的形体混同。“坪门”读为旁门，即大门。“雩坪陸至膝”读雨平地至膝。“邦坪”读邦平，国家太平之意。

第四组：《清华简五·殷高宗问于三寿》简 7“厌必”中的“”，虽然其偏旁“旁”与周中期《者减钟》中“”（旁）近似，好像“塝”字，但它比“旁”少一横笔。语义上它只能理解为“坪”，“厌必坪”读为厌必平，意为心存满足必定平安。又上面已经证明该时期“塝”还没有产生。其实，“”字从土，“兮”形中的“八”讹为两竖，二横笔结合近似于“甬”形（如《上博简二·容成氏》简 30“”），“兮”形中的竖折弯钩讹为“方”形下部分。

裘锡圭（1979）说，依据随县曾侯乙墓出土编钟“（坪）皇”和“（坪）夜君”，推勘上揭楚文字中的“塝”均应读为“坪”。我们的调查也恰好证明这一观点是正确的。

可见，楚文中人们看作“塝”“”的字，都宜看作“坪”，这些楚文字充分体现了楚文“坪”的用字特点。虽然“坪”和“塝”并非一字①，但

---

① 裘锡圭. 谈谈随县曾侯乙墓的文字数据. 文物，1979 (7).

是在语音和意义上，“塝”和“坪”是相通的。语音上“塝”是并纽阳部，“坪”是并纽耕部，并纽双声，阳耕旁转。意义上土之平阜曰塝，沟塍之畦畔处亦曰塝（《康熙字典》）。可见“塝”有平义。那么，《孔子诗论》中的“颂，坪德”之“坪”通“塝”，“塝”读“旁”，“旁”有大、盛之意，“坪德”即指大德、盛德之意。

2.4　从《颂》篇的主题看“颂坪德”的意义

为说明问题，我们从《颂》篇主题看《孔子诗论》中“颂，坪德”的意义。

《颂》指《诗经》中三种诗歌类型之一，即收集在《周颂》《鲁颂》《商颂》中祭祀时用的舞曲歌辞，《周颂》31 篇、《鲁颂》4 篇、《商颂》5 篇，共 40 篇。

《颂》是宗庙祭祀的乐歌和史诗，内容多是歌颂祖先的功业。《毛诗序》：“颂者美盛德之形容，以其成功告于神明者也。”这是颂的含义和用途。王国维说：“颂之声较风、雅为缓。”（《说周颂》）这是其音乐的特点。《颂》本是祭祀时颂神或祖先的乐歌，但《鲁颂》4 篇，全都是颂扬尚且在世的鲁僖公美德的诗，《商颂》中，也有歌颂时君德行的诗篇。

《颂》除了以“歌”颂的形式以外，还有以“舞”颂的方式，名曰“形容”。清阮元在《释颂》中也谈到“颂”字的本义：“颂之训为美盛德者，余义也。颂之训为形容者，本义也。且颂即容字也。容、养、羕一声之转，古籍多通借。今世俗传之样字始于《唐韵》，即容字。岂知所谓《周颂》、《鲁颂》、《商颂》者，若曰周之样子、鲁之样子、商之样子而已，无深义也。三《颂》各章皆是舞容，故称为颂。”所以“颂”指通过歌唱和舞蹈形式赞颂先祖盛德的一种表达方式。赞颂的主要对象是文王和武王。盛，大也。盛德即大德。

2.5　结论

(1) 楚简中“坪”字有简体和繁体之分。简体承继雅言用法，只有简单的改造，如《曾侯乙墓简》简 67 的“ ”，《平夜君鼎》的“ ”。繁体发生很大的讹变，带有明显的楚文字特色。如《上博简二·容成氏》简

18的“”，《上博简一·孔子诗论》简2的“”，《上博简一·孔子诗论》简4的“”，《清华简五·殷高宗问于三寿》简7的“”。(2)这些字形宜来为“坪”，因为从历史演变着，“塝”字产生于唐代。(3)“坪”与“塝”通用。

三　析《诗论》“多言後”的“後”①

3.1　引言

《上博简一·孔子诗论》简2：

> (1)《颂》平德也，多言逡(後)。其乐安而迟，其歌绅而惕，其思深而远，至矣!②

整理者注：“‘逡’‘後’通用，‘後’是指文王武王之后。《颂·武》：‘于皇武王，无竞维烈，允文文王，克开厥後。’‘後’当指此。”③

学界有关“多言後”的解释存在三种不同观点：

A.“後”指周文王、周武王之后。整理者（2001：127）认为，“後”指的是周朝文王、武王之后。刘信芳（2002）认为，“後”指后继者，“多言後”意在指《颂》多有言及后人承继先王功烈之事。董莲池（2002）认为，“後”是指周文王、周武王之德行惠及后人。李零（2007：33）认为，“後”与《诗》中《载见》《雝》《小毖》《殷武》中的“後”用法相同，指后代。季旭昇（2009）认为，“多言後”指深思远虑，惠及后世。④

B.“後”释作“厚”。廖名春（2002）、孟蓬生（2002）释为“厚”。廖名春说《释名·释言语》：“厚，后也，有终后也。”《论语·学而》：“慎终追远，民德归厚。”“厚”指忠厚。《颂》为宗庙祭祀乐歌，主题就是

---

① 本节观点受徐正英教授启发，“多言後”之“後”有王之称，指周文王、周武王。

②③ 马承源．上海博物馆藏战国楚竹书（一）．上海：上海古籍出版社，2001：127.

④ 马承源．上海博物馆藏战国楚竹书（一）．上海：上海古籍出版社，2001：127；刘信芳．孔子诗论述学．合肥：安徽大学出版社，2002；董莲池．上海博物馆藏战国楚竹书《孔子诗论》解诂//古籍整理研究学刊，2002（2）；季旭昇．《上海博物馆藏战国楚竹书（一）》读本．北京：北京大学出版社，2009；李零．上博楚简三篇校读记．北京：中国人民大学出版社，2007.

"慎终追远"，故称"多言厚"。①黄人二（2002）把"厚"训为"恩惠"。②

C. "後"与"后"相通。江林昌（2002）认为"後"通"后"，人君。"颂坪德也，多言後"指"颂"是用来弘扬广大君主德行的。③ 持此观点还有陈斯鹏（2007）。④

以上三种观点表明，"多言後"的"後"，有人把它理解为"后世"。我们却认为，"多言後"当读作"多言后王"或"多言王"。

从语音上看，正如江林昌（2002）和陈斯鹏（2007）所说，"後"与"后"相通。因上古二者都属于匣纽侯部字，同音。

从当时楚地词汇使用的社会性看，"後王"一词属于同义并用，在当时普遍使用，是社会现象的反映。"後王"即王的另一种称呼，实指周文王、周武王和周成王等。下文我们将予以具体申说。

3.2 从《颂》的诗篇内容看"多言後"的意义

《孔子诗论》简 2"《颂》平德也，多言後"，宜释读为"《颂》的篇章大多是对文王、武王等君王德行的歌颂"。《孔子诗论》简 6"《昊天有成命》，二後受之，贵且显矣。《讼》……"，《昊天有成命》篇歌颂周成王之德，"二後受之"指文王、武王二君受封。考察《颂》的诗篇内容，《颂》有《周颂》31 篇、《鲁颂》4 篇、《商颂》5 篇。31 篇《周颂》中，歌颂文王德行的篇章有 6 篇：《清庙》《维天之命》《维清》《我将》《雝》《赉》。歌颂武王德行的篇章有 6 篇：《时迈》《载见》《执竞》《武》《酌》《桓》。歌颂成王德行的篇章有 2 篇：《昊天有成命》《噫嘻》。歌颂列祖列宗德行的篇章有 12 篇，如《烈文》《天作》《思文》等。还有 5 篇属于祭祀用的乐歌或告诫诗等。那么，《周颂》31 篇中有 26 篇是歌颂先君德行的。简文中孔子提及的《清庙》《昊天有成命》《烈文》等 3 篇都属于颂先君王的

---

① 廖名春. 上海博物馆藏《诗论》简校释. 中国哲学史，2002（1）；孟蓬生.《诗论》字义疏证. 新出土文献与古代文明研究国际学术研讨会，2002.

② 黄人二. 上海博物馆藏战国楚竹书（一）研究. 上海：上海古籍出版社，2002.

③ 江林昌. 上博竹简《诗论》的作者及其与传本《毛诗》序的关系.（2002-06-10）. 简帛研究网.

④ 陈斯鹏. 上海博物馆藏战国楚简《诗论》解诂. 考古与文物，2007（6）.

诗篇。《鲁颂》5 篇和《商颂》4 篇也都是关于鲁国先君和殷商先君的颂歌。可以看出，符合孔子说《颂》的篇章“多言後”，指很多篇章是歌颂先君王。“後”即“后王”，指文王、武王、成王等先君。

《孔子诗论》简 2：“颂，平德也，多言後。”意即“《颂》是颂扬君王德行的篇章，多言周文王、周武王、周成王等君王”。《孔子诗论》简 5：“有成功者何如？曰：‘《颂》是已。’”意即“对厚积德业的君王，将如何得到颂扬呢？答：《颂》就是用来颂扬他们美德的篇章”。无疑，《颂》的篇章属于歌颂君王德行之作。很显然，孔子的论述前后呼应。

《诗序》：“《颂》者美盛德之形容，以成其功，告于神明者也。”正好与简文《孔子诗论》中对《颂》的论述一致。

以上事实证明，《孔子诗论》中《颂》篇章中的“多言後”即指“多言及周文王、周武王、周成王这几位君王”。

3.3　从“後”“后”在出土文献中的用法看“後”

下面看“後”“后”（楚文或作“句”）在出土文献中的用法。

上海博物馆藏战国楚竹书中，“後”“后”有如下用法：

“后”，表示君王、王后义，6 例；表示前后义，21 例。

“後”，表示君王义，7 例；表示前后义，36 例。

以上用法表明，“後”“后”都能表示君王义。由此，《孔子诗论》简 2 中“多言後”之“後”当指君王，与“后”相通。“後”通“后”作君王的用法在《上博简》中还另有 6 个用例，如：

(1) 尧有子九人，不以其子为後（后），见舜之贤也，而欲以为後（后）。舜乃五让以天下之贤者，不得已，然句（后）敢受之。（《上博简二·容成氏》简 12—13）

(2) 舜有子七人，不以其子为後（后），见禹之贤也，而欲以为後（后）。禹乃五让以天下为贤者，不得已，然句（后）敢受之。（《上博简二·容成氏》简 17—18）

(3) 禹有子五人，不以其子为後（后），见皋陶之贤也，而欲以为後（后）。（《上博简二·容成氏》简 33—34）

上面例子中“不以其子为後（后）”意即“不把他的儿子立为君王”。“欲以为後（后）”意即“打算将舜（禹、皋陶）立为君王”。句中的“後”都释作“后”，指君王。

《郭店简》中，“後”“后”有如下用法：

“后”，表示君王、王后义，2例；表示前后义，33例。

“後”，表示前后义，29例；无君王义。

《清华简》中，“後”“后”有如下用法：

“后”，表示君王、王后义，25例；无前后义。

“後”，无君王义；表示前后义，12例。

以上研究表明，战国时期楚简中前后的“後”与皇后的“后”互为通用，现在我们进一步考察“後”在楚文以外出土文献中的用法。

出土秦简中，“後”“后”用法如下：

“后”，无君王、王后义，也无前后义。

“後”，表示前后义，112例；无君王义。

出土汉简中，“後”“后”用法如下：

“后”，表示君王、王后义，17例；表示前后义，41例。

“後”，无君王义；表示前后义，134例。

3.4 从“後”“后”在传世文献中的用法看“後”

下面我们进一步考察“後”“后”在传世文献中的用法。

“前後”的“後”写作“王后”的“后”。如（引自《古字通假会典》324页）：

惟告周公其后。（《书·洛诰》）

周秉均：“‘后’指後续治洛。”《通典礼十五》引“后”作“後”。

古者五十而后爵，何大夫冠礼之有？（《仪礼·士冠礼》）

“后”通“後”。《礼记·郊特牲》作：“古者五十而後爵，何大夫冠礼之有？”

《经典释文》引《礼记·曲礼》：“然后辩肴”作“然後辩肴”。

段玉裁《说文解字注·后部》：“经传多假‘后’为‘後’。”俞樾《群经平议·春秋公羊传》：“‘后’与‘後’古通用。”《说文谐声孳生述》：

“今经典‘后’‘後’二字通用，多见《仪礼》《礼记》等书……据《说文》，‘后’作‘後’，是声同假借。《五经文字序列》曰：‘经典音字多有假借，若借“后”为“後”。’”

不仅如此，在传世文献中，有将“王后”的“后”写作“前後”的“後”，有将“後”与“王”同义连用，写作“後王”的用法。《荀子》中共有6例。如：

(1) 欲观圣王之迹，则于其粲然者矣，後王是也。(《荀子·非相》)

王念孙《读书杂志》云：“杨倞注：‘後王，近时之王也。’夫礼法所兴以救当世之急，故随时设教，不必拘于旧闻，而时人以为君必用尧舜之道，臣必行禹稷之术，然后可，斯惑也。故荀卿深陈以後王为法，而审其所贵君子焉。司马迁曰：‘法後王者，以其近己而俗相类，义卑而易行也。’刘云案：‘後王谓文武也。’杨注非。汪云：‘《史记》引“法後王”，盖如赋诗之断章耳。此注承其误，名为解《荀子》，而实汨之。’念孙案：‘後王’二字，本篇一见，《不苟》篇一见，《儒效》篇二见，《王制》篇一见，《正名》篇三见，《成相》篇一见，皆指文、武而言，杨注皆误。”①

(2)：彼後王者，天下之君也；舍後王而道上古，譬之是犹舍己之君而事人之君也。(《荀子·非相》)

(3) 後王之成名：刑名从商，爵名从周，文名从礼，散名之加于万物者，则从诸夏之成俗曲期，远方异俗之乡，则因之而为通。(《荀子·正名》)

(4) 节遇谓之命：是散名之在人者也，是後王之成名也。(《荀子·正名》)

(5) 後王之成名，不可不察也。(《荀子·正名》)

(6) 凡成相，辨法方，至治之极复後王。(《荀子·成相》)

“後王”也可以泛指周王，即周代君王。《十驾斋养新录》卷十八《法後王》：“孟言先王与荀所言後王，皆谓周王。”

---

① 王念孙. 读书杂志. 南京：江苏古籍出版社，1985：652，653.

3.5 结论

综上所述，《孔子诗论》篇中“多言後”的“後”非指后继者，而是指“周文王、周武王、周成王这几位君王”。“後王”，即王，这一用法在《上博简》和《荀子》数篇中都有证明。“後王”指周文王、周武王、周成王等。事实证明，当时楚地词汇使用的社会性，“後王”一词属于同义并用，在当时普遍使用，是社会现象的反映。“後王”一词带有地域性，主要是楚地和中原大地对王的另一种称呼，实指周文王、周武王和周成王等。战国时期楚简中前后的“後”与皇后的“后”互为通用，而秦简中则没有这种用法。

第二章　战国楚简动词研究

一　析动词“就”

1.1　楚地方言词“就”

在战国楚地发现有一个方言词“就”，可表时间，作状语。如：

(1) 稾（就）虐（吾）子之牆（将）伥（长），女（如）又（有）讹（过），则非子之咎，竱（傅）母之辠（罪）也。(《清华简七·赵简子》简2)

例（1）大意为：等你长大成人时，如果犯下了过失，那不是你的错，而是傅父和傅母的错。

“就”出现在句首，其所在成分作时间状语。

(2) 稾（就）卲（昭）王之亡，要王于随，寺（时）战于縈（溠），战于潛（梁），战于长［嫷（陶）］、曲嫷（陶），三戰（战）而三昔（捷），而邦人不爯（称）畝（勇）安（焉）。(《上博简九·邦王不称》简2、3)

例（2）的大意为：等到昭王逃亡至随又欲逃亡他处的时候，遭到叶公子高阻挠。叶公子高当时在溠、梁、长陶、曲陶等地大败敌军，之后又与前来救援的秦军联手反击吴师获胜而复国。但是由于邦人不认识他，所以并不称扬他的英勇。

"就"出现在句首，其所在成分作时间状语。

(3) 覃（就）逡（复）邦之遂（后），盍（盖）昇（冠）为王获，而邦人不爯（称）娓（美）安（焉）。（《上博简九·邦王不称》简3、4）

例(3)的大意为：等到楚昭王复国回到郢都时，叶公子高用冠遮住面部护送楚昭王回京，邦人不认识他，因而不称扬他的善举。

"就"出现在句首，其所在成分作时间状语。

(4) 覃（就）白公之禍（祸），聕（闻）今（令）尹、司马既死，牆（将）迈（适）郢，鄴（叶）之者（诸）老皆柬（谏）曰："不可，必以帀（师）。"鄴（叶）公子高曰："不旻（得）王，牆（将）必死，可（何）以帀（师）为？"（《上博简九·邦王不称》简4、5）

例(4)的大意为：等到楚惠王遭遇"白公胜之乱"时，令尹子西和司马子綦双双被杀，楚惠王逃亡至楚昭王夫人宫中。叶公子高准备冒着风险前去郢都平叛，叶地的各位长者劝阻他道："不能去。非要去的话，也必须得带军队前往。"叶公子高说："如果找不到王，我誓将死在那里，带军队去干什么呢？"

"就"出现在句首，其所在成分作时间状语。

(5) 覃（就）王之长也，赏之㠯（以）焚㝵（国）百甶（町）①，古（故）为鄴（叶）连嚣（敖）与鄵（蔡）乐尹，而邦人不称畲（能）安（焉）。（《上博简九·邦王不称》简10）

例(5)的大意为：及至楚惠王长大成人，楚惠王赏给叶公子高良田百畛，赐叶连敖和蔡乐尹的官职。但是由于国人不认识他，因而不称颂他的才能。

"就"出现在句首，其所在成分作时间状语。

---

① 此字从贞省从田，由贞田二字合体，形成楚文字特色。此字当释为"町"，读为"畛"。"畛"是楚人常用的田亩单位，《楚辞·大招》："田邑千畛，人阜昌只。"《战国策·楚策一》："叶公子高，食田六百畛"，又曰："封之执圭，田六百畛。"王宁. 上博九《邦人不称》释文补正简评.（2015-04-05）. 复旦大学出土文献与古文字研究中心网.

(6) 周公乃内（纳）亓（其）所为社（功）自以弋（代）王之敚（说）于今（金）紎（縢）之匮，乃命执事人曰：“勿敢言。”稾（就）遂（后），武王力（陟），盛（成）王由（犹）學（幼）才（在）立（位）。(《清华简一·金縢》简 5—7)

例（6）的大意为：周公于是把向祖己祭祀请求接受天命替武王去死的祷祭之文锁在了金縢盒里，他对负责此事的众臣们说：“不可以把这件事告诉给任何人。”等到这件事发生之后，武王不幸离世，成王尚且年幼在位。

“就”出现在句首，其所在成分作时间状语。

(7) 稾（就）虐（吾）先君襄公，亲冒虏（甲）章（胄），以绌（治）河凄（济）之閒（间）之嗇（乱）。(《清华简七·赵简子》简 8、9)

例（7）的大意为：等到我的先君晋襄公登上王位之时，亲自带领军队平定了“河济之乱”。

“就”出现在句首，其所在成分作时间状语。

(8) 稾（就）虐（吾）先君坪（平）公，宫中卅₌（三十）里，驼（驰）马四百驷。(《清华简七·赵简子》简 10)

例（8）的大意为：等到我的先君晋平公登上王位之时，虒祁之宫绵延三十里，马一千六百匹。

“就”出现在句首，其所在成分作状语，表示时间。

1.2 方言词“就”的不同释读

对“就”字的释读，目前尚无定论，其观点有三：

第一种观点，“就”，整理者释读为时间介词。如：

(1) 稾（就）虐（吾）子之牆（将）伥（长），女（如）又（有）讹（过），则非子之咎，娷（傅）母之辠（罪）也。(《清华简七·赵简子》简 2)

整理者注：“稾，介词，与其后内容组成介词短语，表示时间。关于此类‘亯’字的用法，参看沈培《从清华简和上博简看‘就’字的早期用法》（‘源远流长——汉字国际学术研讨会暨 AEARU 第三届汉字文化研讨会’论文，二〇一五年四月十一—十二日，北京大学）①。长指年岁渐大，一说训‘久’。”②

这种观点的不妥之处，就在于从语义上进行表面比附，把相当于现代汉语“等到……的时候”的动词“就”与现代汉语介词“当”看作同一种性质。这种做法只顾及语义，不考虑词汇的句法功能和语法关系。

第二种观点，“就”，子居释读为“及”，相当于“至”。

子居把“就”看作“及”。子居说，“就吾子之将长”中的“就”，直接训“及”。“及”“就”皆有至义，因此“就吾子之将长”即是“及吾子之将长”。不难看出此处的“就”即彼处的“及”。③然而，子居没有说明“就”这一用法的词性问题。杨树达《词诠》是把“及”表示“至”义的用法看作时间介词，不知道子居是否也持同样的观点，还需进一步探讨。

海天游踪先生云：“孟蓬生、李家浩二先生都将‘就’读为‘𪠥’，至也。”这一观点值得商榷。

第三种观点，“就”，整理者读为“终”，动词。如：

(2) 周公乃内（纳）亓（其）所为社（功）自以弋（代）王之敚（说）于今紎（縢）之匱，乃命执事人曰：“勿敢言。”亶（就）逡（后），武王力（陟），成（成）王由（犹）孿（幼）才（在）立（位）。（《清华简一·金縢》简 5—7）

《清华简一·金縢》简 5—7 中的“就”，整理者认为：“亶，读为‘就’，《尔雅·释诂》：‘终也。’”④ 这种观点把“就”看作传世文献中的一般用法，没有注意到“就”在楚地方言中的特殊用法。其实，“就”在

① 沈培认为，楚墓竹简中这种用法的“就”跟古书中“及”的用法相同。

② 李学勤. 清华大学藏战国竹简（七）. 上海：中西书局，2017：108.《源远流长——汉字国际学术研讨会暨 AEARU 第三届汉字文化研讨会论文集》于 2017 年由北京大学出版社出版。

③ 子居. 清华简七《赵简子》解析.（2017-05-29）. 中国社会科学院文学研究所先秦史研究网.

④ 李学勤. 清华大学藏战国竹简（一）. 上海：中西书局，2011：160.

这里表示时间，相当于“等这件事发生之后”。

1.3 方言词“就”的用法体现语言的系统性

我们认为，前文中的第二种观点正确。“就”为“至”之意。不过，还需要进一步明确它在作动词时是时间状语。下面，我们从语言的系统性方面证明“就”这一用法的合理性。

由于语言的系统性原则，词汇具有系统性，在某一种语言或某一阶段的语言中，某一用法会出现有数个词同时使用的情况。在楚简中，除了用“就”表示时间以外，也有用雅言“及”表示时间，作动词的情况。如：

(1) 枼（世）及吾先君武公，西城洢、閑（涧），北就邾（邬）、刘，縈厄（轭）蔿、竽（邘）之国，鲁、卫、郰、蔡逨（来）见。(《清华简六·郑文公问太伯》简6、7)

(2) 枼（世）及吾先君臧（庄）公，乃东伐齐酄之戎为彻（烈），北城温、原，遗阴欙（桑）次，东启遗乐，吾逃（逐）王于葛（葛）。(《清华简六·郑文公问太伯》简7、8)

(3) 及學（幽）王之身，好叏（使）年（佞）人而不訐（信）慭（慎）良。(《清华简六·管仲》简23)

(4) 枼（世）及吾先君邵（昭）公、剌（厉）公，殹（抑）天也？亓（其）殹（抑）人也？为是牢鼠不能同穴，朝夕斗阋，亦不逸（失）斩伐。(《清华简六·郑文公问太伯》简9、10)

(5) 今及吾君，弱幽（幼）而嗣（嗣）长，不能莫（慕）吾先君之武彻（烈）臧（庄）功，印（抑）泾（淫）条（媱、逸）于庚（康），膢（获）皮（彼）荆俑（宠）。(《清华简六·郑文公问太伯》简10)

某一用法有可能存在于不同的语言之中，只不过是记录的形式有差异而已。“就”作动词表时间这一用法在传世文献中也都有出现。不同的是，楚方言用的是“就”，传世文献中用的是“及”。

(6) 及庄公即位，为之请制。(《左传·隐公元年》)

(7) 九月，及宋人盟于宿，始通也。(《左传·隐公元年》)

(8) 及卫州吁立，将修先君之怨于郑。(《左传·隐公四年》)

(9) 及惠王即位，取蒍国之圃以为囿。(《左传·庄公十九年》)

上文所列举传世文献和出土文献中的“及”，都作动词，表示时间。这一用法与楚方言中的“就”同处在一个词汇系统当中，它们的语法功能和词汇意义相同。下文1.6节还将专门论证这一问题。

1.4 方言词“就”的时间用法是隐喻的结果

“就”的本义为“就高地而居”，作动词。《说文·尢部》：“就，就高也。从京，从尢，尢，异于凡也。”桂馥义证：“就高也者，《孟子》：‘为高必因邱陵。’《九经字样》：‘高，人所居高丘也。’就字从之。馥按：此言人就高以居。”

“就”的语义从“就高地以居”发展为“等到某时间”，经历了语义范畴从表空间转移到表时间。从“到达某高地以居”发展为“等到……的时候”，所在的句子由在句法中作谓语而发展成为作时间状语。这些发展都是隐喻作用的结果。

所谓“隐喻”，是指人类的认知从一种概念范畴映射到另一种相似概念范畴的一种活动。隐喻出现在各种形式的活动当中，就连日常会话都是通过认知隐喻来体现人类世界观的。隐喻在人类语言和认知活动中起着不可或缺的作用。高层次的概念，如使役、时间、情感等，在语义上都根植于人所经验的各种低层次概念域当中。例如把生命看作旅程，有“生命旅途”之说法。把因果关系看作家族关系，有“现代理学之父”之说法。①

“就”表示时间是把“居住”这一空间概念看作了“等待”这一时间概念，因为人长期处在某地就相当于人在某地一直等待。这是典型的时间概念隐喻，它根植于人类在生存环境中所获得的经验当中。

1.5 从词汇的历史观看方言词“就”的语法性质

我们认为“就”作动词，与后面的名词组合为动宾结构作主句的时间

① 克里斯特尔. 现代语言学词典. 沈家煊，译. 北京：商务印书馆，2000：63，64.

状语，用于句首。从语言的历史观可以证明这一点。先看“就”的语义演变过程：

首先，“就”表示靠近某场所，带处所宾语，相当于“接近”“靠近”。如：

(1) 就其深矣，方之舟之。就其浅矣，泳之游之。(《诗·邶风·谷风》)

(2) 水流湿，火就燥。(《周易·乾》)

接着，“就”扩大使用范围，语义开始抽象化，表示靠近某事物，能带事或物的宾语，相当于“接近”“靠近”。如：

(3) 木受绳则直，金就砺则利。(《荀子·劝学》)

(4) 万民皆知所避就，避祸就福，而皆以自治也。(《商君书·定分》)

然后，“就”的使用范围再扩大，语义更加抽象化，表示接近某时间，相当于“等到……的时候”，能带时间宾语。如：

(5) 就王之长也，赏之以焚域百畛，故为叶连嚣与蔡乐尹，而邦人不称贪焉。(《上博简九·邦人不称》简10)

(6) 稾（就）虐（吾）先君坪（平）公，宫中卅＝（三十）里，驼（驰）马四百驷，䌛（缀）亓（其）衣尚（裳），孚（饱）亓（其）酓（饮）飤（食），宫中三褮（台），是乃欽（侈）巳（已），肰（然）则遳（失）敀（霸）者（诸）侯，不智（知）周室之□□□龕（俭）之欽（侈）□□□□□□□欽（侈）之龕（俭）虐（乎）？（《清华简一·程寤》简10、11）

此时“就”仍然用作动词，它的词法位置仍然是其后可带名词，组成动宾结构。但是，它的句法地位已经发生了变化，从主句的谓语降格到时间状语，表示谓语的时间关系。从认知语法学看，“就”从表达处所的词再发展为表达时间的词，当是一种常见的隐喻手法在起作用。

1.6　从词汇的系统性看方言词“就”的语法性质

我们认为“就”作动词，与后面的名词组合为动宾结构作主句的时间状语，用于句首。从词汇的系统性可以证明这一点。在同一个词汇系统中，还有“及”“逮”“迨”等词，它们的演变都有着类似的过程。先看“及”的演变过程。

A. “及”，甲骨文作“[illegible]”（粹 665），从又从人，会逮捕之意（郭沫若《文史论集》）。《说文·丿部》：“及，逮也。从又从人。”徐锴系传：“及前人也。”

首先，文献中表示追上某人或赶上某地方，词义为“追上”“赶上”，作动词。如：

（1）周王于迈，六师及之。（《诗·大雅·棫朴》）

（2）故不能推车而及。（《左传·成公二年》）

例（1）朱熹《诗集传》：“六师之众追而及之。”

接着，“及”引申为达到某地，词义为“达到”，作动词。如：

（3）瞻望弗及，伫立以泣。（《诗·邶风·燕燕》）

（4）若阙地及泉，隧而相见，其谁曰不然？（《左传·隐公元年》）

（5）将及华泉，骖絓于木而止。（《左传·成公二年》）

到达某地可以引申为“等到……的时候”，或“趁……的时候”，作动词。如：

（6）病未及死，吾子勉之。（《左传·成公二年》）

（7）少之时，血气未定，戒之在色；及其壮也，血气方刚，戒之在斗。（《论语·季氏》）

（8）十五岁矣。虽少，愿及未填沟壑而托之。（《战国策·赵策四》）

到达某地也可以引申为达到某品行，或做某事赶得上，作动词。如：

（9）子贡曰：“我不欲人之加诸我也，吾亦欲无加诸人。”子曰：“赐也，非尔所及也。”（《论语·公冶长》）

（10）君美甚，徐公何能及君也？（《战国策·齐策一》）

到达某地还可以引申为涉及某事，或说到某情况，作动词。如：

(11) 子曰："群居终日，言不及义，好行小慧，难矣哉!"(《论语·卫灵公》)

"及"以上用法都是动词，而《汉语大字典》把"及"表示"等到……时候"和"趁……时候"的用法看作介词，应做进一步探讨。①杨树达《词诠》卷四对"及"有如下论述②：

介词，涉及也。如：

子服景伯谓子贡曰："……子盍见大宰?"乃请束锦以行。语及卫故，大宰嚭曰："寡君愿事卫君，卫君之来也缓，寡君惧，故将止之。"(《左传·哀公十二年》)

时间介词，表追及在前者。如：

张耳者，大梁人也。其少时，及魏公子毋忌为客。(《史记·张耳传》)

时间介词，犹今口语之"趁"。于一事未起之先豫为一事时用之。如：

国家闲暇，及是时，明其政刑，虽大国，必畏之矣。(《孟子·公孙丑上》)

时间介词，至也，比也。如：

君与之，臣闻齐君惕而前骄，虽得贤，庸必能用之乎?及齐君之能用之也，管子之事济也。(《管子·大匡》)

杨树达先生以上观点应做进一步探讨。从上文关于"及"的演变过程可以得知，"及"的语义从到达具体的某地可以引申到抽象的时间，可引申到所涉及的事物，还可引申到相关的情感等。这些引申用法都是动词，是一种隐喻现象。楚方言中的"就"与"及"的这些用法都基本保持一致。唯一不同的是，"及"的语义继续虚化，产生了介词和连词用法。

"及"从动词虚化为介词，表示动作涉及的对象。如：

(12) 及尔偕老，老使我怨。(《诗·卫风·氓》)

① 汉语大字典编辑委员会. 汉语大字典. 成都：四川辞书出版社，1988：35.

② 杨树达. 词诠. 北京：中华书局，1978，134-135.

(13) 屈完及诸侯盟。(《左传·僖公四年》)

(14) 夏四月丁未，公及郑伯盟于越。(《左传·桓公元年》)

“及”从介词虚化为连词，表示两个事物的并列。如：

(15) 生庄公及公叔段。(《左传·隐公元年》)

(16) 七月亨葵及菽。(《诗·豳风·七月》)

(17) 民怨曰：“余及汝皆亡!”(《清华简一·尹至》简2)

“及”从动词发展到介词再到连词，这是历史演变的结果，是一种语法化过程。

B. “逮”，《说文·辵部》：“逮，及也。从辵隶声。”

首先，文献中表示达到某要求，词义为“至”“及”，动词作谓语。如：

(18) 峙乃糗粮，无敢不逮。(《尚书·费誓》)

例(18)孔传云：“皆当储峙汝糗备之粮，使足食，无敢不相逮及。”

接着，“逮”引申为“趁……时候”“到……时候”，动词，作时间状语。如：

(19) 逮吴之未定，君其取分焉。(《左传·定公四年》)

(20) 愿君逮楚，赵之兵未至于梁，亟以少割收魏。(《史记·穰侯列传》)

杨树达《词诠》卷二对“逮”的用法有如下论述①：

时间介词，及至也。如：

阚止知之，先待诸外，公子曰：“事未可知，反，与壬也处!”戒之，遂行，逮夜，至于齐，国人知之。(《左传·哀公六年》)

时间介词，与“迨”同，趁也。如：

凡于一事未始之前先为一事时用之。

夷德无厌，若邻于君，疆场之患也，逮吴之未定，君其取分焉。

---

① 杨树达. 词诠. 北京：中华书局，1978：46.

(《左传·定公四年》)

杨村达先生观点值得商榷。其实这类用法与例（19.20）是相同的。

C.“迨”，《尔雅·释言》：“迨，及也。”邢昺疏：“谓相及也。”

首先，文献中表示趁着某时间、某机会做某事，动词，作谓语。如：

(21) 求我庶士，迨其吉兮。(《诗·召南·摽有梅》)

此例中“迨”，郑玄笺：“迨，及也。”其大意为：追求我的好小伙，趁这良辰吉日把我迎娶吧。[①]

接着，“迨”引申为“趁……时候”，动词，作时间状语。如：

(22) 有司曰：“请迨其未毕济而击之。”(《公羊传·僖公二十二年》)

(23) 迨其国力稍见充实，终必出于一战，以解决中国问题。(李大钊《国民之薪胆》)

例（22）中的“迨其未毕济”，属于谓词性结构，有两种不同的理解：王力先生把它看作动词谓语“击”的状语，修饰谓语，表示动作的时间，“而”作修饰作用的连接词；传统语法著作把它看作与“击”并列的连动结构，“而”作承接连词。我们赞同王力的意见。

杨树达《词诠》卷二对“迨”的用法作如下论述[②]：

时间介词，表“乘趁”之义，与“及”第三条用法相同（注：表追及在前者作，介词）。

迨天之未阴雨，彻彼桑土，绸缪牖户。(《诗·豳风·鸱鸮》)

杨树达先生的观点值得商榷，从上面“及”“逮”“迨”的历史演变看，应该把“迨”看作动词。

就词汇的系统性来看，理论上“就”应该跟“及”一样，继续往后演变，产生表示对象的介词和表示连接的连词用法，但事实上，“就”与“逮”“迨”一样再没有产生介词和连词的用法，唯独只产生动词的引申用

---

① 程俊英，蒋见元．诗经注析．北京：中华书局，1999：319．

② 杨树达．词诠．北京：中华书局，1978：45．

法。造成这一现象的原因应该是多方面的，与内因和外因都有关系。其内因，主要是“就”的动作义比“及”更强，虚化的难度比“及”大；词汇之间存在竞争，“就”因为没有竞争过“及”，因而被“及”所超越；其外因，主要是战国末期随着楚国国力的不断削弱，国家逐渐走向灭亡，在如此大背景下，“就”没能得到进一步演进，终究被“及”所取代。

综上所述，楚简中的“就”仍然作动词，只是其所带宾语的范围从处所扩大到了时间，这是隐喻作用导致的一种演变趋势，词性并没有发生变化。把“就”看作介词应当是受到现代汉语比附的影响而造成。因为现代汉语表示“等到……的时候”，很多词都作介词，如“当”。我们的研究表明，解释词义需要结合词汇与语法、语义和句法，还需要把词汇的系统性和词汇的历史观一并予以考虑。这也是历史词汇研究所应该注意到的基本原则。

1.7 结论

在战国楚地发现有一个方言词“就”，可以用来表示时间，作状语。在传世文献和秦地简帛文献中“就”没有这一用法。它与雅言中的“及”在当时并行使用。楚地方言词“就”在楚地广泛使用，但因楚国灭亡而没有得到进一步发展。“就”的来源是从动词“就高以居”，作谓语，发展为在句首与名词组合为动宾结构作时间状语，表示谓语动作发生的时间。“就”消亡的内因是与“及”竞争而被淘汰。

二 析动词“欲”

2.1 引言

在传世文献中，动词“欲”的字形和语义都很单一。而在战国楚简中，动词“欲”字有多种异体和假借。除了“欲”以外，还有“谷”“俗”“欲”“忩”“慾”“雒”等，都可隶作“欲”。“欲”，有表示“希望、想要”和“欲望”之义，如“虐谷（欲）困（渊）而毋异”（《上博简一·性情论》）。在目前通用的字典辞书中，没有将“谷”“俗”“欲”“忩”“慾”“雒”等纳入“欲”的条目和用法当中。显然，我们对出土文献中“欲”

字的研究，是对字典辞书“欲”字解释的必要补充。

2.2 “欲”字演变概要

2.2.1 西周金文中的“欲”字

金文中，“欲”字已经产生，并且，金文“谷”（1例）、“俗”（2例）二字也可隶定为“欲”。如：

(1) 敬朙（明）乃心，率㠯（以）乃友干（捍）吾（御）王身，谷（欲）女（汝）弗以乃辟圅（陷）于艱。(《殷周金文集成·师訇簋》5576)

(2) 女（汝）母（毋）弗帅用先王乍（作）朙（明）井（刑）。俗（欲）女（汝）弗㠯（以）乃辟圅（陷）于艱。(《殷周金文集成·毛公鼎》3581)

(3) 俗（欲）我弗乍（作）先王忧。(《殷周金文集成·毛公鼎》3581)

(4) 王欲复师。(《殷周金文集成》1.171)

例（1）中，“谷”作“欲”解，有“希望”之意。例（2）（3）中，“俗”作“欲”解，亦有“希望”之意。例（4）中“欲”表示“想要”的意思。此三字都作表心理活动的动词。“谷”“俗”二字产生于西周中晚期，“欲”字产生于东周晚期。

2.2.2 战国楚简中的“欲”字

战国楚简中《曾侯乙墓简》《上博简》《郭店简》《包山简》四种文献材料，总约5万字。其中，“欲”共120例，六种形体，分别为：“谷”，38例；“欲”，36例；“欲”，35例；“㕡”，8例；“慾”，2例；“雒”，1例。下面，我们就这六种形体“欲”字的使用情况进行探讨。

谷

在以上四种楚简语料中，隶作“欲”的字形“谷”共38例，占比例最大，是战国时期最常见的一种写法。“谷”在《郭店简》中出现最多，22例；其次是佚书《性情论》，8例；再其次是《孔子诗论》，4例。如：

(1) 以衍（道）差（佐）人宔（主）者，不谷（欲）以兵（强）于天下。(《郭店简·老子甲》简6)

(2) 臧（庄）公曰：“穫（沫），吾言是否，而毋惑诸小道欤？吾一谷（欲）闻三代之所。”(《上博简四·曹沫之陈》简64)

(3) 圣人谷（欲）不谷（欲），不贵难导（得）之货。(《郭店简·老子甲》简11)

例（1）中，“谷”有“希望、想”之意。例（2）中，“谷”有“愿意”意。例（3）中，“谷”有“欲望”意。《上博简·缁衣》简5有“君好则民台之”。句中“台”为“谷”之误写，“谷”当读为“欲”。“台”字，《说文》中，把它看作“沿”“铅”等字的声旁。① 我们觉得这种观点有待商榷。

欲

楚简中的“欲”字，简文或作“”（《上博简五·姑成家父》简4），或作“”（《上博简四·曹沫之阵》简2），或作“”（《郭店简·老甲》简5）；或作“”（《上博简二·容成氏》简12）等。“欲”字在以上四种楚简中出现36例，仅次于“谷”。如：

(4) 不吕（以）邦（邦）家为事，纵公之所欲（欲）。(《上博简五·鲍叔牙与隰朋之谏》简4)

“欲”的用法和“欲”字同。

欲

在以上四种楚简语料中，“欲”共35例，简文作“”(《上博简三·彭祖》简2)，或作“”(《上博简三·鲁邦大旱》简5)。如：

(5) 女（如）天不雨，石牆（将）焦（焦），木牆（将）死，丌（其）欲雨或甚于我，或（何）必寺（恃）虐（乎）名虐（乎）?”(《上博简二·鲁邦大旱》简4)

(6) 见墨（禹）之跟（贤）也，而欲吕（以）为逡（后）。(《上

① 裘锡圭. 谈谈上博简和郭店简中的错别字//《裘锡圭学术文集》：第二卷. 上海：复旦大学出版社，2012：373.

博简二·容成氏》简17）

（7）视素抱朴，少私寡欲。（《郭店简·老子甲》简2）

例（5）（6）中，“欲”都作动词，有“希望、想要”之意。例（7）中，“欲”作名词，有“欲望、贪欲”意。

㣃

“㣃”新出现于楚简，8例，多见于《郭店简》中。其中《缁衣》2例，简文作“[illegible]”，有口旁；《语丛二》6例，简文作“[illegible]”，无口旁。如：

（8）古（故）君民者，章好以视（示）民㣃（欲），慬（谨）亚（恶）以渫（御）民泾〈淫〉，炅（则）民不贼（惑）。（《郭店简·缁衣》简6）

（9）忩（欲）生于眚（性）。（《郭店简·语丛二》简2）

（10）心好炅（则）体安之，君好炅（则）民㣃（欲）之。（《郭店简·缁衣》简8）

例（8）（9）中，“㣃”释作“欲”，“欲望”之意。例（10）中，“欲”作“安”解。①

慾

“慾”是楚简中新出现的形体，共2例，见于《上博简三·恒先》，简文作“[illegible]”。如：

（11）同出而异生（性），因生亓（其）所[illegible]（欲）。（《上博简三·恒先》简4）

（12）韦（愇）生非=（悲，悲）生韦（愇），袞（哀）生袞（哀），求[illegible]（欲）自逘=（复。复）（《上博简三·恒先》简3）

例（11）中，“慾”作动词，有“希望、想”之意。例（12）中，“慾”作名词，有“欲望”之意。

[illegible]

“[illegible]”新产生于楚简，用作“欲”。出现在《郭店简》中，1例。如：

---

① 《逸周书·度邑》：“呜呼！于忧兹难，近饱于恤，辰是不室，我未定天保，何寝能欲？”朱右曾校释：“欲，安也。”

（13）矦（侯）王能守之，而万勿（物）牆（将）自怣（化），怣（化）而雒（欲）复（作）。（《郭店简·老子甲》简13）

此例中，“雒”作时间副词，有“将要”之意。

我们发现，在战国楚简中，各类形体的“欲”都由金文中动词“希望、想要”义发展为名词“欲望”义，29例；表意愿的情态动词，11例。另外，还有表示将来的时间副词用法。

到秦汉时期，“欲”字形体基本统一规范。①《睡虎地秦简》中35例，简文作“”（简12）。《银雀山汉简》中23例，简文作“”（简533）。《马王堆汉墓帛书》中208例，简文作“”（战国纵横家书2）。《云梦龙岗秦简》中1例，简文作“”（日书乙1071）。《居延汉简甲乙编》中76例，简文作“”（简3.16）。《关沮秦简》中208例，简文作“”（简322）。从所调查的秦汉简文字形来看，“欲”的书写比较规范，大体趋向于隶书“”。

2.3 “欲”组字之间的关系及其在辞典编纂中的应用

“谷”和“欲”的关系：时间上，二者有先有后。“谷”产生于西周中晚期，“欲”产生于东周后期。用法上，西周中晚期，“谷”可作“山谷”和“希望”之意两解；东周后期，“谷”释为“欲”，产生“希望”之意。语音上，《广韵·烛韵》：“谷，余蜀切。”与“欲”字同音。“谷”在传世文献中没有发现有作“欲”的用法，而在出土楚简文献中，“谷”有动词“希望”、情态动词“意愿”和名词“欲望”三种用法和三种语义。从产生时间、用法和字形来看，“谷”有可能与“欲”存在古今关系。《汉语大字典》中“谷”有“余蜀切”，该音条目下只出现有“吐谷浑”，解释为用于我国古代少数民族名，并没有“欲”的用法。我们建议，可以在“谷”字“余蜀切”的条目下新增一项“谷”作“欲”的用法。其理解是据楚简38例用作“欲”的用法，如例（1）—（3）。

---

① 其他简的写法大体一致。如“”（汉印征），“”（定县简42），“”（武威汉简·秦射108），“”（武威医简85乙），“”（流沙简·简牍4.8）。

“俗”和“欲”的关系：金文中“俗”作“希望”解，《释名·释言语》：“俗，欲也，俗人所欲也。”其用法与“欲”同。对照“俗”（邪母屋部）和“欲”（喻母屋部）及其声符“谷”（见母屋部）发现，三字都是同音同部，“俗”与“欲”有可能是假借关系。在战国传世文献中，“俗”继续假借作“欲”使用。① 如：

(1) 由俗谓之，道尽嗛矣。(《荀子·解蔽》)

(2) 天下不一，诸侯俗反，则天王非其人也。(《荀子·王制》)

例（1）中“俗”，杨倞注：“俗，当为欲。”“俗”表示“欲望”之义。例（2）中“俗”，于省吾新证：“俗通欲。”表示“要”的意思。

“忩”和“欲”的关系：“忩”产生于战国，从心谷声，有“欲望”和“安”两意。与同类的“谷”比较，与“欲”音义皆通，多出形旁“心”。增“心”形旁以作饰笔的情况在战国出土文献中时有出现，如用作“慎”的“新”“訢”。忩，盖为“谷”（读“欲”）的新增异体字。鉴于此，“忩”是“谷”（读“欲”）的异体字，也可读作“欲”。“忩”不见于《说文》《广雅》《尔雅》等古字书，也不见于《汉语大字典》《中华字海》等现代字书，可以增补到读“欲”的“谷”字下作异体字。

“慾”和“欲”的关系：“慾”产生于战国，从心欲声，有“欲望”和“希望”两意。“慾”与“欲”，二者音义皆通，多出形旁“心”。“慾”大概是“欲”的新增异体字。《现代汉语词典》中“欲”字条下注“慾”字，同“欲”的“欲望”义，但是没有指出“慾”与“欲”的关系（究竟是古今、异体还是假借）。其实“慾”是“欲”的异体字。同时“慾”除了作名词“欲望”以外，还有作动词“希望”的意义。如：

(3) 同出而异生（性），因生丌（其）所慾（欲）。(《上博简三·恒先》简4)

(4) 韦（愇）生非₌（悲，悲）生韦（愇），衮（哀）生衮（哀），求慾（欲）自逯₌（复。复）(《上博简三·恒先》简3)

“欲”和“欲”的关系：“欲”产生于战国，从次谷声，有“欲望”和

① “俗”在出土文献里只在西周金文中出现，战国楚文中不再使用作“欲”。

“希望”两意。“⿲谷冫欠”与“欲”，二者音义皆通，“⿲谷冫欠”多出形旁“冫”。增“冫”形旁的情况战国普遍存在，如用作“歡”的“歡”“⿲雚冫欠”，用作“故”的“故”“⿲古冫攵”。“⿲谷冫欠”字专门出现在《上博简》第二册、第五册、第七册等简文当中，总的情况是，“⿲谷冫欠”比“欲”字使用的频率低，使用的范围小。多数情况写作“欲”。大概战国时期“⿲谷冫欠”是异体，“欲”是正体的缘故。对于这个“⿲谷冫欠”字，学界把它隶作“欲”。如：

(5) 含（今）日某牆（将）欲飤（食），某敢㠯（以）亓（其）妻□妻女（汝）。(《九店楚简》简56)①

此例简文为“”，应隶作“⿲谷冫欠”。而“欲”简文作“”。到秦汉，“⿲谷冫欠”字这种写法很快被“欲”取代。辞书中都不见“⿲谷冫欠”。结合现有的看法，“欲”是正字，我们可以把“⿲谷冫欠”作为“欲”的异体字编入辞书或字书。

“⿰谷隹”和“欲”的关系：“⿰谷隹”产生于战国，简文作“”，即鹆。《说文·鸟部》：“鹆，鸲鹆也。从鸟谷声。古者鸲鹆不踰泲。⿰臾隹，鹆，或从隹从臾。”《广韵·烛韵》：“鹆，余蜀切。”上古属于屋部字。《续一切经音义》：“鸲鹆，上具俱反，下音欲。《周礼》云：‘鸲鹆不渡济。’《淮南子》云：‘鸲鹆一名寒。’《异苑》云：‘重午日，招鸲鹆，重舌，能学人语。二字皆从鸟句谷声。经文作鸜。’鹊名，非此用也。”《玉篇·隹部》：⿰臾隹，或作“⿰谷隹”。将“⿰谷隹”与“欲”相比较看，二者在意义的来源上本无关联，但由于二者同一时期都在屋部，读音相同，且都作“希望”“意愿”解，因而“⿰谷隹”可作“欲”用。如：

(6) 疾（侯）王能守之，而万勿（物）牆（将）自愄（化），愄（化）而⿰谷隹（欲）复（作）。(《郭店简·老子甲》简13)

“⿰谷隹”与“欲”属于同音假借。目前，辞书中均没有在“鹆”字条下注出“鹆”假借为“欲”，也没有指出“鹆”作“欲”的用法。

综上所述，“谷”是“欲”的初文，“谷”在西周时期作动词“希望”

① 湖北省文物考古研究所，北京大学中文系. 九店楚简. 北京：中华书局，1999.

解，战国时期作名词“欲望”解。后起字“欲”在东周晚期产生“希望”意，战国晚期产生名词“欲望、贪欲”、能愿动词“意愿”、时间副词“将要”等意义。“欲”的演变过程为：

首先，作“想、希望”等动词义，这是“欲”最早的意义；

接着，作“欲望、贪欲”等名词义，这是“欲”的后起义；

然后，出现作情态动词和时间副词用法。

“谷”和“欲”的本义为“希望、想要”，由此名词“欲望、贪欲”产生。《说文》：“欲，贪欲也。从欠，谷声。”段玉裁注：“从欠者取慕液之意，从谷者取虚受之意。”从欠指非常羡慕，从谷得声且声中有义，指虚有义。“虚有”意即“心中期望拥有”。

动词“想要”引申为“需要”义。同时，“想要”又可虚化为情态动词，为“意愿”义。“意愿”义进一步虚化，便成为时间副词“将要”。

谷衍奎《汉字源流字典》（华夏出版社，2003年）：“欲，本义作欲望，引申为想要，又引申为需要，又引申为将要。”这一演变过程值得商榷。

2.4　与“欲”字相关的三个误字

楚简中有三个与“欲”相关的字需要探讨。一个是“⿰谷象”，一个是“⿰谷攴”，再一个是“[illegible]”。

A. “⿰谷象”字

在《上博简一·孔子诗论》中，有一个隶作“⿰谷兔”的字。如：

(1) 诗丌（其）猷坪（平）门，与戋（贱）民而⿰谷兔之。(《孔子诗论》简4)

整理者注：“此简‘’释为‘⿰谷兔’，《说文》所无，其他字书中也未见。”“”字的右形像简文“兔”和“象”。如“兔”的简文“”（《孔子诗论》简23）、“”（《孔子诗论》简25）。以“象”为形体的简文“”（《曹沫之阵》简19）隶作“⿰予象”。可见，“”可隶作“⿰谷象”。在读音和意义上，“⿰谷象”当与“欲”或“豫”有关。依此，例(1)中隶作“⿰谷兔”的字当隶为“⿰谷象”，承接前面的“与”，可释为“豫”或“欲”，表示“安”之义。战国楚简中，“⿰谷象（豫）”释为“安”的情况还有1例，如：

(2) 舉（举）而（尔）所智（知），而（尔）所不智（知），人丌（其）緣（舍）之者。(《上博简三・仲弓》简10)

此例中的“緣”，简文作“”，整理者释为“舍”①，不妨再做商榷。或当释为“豫”或“欲”，表示“安”的意思。于音于义皆通。例(2)意思为：你（冉雍）举用你所知道的贤才，你所不知道的贤才，人们会使之安心。“豫”或“欲”表示“安”义，具有语言社会性特征，在传世文献中，有“豫”或“欲”表示“安”义的用例，如：

(3) 王有疾，弗豫。(《尚书・金縢》。孔传：“武王有疾不悦豫。”)

(4) 呜呼！于忧兹难，近饱于恤，辰是不室，我未定天保，何寝能欲？(《逸周书・度邑》。朱右曾校释：“欲，安也。”)

B. “𢍏”字

在《上博简三・周易》中，有一个在字形上和“欲”相关的“𢍏”字。如：

(5) 母（毋）頪（疑），堋（朋）欲堊（簪）。(《上博简三・周易》简14)

(6) 𢍏（涣）亓（其）血，欲易出。(《上博简三・周易》简55)

例(5)中，“欲”的简文作“”，例(6)中，“欲”的简文作“”。整理者把这两个简文都隶作“欲”。可议。它们左形旁都与“谷”近似，其实是“”，读“去”。如《春秋事语》简24“去”，简文为“”，与例(5)、(6)形同。所以这两个字都当隶为“𢍏”，左边结构与“去”的简文“”一致。依传世本，例(5)中的“𢍏”释为“盍”，陈伟《周易试释》、季旭昇《周易七则》均隶定为“𢍏”，释为“盍”。例(6)中的“𢍏”释为“去”。我们通过简文材料的对照，发现“𢍏”不等同于“欲”，因为在楚文中，“(𢍏)”“(欲)”有别，整理者当因其形

① 季旭昇把例(2)翻译为：举用你所知道的贤才，你所不知道的贤才，人们难道舍弃他们吗？(季旭昇.《上海博物馆战国楚竹书（三）》读本. 台北：万卷楼图书股份有限公司，2005：180.)

体接近而误。

C. "歠"字

在《上博简四·曹沫之阵》中，有一个在字形上和"欲"相关的"歠"字。如：

（7）昔尧之乡（飨）坌（舜）也，饭于土輜（簋），欲〈歠〉于土型（铏），而𢻱（抚）有天下，此不贫于㨟（美）而福（富）于悳（德）与（欤）？（《上博简四·曹沫之阵》，简 2、3）

例（7）中，"欲"的简文作""，整理者认为，"欲"字是"歠"字之误。① 上博简将简文"歠"字的左旁讹写作"谷"。其根源，由于"歠"本为"㱃"，《说文·㱃部》云"歠，㱃也。古文作''"，"㱃"字，甲骨文作""，古文""，从今从水，而"谷"也从水从口，写者以为"谷"为水入口，从欠而为"㱃"，因而误作"欲"。

2.5　"欲"字在字典编纂中的新贡献

由于有出土文献佐证，"欲"字及其相关的"谷""俗""欲""慾""雒""𢜺"等字在字典编纂中有了更丰富的内容，在字目、词义、词项等方面都有创新。其创新成果如下：

谷②

甲骨文：合 17536 正，合 24471；金文：周早启卣，周中格伯簋；**楚简：郭店简·老子甲** 5，**郭店简·成之闻之** 17；篆文：

《说文·谷部》："谷，泉出通川为谷。从水，半见出于口。"甲骨文字形象水流出洼之形。

（一）gǔ　《广韵》古录切，入屋见。屋部。

两山之间的水流。《说文·谷部》："泉出通川为谷。"《尔雅·释水》："水注川曰溪，注溪曰谷。"《公羊传·僖公三年》："桓公曰：'无障谷，无贮粟，无易树子，无以妾为妻。'"何休注："无障断川谷，专水利也，水

---

① 李零.《曹沫之阵》释文考释//马承源. 上海博物馆藏战国楚竹书（四）. 上海：上海古籍出版社，2004：244.

② 黑体为新增的内容，非黑体为《汉语大字典》中原有的内容。

注川曰溪，注溪曰谷。”（参见《汉语大字典》）

（二）lù　《广韵》卢谷切，入屋来。屋部。

［谷蠡王］匈奴藩王封号。《史记·匈奴列传》：“置左右贤王，左右谷蠡王。”（参见《汉语大字典》）

（三）yù　《广韵》余蜀切，入烛以。屋部。

1. “欲”的古字。[①] ①希望，想要。《郭店简·老子甲》简 6：“以道佐人主者，不谷以兵强于天下。”《上博简四·曹沫之陈》简 16：“见其美必谷反一本。”②欲望。《郭店简·老子甲》简 11：“圣人谷不谷，不贵难得之货。”③愿意。《上博简四·曹沫之陈》简 64：“庄公曰：沫，吾言是否，而毋惑诸小道欤？吾一谷闻三代之所。”

2. ［吐谷浑］我国古代少数民族名，属鲜卑慕容氏的一支。

忩，“谷”的异体。

郭店简·缁衣 6，郭店简·语丛二 9

同“谷（三）”作“欲”。yù，余蜀切，入烛韵，以。屋部。

①欲望。《郭店简·语丛二》简 2：“忩生于性，虑生于忩。”《郭店简·缁衣》简 6：“故君民者，章好以示民忩。”②安。《郭店简·缁衣》简 8：“心好则体安之，君好则民忩之。”

欲

楚文：上博简三·彭祖 1，上博简二·鲁邦大旱 5，战国玺彙 3 098；篆文：

《说文·欠部》：“欲，贪欲也。从欠，谷声。”段玉裁注：“‘欲’者增字。从欠者，取慕液之意；从谷者，取虚受之意。”

yù，余蜀切，入烛以。屋部。

①希望，想要。[②]《论语·子路》：“无欲速，无见小利，欲速则不达，

---

① 段玉裁注：“《易》曰：‘君子以征忿窒欲。’陆德明曰：‘欲，孟作谷。’晁说之曰：‘谷，古文欲字。’晁氏所据释文不误。”

② 我们研究发现，“欲”的语义发展演变显放射状：“希望、想要”是本义，由此发展出“欲望、贪欲”义。又由“希望、想要”发展出“需要”义，又由“希望、想要”发展出“意愿”义情态动词，由“意愿”义发展出“将要”义副词用法。而《汉语大字典》和《汉语大词典》的语义项显得错乱无序。

见小利则大事不成。”《上博简二・鲁邦大旱》简4：“如天不雨，石将焦，木将死，其欲雨或甚于我，何必恃于名乎?”《上博简二・鲁邦大旱》简17：“见禹之贤也，而欲以为后。”②欲望，贪欲。《说文・欠部》：“欲，贪也。”（据段玉裁改）《诗・大雅・文王有声》：“匪棘其欲，遹追来孝。”《郭店简・老子甲》简2：“视素抱朴，少私寡欲。”《郭店简・老子丙》简12：“是以圣人欲不欲，不贵难得之货。”③需要。《文子・微明》：“心欲小，志欲大。”④意愿，表示情态。《玉篇・欠部》：“欲，愿也。”《晏子春秋・外编》：“寡人甚乐此乐，欲与夫子共之，请去礼。”⑤将要，表示时间。唐许浑《咸阳城东楼诗》：“溪云初起日沉阁，山雨欲来风满楼。”

欲，“欲”的异体。

上博简五・姑成家父4，郭店简・老子甲5

同“欲”。yù 余蜀切，入，烛韵，以。屋部。

①希望，想要。《上博简五・鲍叔牙与隰朋之谏》简4：“不以邦家为事，纵公之所欲。”②欲望，贪欲。《上博简二・容成氏》简19：“因民之欲，会天地之利夫。”《上博简五・季康子问于孔子》简20：“凡欲勿狂，凡失勿危。”

慾，“欲”的异体。

上博简二・彭祖1，上博简三・恒先3

yù，余蜀切，入，烛韵，以。屋部。

①希望，想要。《上博简三・恒先》简4：“同出而异性，因生其所慾。”②欲望，贪欲。《上博简三・恒先》简3：“愇生悲，悲生愇，哀生哀，求慾自复。”

清人怀疑先秦有“慾”字。如段玉裁《说文解字注》：“古有欲字，无慾字。后人分别之，制慾字。殊乖古义。《论语》‘申枨之欲’、‘克伐怨欲’之‘欲’。一从心、一不从心。可征改古者之未能画一矣。”邵瑛《群经正字》：“此字经典本多不误，然往往有作‘慾’者……《说文》无‘慾’字，统当作‘欲’为正。”出土文献中“慾”的出现，证明古人的观点不确。

⿰谷隹

楚文：郭店简・老子甲13

yù，余蜀切，入烛以。屋部。

1.［鸲鹆］鸟名，即八哥。《玉篇·隹部》："雊，或作雒。"按，一本"雒"作"鹆"。(参见《汉语大字典》)

2. 通"欲"。将要。《郭店简·老子甲》简 13："侯王能守之，而万物将自化，化而雒作。"

2.6 结论

战国楚简中，动词"欲"字有多种异体和假借。除了"欲"以外，还有"谷""俗""𢅤""忩""慾""雒"等。研究发现，"谷"是"欲"的初文，"俗"是"欲"的假借，"𢅤"是"欲"的异体，"忩"是"欲"的初文"谷"的异体，"慾"是"欲"的异体，"雒"是"欲"的假借。通过这些不同的文字研究，发现"欲"的词汇意义演变脉络为：动词"想要"引申，为"需要"义。同时，"想要"又可虚化为情态动词，为"意愿"义。"意愿"义进一步虚化，便成为时间副词"将要"。通过楚地简帛文献"欲"的研究，可以丰富汉语"欲"的文字系统，理清"欲"的语义演变脉络，大大丰富《汉语大字典》有关"欲"字的内容。

三　析动词"有"

3.1 研究现状

上古汉语中"有"可以用在名词、动词、形容词前面，早在殷商时期的卜辞中，就有名词前出现动词"有"的情况，写作"又"或"㞢"。如(《合集》为《甲骨文合集》的简称)：

(1) 遘又（有）虎。(《合集》28300)

例 (1)"遘"的甲骨文为"[illegible]"，释为"遇"。如"不遘䰧（鬼）日"指不会遇到不好的日子或者太阳不理想的状况。① 殷国光、龙国富、赵彤（2016）认为，例（1）中的"又"是名词前缀，没有意义。通过把

① 黄天树. 殷墟甲骨文"鬼日"补说//黄天树古文字论集. 北京：学苑出版社，2006：237.

“遘有虎”与“壬午卜，遘虎。其获虎”（《合集》20707）对照，他们发现，“遘有虎”与“遘虎”同义，“有”于此属于名词前缀。①

殷国光、龙国富、赵彤（2011）认为，周代，名词前缀“有”一直得以沿用。在先秦典籍中，名词前缀“有”可以出现在国名、部族等专有名词前，如“有夏”“有殷”“有苗”“有周”；也可以在普通名词前，如“有邦”“有民”“有众”“有政”；还可以在方位名词前，如“有北”。②如（引自殷国光、龙国富、赵彤 2016）：

(2) 有夏多罪，天命殛之。(《尚书·汤誓》)

(3) 禹乃会群后，誓于师曰：“济济有众，咸听朕命。”(《尚书·大禹谟》)

(4) 豺虎不食，投畀有北；有北不受，投畀有昊。(《诗·小雅·巷伯》)

据殷国光、龙国富、赵彤（2011）研究，名词前缀“有”的应用范围和使用时间受到限制，并不是所有名词都能在前加上“有”。到周代末期，名词前缀“有”趋于消亡。③ 其后，文献材料中所出现的“有唐”“有明”“有清”，都属于仿古现象。

关于名词、动词和形容词前“有”的性质，除了殷国光、龙国富、赵彤（2011）把名词前“有”看作名词前缀以外，学术界主要还有以下五种不同的观点：

A. 王力（1988［1958］）认为，名词、动词和形容词前“有”属于类似词头的前附成分，无意义。他指出：“上古名词的前面往往有类似词头的前附成份，例如‘有’字，它经常是加在国名、地名、部落名的前面……普通名词的前面，也有加‘有’字的。”④

B. 黄奇逸（1981）认为，名词前“有”作动词，指存在。⑤

①② 殷国光，龙国富，赵彤．汉语史纲要．北京：中国人民大学出版社，2016：131.

③ 殷国光通过对《吕氏春秋》考察，指出前缀“有”附加于专有名词前有9例，附加于普通名词前有1例，前者为存古，后者为修辞。表明前缀“有”已经趋于消亡。

④ 王力．汉语史稿．北京：中华书局，1958；王力文集（九）．济南：山东教育出版社，1988：282-284.

⑤ 黄奇逸．古国、族名前的“有”字新解．中国语文，1981 (1).

C. 李宇明（1982）认为，“有”是定指代词，指示名词的有定性。①

D. 秦建明、张懋镕（1985）认为，“有”通“或”，指邦国的“国”。他说“有”字古可通“国”，“有夏”“有周”即“夏国”“周国”。②

E. 姚振武（2015）认为，“有”作实词，语义泛化充当修饰语，有“大”“多”“很”“……的样子”等意义。③

殷国光对以上所列的A、B、D三种观点进行了讨论。他认为，A观点无法解释“有＋动词或形容词”之类。B观点可以解释“有苗”“有夏”和“有司”之类，但无法解释“有众”“有民”之类。D观点只能解释“有苗”“有夏”“有殷”之类。他指出，“有”字当一分为二：“有＋名词”中的“有”为“$有_1$”，可以视为标示名词词性的前加成分（只有少数名词具备这种形态）；“有＋动词或形容词”中的“有”为“$有_2$”，当视为音节助词。④ 我们研究先秦出土文献中名词、动词和形容词前“有”的用法，并从现代语言学有关历史构式语法理论入手，研究词汇“有”与句法、构式、语境的关系，重新探讨“有”的性质和功能。

3.2 出土文献中“有”字的用法

3.2.1 “有＋名词”结构

出土殷墟甲骨文中，“有＋名词”结构的使用比较普遍。如：

（1）贞：“王比望乘伐［下］㔾（危），受㞢（有）又（祐）。”（《合集》6508＋《合集》6510＋《合集》18917）⑤

例（1）中，“有”在名词“祐”前修饰“祐”，“祐”本为动词，护佑之义，在此句法中作名词。结合上下语境，“有”含有“多”的意思，表示事物的量范畴。此例大意为：卦象说：“王可以与望乘一起征伐平定下

---

① 李宇明. 所谓名词词头“有”新解. 中州学刊，1982（3）.

② 秦建明，张懋镕. 也谈古国名前的“有”字. 中国语文，1985（4）.

③ 姚振武. 上古汉语语法史. 上海：上海古籍出版社，2015：44-50.

④ 殷国光，龙国富，赵彤. 汉语史纲要. 北京：中国人民大学出版社，2011：141.

⑤ 黄天树. 甲骨拼合集. 北京：学苑出版社，2010：384；赵鹏. 甲骨新缀五例//殷墟甲骨文中的人名与断代的初步研究. 北京：线装书局，2007.

危方国，神明会赐予王更多福佑。”①

(2) 丙戌卜，穷（宾）贞：令众乘，其受㞢（有）［年］。(《合集》14)

例（2）中，“有年”的“有”在名词前修饰“年”，结合上下语境，“有”含有“丰”的意思，“有年”意即“丰收年成”，“有”表示事物的量范畴。李孝定《甲骨文字集释》：“乘之本义为升为登。”此例大意为：卜象说：“让众人上山去劳作吧，神明会赐予大家丰收年成。”

西周金文中有一部分“有＋名词”结构。如：

(3) 鲁天子𠬪（受）𠂆濒福，克奔走上下帝无冬（终）令于有周。(西周康王《商周青铜器铭文选·邢侯簋》)

例（3）中，“有周”在名词前修饰“周”，结合上下语境，“有”含有“大”的意思，“有周”即大周。此段大意为：鲁天子授予其厚福，能为周室祭祀上帝和诸天的无终之命而奔走。

清华大学藏战国楚竹简中，“有＋名词”结构用法多。如：

(4) 尹曰：“句（后），我逨（来）越（庭），今旬₌（恂恂），余𡰥（微）。亓（其）又（有）䪞（夏），众［怀］吉好，亓（其）又（有）句（后），𠂆（厥）志亓（其）仓（爽），龙（宠）二玉，弗𢙫（虞）亓（其）又（有）众。”民沇（允）曰：“余返（及）女（汝）皆𠅏（亡）。”(《清华简一·尹至》简1、2)②

例（4）中“有夏”“有后”“有众”的“有”在名词前分别修饰“夏”“后”“众”。结合上下语境，“有”含有“整个”“所有”的意思，“有夏”即整个夏朝，“有后”即指桀整个人，“有众”即指所有民众。此例大意为：伊尹说：“大王，我今来朝廷，您待我温恭柔顺，可我是一个身份低微的人。如今，整个夏朝的民众品性淳厚，而桀王整个人的志气却很低落。他整个心思放在宠溺琬、琰两个女子的事情上，漠不关心所有民众的

① 龙国富．甲骨文与中国上古文明．上海：华东师范大学出版社，2016：1-10．

② 以李学勤主编《清华大学藏战国楚竹简（一）》（上海：中西书局，2011）为底本，参照子居《清华简〈尹至〉解析》(见简帛研究网，2012-01-13)。

疾苦。民众都对桀痛彻心扉，嗟叹道：'我愿与桀同归于尽。'"《尚书·君奭》："惟文王尚克修和我有夏。"孔安国传："以和我所有诸夏。""有"用在国名和人名前都修饰名词，表示名词量的特征，并带有强调的作用。有时，这类"有"可以省略，不过，省与不省二者存在量的区分。以下两例就存在鲜明的对比，如：

(5) 凡边县之民及有官师之人或告于王廷，曰："初日政勿若某，今政重，弗果。"(《清华简七·越公其事》简39)

(6) 凡成（城）邑之司事及官帀（师）之人，乃亡（无）敢增亓（其）政以为献于王。(《清华简七·越公其事》简40、41)

汉代出土简帛中的阜阳汉简《诗经》中有"有＋名词"结构。如：

(7) 摽有梅，其实七兮。求我庶士，迨其吉兮！摽有梅，其实三兮。求我庶士，迨其今兮。(《诗·召南·摽有梅》)

毛传："摽，落也。""有"在名词"梅"前作修饰语。结合上下语境，"有梅"指众梅，"摽有梅"即众多梅子熟落在地上。"有"表示事物量的特征。"士"，古称未婚男子为士。此例大意为：不少梅子熟落在地上，树上未落的果子剩七成。追求我的好小伙，赶快趁着好时辰。①

3.2.2　"有＋动词"结构

在出土殷墟甲骨文中，"有＋动词"结构的使用频率高。如：

(1) 癸巳卜，㱿贞："旬亡𡆥（祸）?"王占曰："㞢（有）𡰪（祟），其㞢（有）來𡛷（艰）。"乞（迄）至五日丁酉，允㞢（有）来𡛷（艰）自西。(《合集》6057)②

例(1)中，"有"出现在动词"来"前，修饰"来"。结合上下语境，含有"很可能会"的意思，表示肯定语气的加强。此例大意为：在癸巳日占卜，㱿贞卜问命辞说："在未来的十天中有没有灾祸?"卜象说："有灾祸，灾祸很可能即将降临。"(占辞)至第五日丁酉日止，果然从西方传来

① 程俊英，蒋见元. 诗经注析. 北京：中华书局，1999：319.
② 龙国富. 甲骨文与中国上古文明. 上海：华东师范大学出版社，2016.

了叛乱的消息。(验辞)①

(2) 癸亥卜:“又(有)至囚(祸)。”(《小屯南地甲骨》2525)②

例(2)中,“有”在动词“至”之前,作修饰语,结合上下语境,含有“肯定会”的意思,表示加强肯定语气。此例大意为:在癸亥日占卜,卜象上说:“肯定会出现灾祸。”③

(3) 癸未卜:“又(有)囚(祸)百工。”(《小屯南地甲骨》2525)④

例(3)中,“有”在动词“祸”前作修饰语,结合上下语境,含有“肯定会”的意思,表示加强肯定语气。此例大意为:在癸未日占卜,卜象上说:“鬼怪肯定会降灾祸给商王宫中从事手工业的工匠们。”⑤

(4) 王占曰:“㞢(有)𥜽(祟)。”八日庚戌,㞢(有)各(佫)云自东,宧(贯)母(晦),昃,亦㞢(有)出虹自北,㱃于河。(《合集》10405反)⑥

参照罗振玉《增订殷墟书契考释》:“各,为来格的本字。”此处“各”释读为“佫”,表示“来”“至”的意思。“有”在动词“佫”前作修饰语。又“有”在动词“出”前作修饰语。结合上下语境,两个“有”含有“确实”的意思,起加强肯定语气的作用,凸显验辞的表达效果。这类表肯定语气的“有”还含有“存在”的意思,这是其基本义的滞留。此例大意为:商王武丁占卜,占卜结果:“有祸害出现。”(占辞)果真,在占卜后的第八天庚戌,确实从东方飞来一片乌云,天空东北方顿时晦暗下来。在太阳偏西时分,北方上空确实出现一条彩虹,横卧在黄河里吸水。(验辞)⑦

3.2.3 “有+形容词”结构

汉代出土简帛中的阜阳汉简《诗经》中有“有+形容词”结构。如:

---

①②③④⑤⑥⑦ 龙国富. 甲骨文与中国上古文明. 上海:华东师范大学出版社,2016.

(1) 有杕之杜，其叶湑湑，独行踽踽。(《诗·唐风·杕杜》)①

“杕”，孤生独特貌。“有”在形容词“杕”前作修饰语。“有杕”表示杜生长得非常独特，“有”含有“非常、很”的意思。形容词表程度可以用重叠，“有杕”可以看作重叠的“杕杕”。程俊英、蒋见元谓“有杕即杕杕”。同时，结合上下语境，“有”还起描摹状物的作用。“有杕之杜，其叶湑湑”，朱熹注：“言杕然之杜，其叶犹湑湑然”。“有”之状物之用可知。“湑湑”，茂盛貌，“踽踽”，毛传：“无所亲也。”此例大意为：孤生独特的甘棠，它的树叶茂盛，自己独行无亲。②

(2) 于以奠之？宗室牖下。谁其尸之？有齐季女。(《诗·召南·采苹》)③

“有齐”，朱熹注：“敬貌”。“有”在形容词“齐”前作修饰语。结合上下语境，“有齐”相当于“齐然”，即“恭敬的样子”，“有”起描摹状物的作用。“有齐季女”即做事虔诚恭敬的少女。程俊英、蒋见元谓“有，状物之词”，也可以把“有齐”看作重叠的“齐齐”。“奠”，置放祭物，《说文》：“奠，置祭也。”“尸”，主持祭祀。《说文》：“尸，陈也。”此例大意为：虔诚恭敬的少女把水菜放到庙堂窗户下主持祭祀。④

3.3 从历史构式语法的角度看“有”的性质

现代语言学有关历史构式语法的理论，注重构式的概念。所谓构式，是指具有形式和意义配对的词法和句法形式，既考虑结构形式的变化，同时又考虑意义的变化，注重词汇与句法、语法、构式、语境的关系。⑤上古汉语“有”结构形式固定，用在名词、动词、形容词前面，形成“有+名词（动词或形容词）”。此结构意义已经不是其所在结构中的任何词汇意

---

① 胡平生，韩自强．阜阳汉简《诗经》研究．上海：上海古籍出版社，1988：15.

② 程俊英，蒋见元．诗经注析．北京：中华书局，1999：319.

③ 胡平生，韩自强．阜阳汉简《诗经》研究．上海：上海古籍出版社，1988：2.

④ 程俊英，蒋见元．诗经注析．北京：中华书局，1999：319.

⑤ Traugott E. C. & Trousdale G. Constructionalization and Constructional Changes. Oxford University Press，2013.

义所能包括。“有”的语义泛化，受所在构式和语境的影响大。我们可以把“有”确定为“有+X”构式，“X”可指名词、动词、形容词，“有”作这些词的修饰语。“有+X”为构式形式，其构式意义指“表达一定量、肯定或程度的X”。“X”代表名词、动词、形容词，“有+X”构式可以分为“有+名词”“有+动词”“有+形容词”三个子构式。下面逐一讨论其性质。

3.3.1 “有+名词”子构式中“有”的性质

由前文的用例分析可知，在“有+名词”子构式中，以往人们所谓的词头“有”，其实皆非词头，还仍然是一个具有词汇意义的实词，只是“有”的语义离“存有”这一基本义稍微远了一点。它的语义受其所在构式和上下文语境的影响的可能性较大。如3.2.1节例（1）“有祐”的“有”修饰名词“祐”时，表示更多的福佑。“有”含有“更多”的意思，具有表示福禄的量的特征。例（2）中，“有年”的“有”修饰名词“年”，表示年成丰熟。“有”含有“丰”的意思，具有表示年成量的特征。例（3）中，“有周”的“有”修饰名词“周”，表示大周。“有”含有“大”的意思，具有表示国家量的特征。例（4）中，“有夏”“有后”“有众”的“有”分别修饰名词“夏”“后”“众”，表示整个夏、桀整个人、全体民众。“有”含有“整个”“全体”的意思，表示朝代、君王、民众的全称量的特征。例（5）中，“有官师之人”的“有”修饰名词“官师之人”，表示所有的官师之人。“有”含有“所有”的意思，表示人的全称量的特征。例（6）中，“有梅”的“有”修饰名词“梅”，表示众多的梅子。“有”含有“众多”“一些”的意思，表示梅子部分量的特征。

可见，这一类“有+名词”子构式中“有”的特点和性质包括：

A. 语义具有很强的实义，如“富有”“丰”“大”“多”“全”“全体”“所有”“整个”等。它是从“持有”引申而来，“持有”在财富上可以有“富有”“丰厚”的意思，“持有”在体积上可以有“大”“全”的意思，“持有”在数量上可以有“多”“所有”“整个”的意思。

B. “有”带有形容词词性，修饰名词，语义自由不受限，“有”作自由修饰语。

C. 表示人和事物的量的特征，凸显句法中名词量的表达。

D.“有”在一定程度上受构式和上下文语境的影响，带有强调功能，强调所修饰名词的量。如果离开构式和上下文语境，排除这一强调功能，“有”在理解上会产生多余的意味。“有”这一强调功能的产生为它进一步发展到用于动词和形容词之前奠定了基础。

以上是对名词前所出现的“有”在功能和性质上的认识。这一认识基本可以对所有名词前的“有”做出解释。

3.3.2 “有＋动词”子构式中“有”的性质

在上面研究的3.2.2节“有＋动词”子构式中，人们所谓的动词前词头“有”，其实也皆非词头，它仍然是一个词汇意义很强的实词，只是“有”的语义离“持有”这一基本义较远了一些。它的语义受其所在构式和上下文语境的影响较大。以3.2.2节中的用例为例。例（1）中“有来”的“有”修饰动词“来”，表示对“来”这一动作发生进行证实。“有”含有“确实”的意思，起加强确认语气的作用。例（2）中，“有至”的“有”修饰动词“至”，表示对“至”这一动作进行证实。“有”含有“确实”的意思，起加强确认语气的作用。例（3）中，“有祸百工”的“有”修饰动词“祸”，表示对“发生灾祸”这一动作予以证实。“有”含有“确实”的意思，起加强确认语气的作用。例（4）中，“有俗”“有出”的“有”分别修饰动词“俗”“出”，表示对前来义的“俗”和“出”这类动作的确证。“有”含有“确实”“诚然”的意思，起加强确认语气的作用。归纳起来，这一类“有＋动词”子构式中“有”的特点和性质包括：

a. 语义具有一定的实义，如“的确”“确实”“诚然”等。它是从“存在”义引申而来，“存在”在客观上可以表现为“确认”“确定”的意思，语义引申的脉络清楚。

b. “有”带有副词性，修饰动词，语义自由，“有”作自由修饰语。

c. 起加强肯定语气的作用，句法中凸显对动作进行肯定的表达。

d. “有”在一定程度上受构式和上下文语境的影响，带有强调功能，强调所修饰动作的确认无疑。如果离开构式和上下文语境，排除这一强调功能，“有”在理解上会表现出多余的意味。以往的研究把这类“有”看成无意义的词头，主要的原因就是没有把词汇与句法的表达结合起来考虑。

我们通过对动词前“有”功能和性质的认识，基本上能够对所有动词前的“有”字做出解释。

3.3.3　“有+形容词”子构式中“有”的性质

上面3.2.3节的用例分析可知，在“有+形容词”子构式中，以往人们所谓的词头“有”，其实也皆非词头，还仍然是一个词汇意义明显的实词，只是“有”的语义离“持有”这一基本义更远了一些。它的语义受其所在构式和上下文语境的影响较大。以3.2.3节用例为例，例（1）中，“有杕”的“有”修饰形容词“杕”，表示非常独特。“有”含有“非常”的意思，表示独特的程度。例（2）中，“有齐”的“有”修饰形容词“齐”，表示非常虔诚恭敬。“有”也是含有“非常”的意思，表示少女祭祀时虔诚恭敬的程度。《诗·周颂·载芟》：“有略其耜，俶载南亩。”朱熹注：“略，列。”① “有略”的“有”修饰形容词“略”时，表示耒耜非常锋利。“有”含有“非常”的意思，表示耒耜锋利的程度。《诗·小雅·菀柳》：“有菀者柳，不尚息焉?”“菀”，茂盛之貌。朱熹注：“言彼有菀然茂盛之柳，行路之人岂不庶几欲就止息乎?”② “有菀”的“有”修饰形容词“菀”，表示柳树非常茂盛。“有”含有“非常”的意思，表示柳树茂盛的程度。

形容词的重叠可以表达程度，“有”表示动作、状态或性质的程度，可以通过与形容词重叠做比较。如下面两例中的“有忡”与“忡忡”：

(1) 从孙子仲，平陈与宋。不我以归，忧心有忡。(《诗·邶风·击鼓》)

(2) 喓喓草虫，趯趯阜螽。未见君子，忧心忡忡。(《诗·召南·草虫》)

关于例（1）中的“有忡”，程俊英、蒋见元《诗经注析》：“有忡，即忡忡，心神不安貌。”③ 关于例（2）中的“忡忡”，程俊英、蒋见元《诗经注析》：“忡忡，心中摇动貌。桓宽《盐铁论·论诽篇》引《诗》作

---

①② 朱熹. 诗集传. 北京：中华书局，1958.

③ 程俊英，蒋见元. 诗经注析. 北京：中华书局，1999：79.

'冲'。按'冲'即'沖'。《说文》:'沖,水涌摇也。'是以水波的涌起比心神的摇动。"① 例(2)又见《诗·小雅·出车》篇。例(1)中的"忧心有忡"与例(2)中的"忧心忡忡"同,"有忡"相当于"忡忡"意,"有忡"的"有"修饰形容词"忡",表示非常忧心。"有"含有"非常"的意思,表示忧心的程度。

比较下面两例中的"有萋"与"萋萋":

(3)有客有客,亦白其马。有萋有且,敦琢其旅。(《诗·周颂·有客》)

(4)蒹葭萋萋,白露未晞。所谓伊人,在水之湄。(《诗·秦风·蒹葭》)

例(3)中,关于"有萋有且",程俊英、蒋见元《诗经注析》做如是解:"有萋有且,即萋萋且且,随从者众多盛大貌。马瑞辰《通释》:'按萋、且双声字,皆状从者之盛。《说文》:"萋,草盛貌。"《韩诗章句》:"萋萋,盛也。"且与居同部义近。且且犹言裾裾。《荀子》杨倞注:"裾裾,盛服貌。"草之盛曰萋萋,服之盛曰裾裾,人之盛曰萋且,其义一也。'"② 关于例(4)中的"萋萋",有的版本作"凄凄"。高亨《诗经今注》:"凄凄,借为萋萋"③,又《诗·小雅·出车》篇有"卉木萋萋",指卉木茂盛貌。④

例(3)中的"有萋"同于例(4)中的"萋萋"。"有萋"相当于"萋萋"意,"有萋"的"有"修饰形容词"萋"时,表示随从者非常之多。"有"含有"非常"之意,表示随从者众多达到了一定程度。

比较下面两例中的"有翼"与"翼翼":

(5)有严有翼,共武之服。共武之服,以定王国。(《诗·小雅·六月》)

(6)四牡翼翼,象弭鱼服。岂不曰戒,玁狁孔棘。(《诗·小雅·

① 程俊英,蒋见元. 诗经注析. 北京:中华书局,1999:33.

② 程俊英,蒋见元. 诗经注析. 北京:中华书局,1999:970.

③ 高亨. 诗经今注. 上海:上海古籍出版社,1980:169.

④ 程俊英,蒋见元. 诗经注析. 北京:中华书局,1999:473.

采薇》)

例（5）中的“有严有翼”，程俊英、蒋见元在《诗经注析》中解释如下：“有严有翼，即严严翼翼，威严而谨慎貌。毛传：‘严，威严也。翼，敬也。’朱熹《诗集传》：‘言将帅皆严敬以共武事也……严、翼，皆敬也。”① 关于例（6）中的“四牡翼翼”，程俊英、蒋见元《诗经注析》也做如下解释：“翼翼，行止整齐熟练貌，毛传：‘翼翼，闲也。’《尔雅》：‘闲，习也。谓训练有素，’这句虽写马，实写战阵整齐。”② 例（5）中的“有翼”同于例（6）中的“翼翼”，“有翼”相当于“翼翼”意，“有翼”的“有”修饰形容词“翼”，表示非常威严而谨慎。“有”含有“非常”的意思，表示威严而谨慎的程度。

可见，这一类用在“有＋形容词”子构式中“有”的特点和性质包括：

a. 实义虚化，语法意义明显，如“很”“非常”等。它是从“富有”“丰厚”演变而来，“富有”“丰厚”在程度上则表明可以有“非常”“很”之意，语义演变脉络清楚。

b. “有”带有副词性，修饰形容词，语义自由，“有”作自由修饰语。

c. 表示人和事物的程度的特征，凸显句法中形容词程度的表达。

d. “有”在一定程度上受构式和上下文语境的影响，带有强调程度和描摹状态的功能。如果离开构式和上下文语境，排除这一强调程度和突出状态的功能，“有”在理解上会觉得有多余的感觉。“有”的产生在一定程度上是受到双音化影响。

上文的描述使我们对形容词前“有”的功能和性质有更进一步的认识，这使我们认清所有形容词前的“有”。

3.4 “有”字词头说产生的历史背景

王力（1988［1958］）在《汉语史稿》中指出：“‘有’字，它经常是加在国名、地名、部落名的前面，如有虞、有扈、有仍、有莘、有熊、有

① 程俊英，蒋见元．诗经注析．北京：中华书局，1999：501.

② 同①，467.

庳、有济等。”①

王力（1999）又在《古代汉语》又指出：“‘有’字作为词头，用于专名的前面，常见的有上古时代的朝代名、国名、部族名等。‘有’字又用于某些名词的前面，‘有’字又用于某些形容词的前面。”②

王力先生关于“有”字为词头的观点有其很深的历史渊源。

早在汉代毛亨就把“有”看作助词，他认为“有”在名词前没有意义。毛亨为《诗·大雅·文王》“有周不显，帝命不时”作传云：“有周，周也。”

唐代孔颖达沿用毛亨之说，并举例加以证明。孔颖达为《诗·大雅·文王》中“有周不显，帝命不时”作疏：“以‘周’文单，故言‘有’以助之。《烝民》曰‘天监有周’，《时迈》曰‘明昭有周’，皆同也。犹《左传》谓‘济’为‘有济’。传叠而解之，有周，正周也。”

清王引之《经传释词》有云：“有，状物之词也，若《诗·桃夭》：‘有蕡其实’是也。他皆仿此。”③ 这一类指用在形容词前面的“有”。

王引之又指出：“有，语助也。一字不成词，则加‘有’字以配之，若虞、夏、殷、周皆国名，而曰有虞、有夏、有殷、有周是也。推之他类，亦多有此。故邦曰有邦，家曰有家，室曰有室，庙曰有庙，居曰有居，方曰有方，夏曰有夏，济曰有济，北曰有北，昊曰有昊，帝曰有帝，王曰有王，司曰有司④，正曰有正，僚曰有僚，民曰有民，众曰有众，幼曰有幼，政曰有政，事曰有事，功曰有功，比曰有比，极曰有极，梅曰有梅，的曰有的，三宅曰三有宅，三俊曰三有俊，三事曰三有事。说经者未喻属词之例，往往训为有无之‘有’，失之矣。”⑤

在近代，学界对“有”做过研究的学者有马建忠、杨树达、吴昌莹等，他们基于前人的研究成果把“有”看作助词，无实义。

① 王力．汉语史稿//王力文集（九）．济南：山东教育出版社，1988：282-284；汉语语法史//王力文集（十一）．济南：山东教育出版社，1988：4-6．

② 王力．古代汉语．修订本．北京：中华书局，1999：464．

③ 王引之．经传释词．长沙：岳麓书社，1982：63．

④ “司曰有司”这一说法还需要进一步证明，因为我们还没有在文献中看到“有司”的“有”作助词或实词“众”的用法，只有用作官职的“有司”一词。

⑤ 同③，63-64．

马建忠在《马氏文通》中指出："名有一字不成词，间加'有'字以配之者，《诗》《书》习用之。若所加'有'字，无实义可指，而为有无之解，亦散见于他书。《书经》：邦曰有邦，居曰有居，夏曰有夏，政曰有政。《易经》：家曰有家，庙曰有庙。《诗经》：北曰有北，昊曰有昊，梅曰有梅。《左传》：济曰有济，帝曰有帝。而国号之上，率加'有'字，如有虞、有夏、有殷、有周之类，以上见《经传释词》。若《庄子·则阳》篇'有名有实，是物之居，无名无实，在物之虚。可言可意，言而愈疏。'其'有'字乃有无之解，非此例也。"①

杨树达在《高等国文法》中指出："有，用在名词之前，无义。如《书》：'蠢兹有苗。'《左传·僖公二十一年》：'实司大皞与有济之祀。'《易·萃象》：'王假有庙。'《书·皋陶谟》：'亮采有邦。'"②

又杨树达在《词诠》中指出："有，语首助词，用在名词之前，无义。"③

近人吴昌莹在《经词衍释》中也承传了王引之《经传释词》关于"有"为助词的观点。④

前人的研究基于旧训诂学，只关注词的意义本身，认为"有"的基本词义是"持有""存在"，至于"持有""存在"义之外的意义则避而不谈。他们缺乏现代语言学理论指导，因而无法虑及词汇与句法、语法、构式、语境等因素的关系，也无法对词汇所在的句法意义和语境意义引起注意。就现代语义学理论而言，其中的一些原则尤为重要。如：注重词汇的研究与句法、语法、构式、语境结合，关注词汇与句法、语法、构式、语境的关系，注重句法、语法、构式、语境对词汇的作用。在词汇意义泛化之后，句法和构式对词汇意义会造成影响，会产生新的意义。这是一种构式吸收或语境吸收。这是我们在研究历史词汇过程中，必须具备的一些现代语言学理论。

---

① 马建忠. 马氏文通. 北京：商务印书馆，1998［1923］：39.
② 杨树达. 高等国文法. 北京：商务印书馆，1985［1955］：589-591.
③ 杨树达. 词诠. 北京：商务印书馆，1985［1955］：589-591.
④ 吴昌莹. 经词衍释. 天津：天津古籍出版社，1991.

3.5 结论

通过对甲骨文、金文至先秦简帛出土文献中名词、动词、形容词前“有”的研究，我们发现，名词、动词、形容词前的“有”，不是词头或助词，而是具有实际语义的实词和语义较虚的词。

用在名词前的“有”含有“富有”“丰”“大”“多”“全”“全体”“所有”“整个”等语义，它是从“持有”引申而来；用在动词前的“有”含有“确实”的语义，它是从“存在”义引申而来；用在形容词前的“有”含有“非常”义，它是从“大”“丰”引申而来，语义演变脉络清楚。

“有”带有形容词性和副词性的特征，修饰名词、动词和形容词，语义自由，充当自由修饰语。

“有”用在名词前时表示人和事物的量的特征，凸显句法中名词量的表达；用在动词前时有加强肯定语气的作用；用在形容词前时有加深程度的作用。

“有”在一定程度上受构式和上下文语境的影响，带有强调功能，既可强调名词的量，也可强调动作的确信无疑，还可强调动作或状态的程度。如果离开构式和上下文所提供的语境，或排除这一强调功能，“有”在理解上就会产生歧义。

参考文献

高佑仁．谈《曹沫之阵》的“没身就世”．(2006-02-20)．简帛网．

沈培．清华简和上博简“就”字用法合证．(2013-01-06)．简帛网．

沈培．从清华简和上博简看“就”字的早期用法//源远流长：汉字国际学术研讨会暨 AEARU 第三届汉字文化研讨会论文集．北京：北京大学出版社，2017．

宋华强．郑子家丧//平王问郑寿“就”字试解．(2009-07-21)．简帛网．

苏建洲．《郑子家丧》甲 1“就”字释读再议．(2010-05-01)．复旦大学出土文献与古文字研究中心网．

子居．清华简七《赵简子》解析．(2017-05-29)．中国社会科学院文学所先秦史研究网．

第三章　战国楚简人称代词研究

战国出土楚简文献中，人称代词共 10 个，包括第一人称代词、第二人称代词和己身代词。其中，第一人称代词：吾、我、余、朕；第二人称代词：汝、尔、而、乃；己身代词：自、己。第三人称代词尚未产生，其功能由指示代词“之”“其”“厥”担当。

第一人称代词中，“吾”“我”最为常见，占第一人称代词总数 88%，“余”“朕”不常用，只占第一人称代词总数 12%。“吾”主要用作主语和定语，少数出现在动词后面，用作宾语。“我”和“余”通常用作主语、宾语和定语。“朕”用作主语和定语。“我”和“吾”，二者既表单数，又表复数；“余”“朕”，二者都表单数。“余”在楚辞中作第一人称代词很活跃，反映楚辞人称代词语言特点。第二人称代词中，“汝”“尔”没有功能差别，都用作主语、宾语和定语，且使用频率基本相当。“而”和“乃”存在一定的功能差别，“而”多作主语和定语，“乃”则以作定语为主。

一　第一人称代词

楚简第一人称代词既继承有雅言用法，也发展出自己的特色，先看下表 3-1：

表 3-1　　战国出土楚简文献中第一人称代词用法及使用频率

功能 词项	单数				复数				总数
	主语	宾语	定语	使令主语	主语	宾语	定语	使令主语	
吾	106	6	30	1	0	0	14	0	157
我	52	39	19	2	6	2	9	0	129
余	35	12	7	1	2	0	0	0	57
朕	5	0	24	0	0	0	0	0	29

战国出土楚简文献中，第一人称代词共4个：吾、我、余、朕。①

1.1 “吾”和“我”

吾

“吾”，楚简字作“虗”，金文作“䲨”，做主语、定语、宾语和使令主语，157例。② 多数表单数，143例；少数表复数，14例。在《郭店简》中出现11例，在《长台关简》出现2例，在《上博简》中出现132例，在《清华简》中出现12例。

A. 做主语，106例。在《郭店简》中出现10例，在《长台关简》中出现2例，在《上博简》中出现87例③，在《清华简》中出现7例。如：

(1) 人虽曰不利，吾弗信之矣。(《郭店简·缁衣》简44)

(2) 未知其名，字之曰道，吾强为之名曰大。(《郭店简·老子甲》简21、22)

(3) 子曰：“贫贱而不约者，吾见之矣，富贵而不骄者，吾闻而未之见也。”(《上博简五·弟子问》简6)

(4) 吾既得百姓之和，吾奚事之？(《上博简七·凡物流形》简7、8)

(5) 汤曰：“呜呼，吾何祚于民，俾我众勿违朕言？”(《清华简

---

① 在《上博简六·孔子见季桓子》中，整理者把4例“虗”释作“予”，认为是第一人称代词，如简1“虗闻之”，其实，“虗”为“虒”，人名。

② 在《上博简六·孔子见季桓子》中，整理者把2例“鱼”释为“吾”。如第五简释为“上虽逃智，无不乱矣。是故鱼（吾）道之，君子行，君子弗见也；吾谂弗见也，鱼（吾）□弗见也”。陈剑（2008）重释为“上虽道，知无不乱矣。是故鱼（虞）道之君子，行，冠弗见也；吾（语），谂弗见也；鱼（虞），□弗见也”。我们把“鱼”看作“虞”。理由有三：上下文语义通畅；本句中有人称代词“吾”，无须另用字形“鱼”；人称代词“吾”有地域性，楚简未见“鱼”作人称代词用法，只在侯马盟书中有人称代词“鱼”。

③ 对下面这一句中的“吾”有不同的意见：“尔纵不为吾称择吾父兄甥舅之有所善。”(《上博简八·王居·志书乃言》志5）原整理者（2011：222）在“称”字后断句，“吾”似看作定语。浅野裕一（2011）译为“你不为我荐举我之亲戚、亲友，使居其要职”，“吾”似被看作介词“为”的宾语。我们这里采用陈伟（2011）的观点，将其断句为“尔纵不为，吾称择吾父兄甥舅之有所善过，愿大夫之毋不谷之言之渎”(《上博简八·王居·志书乃言》志5、王7)。此“吾”被看作主语。

一·尹诰》简3）

（6）吾岂不知哉？（《长台关简》简1—014）

例（1）句意即“即使有人认为这不是为了利，但我还是不会相信”。例（2）句意即“不知道它的名，给它取字叫作‘道’，我极力主张给它起名叫作‘大’”。例（3）句意即“孔子说：‘我见过贫贱而不自律的人，至于富贵却不傲慢的人，我只听说但却没有遇见过’”。例（4）句意即“我已经做到了百姓生活和顺，我该怎样侍奉神灵呢?”例（5）中，“吾何祚于民”意即“我如何赐福给百姓”。例（6）句意即“我怎么能不知道呢?”这类“吾”都表单数，做主语。

B. 做宾语，6例。都出现在《上博简》中。如：

（1）雁既与吾同车。或□衣，使邦人皆见之。（《上博简四·昭王与龚之雁》简10）

（2）今主君不厌于吾故而反恶之。[①]（《上博简五·苦成家父》简5）

（3）赐，不吾知也。（《上博简五·弟子问》简22）

（4）夫彭徒一劳，为吾必之。[②]（《上博简八·王居·志书乃言》志5、志6）

（5）能寡言，吾能一吾。夫此之谓小成。（《上博简七·凡物流行（甲）》简18、28）

（6）尔纵不为吾，爱释吾父兄甥舅之有所善。（《上博简八·琚.志书乃言》志与）

---

① 此例断句有两种不同的观点：一种观点认为“吾”后面断，如陈伟（2006）、李守奎（2007）；另一种观点认为“故”后面断，如季旭昇（2006）。我们认为无须断句。因为“以……故而……”是古汉语中表缘由的一种常见句式。如“不可以风疾之故而失信”（《韩非子·外储说左上》）。有时省略“以”或“而”。关于“厌”，整理者隶定为“逌”，季旭昇（2006）读“察”，沈培（2006）读“厌”，陈伟（2006）读为“恬”。我们这里从沈培的观点。

② 必，原整理者（2011：211—212）隶定为“謐”，读为“谧”。读书会（为“复旦吉大古文字专业研究生联合读书会”简称，下同）（2011）发现《上博（四）·柬大王泊旱》第3、4、5简中“謐”字出现三次，它多与占卜之事关系密切。战国竹简又见“謐志”，沈培（2007）指出“謐”当读为“蔽”，即古人占卜前之“断志”。陈伟（2011）不同意把“謐”释为“蔽”，而认为该字当读为“必”，这里指让彭徒的意志坚定。此处从陈伟的观点。

例（1）“吾”做介词宾语。例（2）句意即“如今，君王对我心怀不满因而对我心生厌恶”。“吾”，第一人称代词单数，做对象宾语，在动词和宾语之间用标记“于”引出对象。例（3）中，“不吾知也”即“不知吾也”。“吾”做前置宾语，出现在否定句中。例（4）句意即“彭徒是一个善于操持政务的人，你要替我为安抚彭徒这件事想个法子”。例（5）句意即“只要能做到少说话，就能保全我自己，这种自保叫作小成”。例（6）句意即“你们纵然不替我着想，也应推举我父兄甥舅中有善德的人”。“为”指想办法。这类“吾”，都是第一人称代词单数，做宾语。除了例（3）属于宾语前置，语序特殊以外，其他各例都处在正常的宾语位置。

C. 做定语，30例。在《郭店简》中出现1例，在《上博简》中出现25例，在《清华简》中出现4例。如：

（1）毋失吾谋，此谋得矣。（《郭店简·语丛二》简50）

（2）吾既果成无射，以供春秋之尝，以待四邻之徼，［吾］后之人几何保之？（《上博简六·庄王既成》简1、2）

（3）汤怒曰：“孰盗吾羹？”（《清华简三·赤鹄之集汤之屋》简5）

例（1）句意即“不要失去我的谋略，有了这个谋略，就能够获得成功”。例（2）中，“吾后之人几何保之”意即“我的后代子孙们怎么能保得住江山社稷呢？”例（3）句意即“汤王怒吼道：‘是谁偷了我的羹汤？’”这类“吾”，都是第一人称代词单数，做定语，相当于“我的”。

D. 做使令主语，1例。出现在《上博简》第八册中。如：

（1）子春谓之曰：“君王穷亡人，命吾为楚邦，恐不能以辱斧锧。”（《上博简八·命》简1、2）

例（1）中，“命吾为楚邦”意即“君王命令我效力于楚邦”。“吾”出现在使动词“命”之后，做使令主语。传统的语法学把这种使令主语用法称作兼语式，我们不同意这种说法，因为从语言理论上看，语言功能有单一性原则，即具体语言环境中，词的功能是单一的，而非兼类的，不会在句法中既做主语又做宾语。所以，根据语言功能单一性原则，我们把使令句中的兼语称作使令主语，在句中充当后面动词的施事者。

“吾”表复数，做定语，少见，14例。在《上博简》中出现13例，在《清华简》中出现1例。单、复数的比例为143∶14。如：

(1) 二公告周公曰：“我其为王穆卜。”周公曰：“未可以戚吾先王。”(《清华简三·金縢》简1、2)

(2) 郄锜闻之，告苦成家父曰：“以吾族三郄与□□□□于君，幸则晋邦之社稷可得而事也。”(《上博简五·姑成家父》简2、3)

(3) 割𤻂与梁丘据言于公曰：“吾币帛甚美于吾先君之量矣，吾珪璧大于吾先君之……公疥且疟，逾岁不已，是吾无良祝、史也。吾欲诛诸祝、史。”(《上博简六·景公疟》简1、2)

例(1)中“未可以戚吾先王”意即“不能凭此得到我们先王的保佑”。例(2)中，“吾族”即指“我们这个家族”。例(3)中，“吾币帛”即指“我们用于祭祀的币帛”；“吾先君”即指“我们的先王”；“吾珪璧”即指“我们用于祭祀的珪璧”。这类“吾”表复数，可译作现代汉语“我们的……”。

传世文献中“吾”一般只用作主语和定语。只有在否定句里，“吾”才用于宾语，且出现在动词前面（王力，1989/2005：42；向熹，2010：49）。战国以后，“吾”虽然可出现在动词和介词后面做宾语，但也只是个别现象。战国出土楚简文献中，“吾”有6例用于宾语，当中1例用于否定句，5例用于非否定句。其中非否定句的5例中，3例做介词宾语，2例做动词宾语。“吾”做宾语的用法，使用频率不高，受否定句限制的条件也不多。

在战国出土楚简文献中，出现“吾子”“子”用作称谓名词的用法，22例。“吾子”在《上博简》中出现15例，“子”在《清华简》中出现3例，“吾子”在《清华简》中出现4例。如：

(1) 雍也憧愚，恐贻吾子羞，愿因吾子而辞。(《上博简三·仲弓》简4、5)

(2) 子贡曰：“吾子之答也何如?”(《上博简四·相邦之道》简4)

(3) 康子曰：“毋乃肥之昏也，是佐乎？故如吾子之足肥也。”(《上博简五·季康子问孔子》简11B)

(4) 公强起，违席曰：“善哉，吾子!”(《上博简六·景公疟》简12)

(5) 门人谏曰：“吾子齿年长矣，家性甚急，性未有所定，愿吾

子之图之也。”(《上博简八·子道饿》简1)

(6) 昔吾子之将方少，如有过，则非子之咎，师保之罪也。(《清华简七·赵简子》简1、2)

(7) 用由今以往，吾子将不可以不戒已！(《清华简七·赵简子》简4)

(8) 子始造于善，则善人至，不善人退。子始造于不善，则不善人至，善人退。(《清华简七·赵简子》简3、4)

以上例句中所出现的“吾子”和“子”，都做称谓名词，是古人对先生或文臣武将的一种尊称。出现在对话场合，是称谓听话人的一种方式。这种称谓名词，在古代传世文献中普遍出现。

我

“我”，129例，做主语、宾语、定语和使令主语。多数表单数，112例；少数表复数，17例。在《郭店简》中出现26例，在《葛陵1号墓简》中出现5例，在《上博简》中出现44例，在《清华简》中出现37例。

A. 做主语，52例。在《郭店简》中出现11例，在《葛陵简》中出现2例，在《上博简》中出现12例，在《清华简》中出现27例。如：

(1) 我无事而民自富，我无为而民自化；我好静而民自正，我欲不欲而民自朴。(《郭店简·老子甲》简31、32)

(2) 天子，三公，我亦上下譬于文武之受命，皇戡方邦，丕惟周之旁，丕惟后稷之受命是永厚。(《清华简一·祭公》简12、13)

(3) 夏后乃讯小臣曰：“如尔天灵，而知朕疾?”小臣曰：“我知之。”(《清华简三·赤鹄之集汤之屋》简10、11)

(4) 我左患右难，吾欲达中持道。(《上博简九·文王访之于尚父举治》6)

(5) 虽我爱尔，吾无如社稷何？而必良慎之。(《上博简八·王居、志书乃言》志7、王5)

例(1)中有四个“我”，分别位于四个句子的句首，做主语，表单数。例(2)中，“我亦上下譬于文武之受命”意即“我也把上上下下的人当作文武百官来对待，传之以命，授之以令”。例(3)中，“我知之”意即“我知道解心中的忧患的症结，我有解除你忧患的办法”。例（4）中，“我左患右难”意即“我现在处在左右为难的境地”。这一类“我”都做主语，表单数。

B. 做宾语，39 例。可以做动词宾语和介词宾语。在《郭店简》中出现 11 例，在《上博简》中出现 21 例，在《清华简》中出现 7 例。如：

（1）非我血气之亲，畜我如其子弟。（《郭店简·六德》简 15、16）

（2）鲁邦大旱，哀公谓孔子：“子不为我图之？”（《上博简二·鲁邦大旱》简 1）

（3）夫山，石以为肤，木以为民，如天不雨，石将焦，木将死，其欲雨又甚于我。（《上博简二·鲁邦大旱》简 4）

（4）公其告我懿德。（《清华简一·祭公》简 2）

（5）繄先人有言：“无父母能生，无君不能生。吾中心念诖（挂），莫我或听。”（《清华简三·芮良夫毖》简 27）

（6）小臣既羹之，汤后妻纴巟谓小臣曰：“尝我于而羹。”（《清华简三·赤鹄之集汤之屋》简 2）

（7）纴巟谓小臣曰：“尔不我尝，吾不亦杀尔？”（《清华简三·赤鹄之集汤之屋》简 3）

例（1）中，“畜我如其子弟”意即“养育我就跟养育他的亲生骨肉一样”。例（2）中，“子不为我图之？”意即“你不替我谋划此事吗？”例（3）中，“其欲雨又甚于我”意即“那山对于雨的期待盖过我”。例（4）句意即“我祖祭公，请赐给我美德吧”。例（5）中“吾中心念挂，莫我或听”意即“我的心中很是担心，担心没有人信奉我服从我”。“我”用于否定句代词宾语，做前置宾语。例（6）中，“尝我于尔羹”意即“让我尝食你做的羹汤”。例（7）中，“尔不我尝，吾不亦杀尔？”意即“如果你不让我尝食你做的羹汤，我不也会杀了你吗？”例（6）（7）中的“尝”做使动用法，“我”为施事宾语。例（7）中的“我”在否定句中做前置对象宾语。这一类“我”做第一人称代词单数。

C. 做定语，19 例。在《郭店简》中出现 4 例，在《葛陵简》中出现 3 例，在《上博简》中出现 10 例，在《清华简》中出现 2 例。如：

(1) 亦既见之，亦既觏之，我心则悦。(《郭店简·五行》简10、11)

(2) 人之兵不砥砺，我兵必砥砺。人之甲不坚，我甲必坚。(《上博简四·曹沫之阵》简38B、39)

(3) 惟我后嗣方建宗子，丕惟周之厚屏。(《清华简一·祭公》简13、14)

例(3)句意即“只要在我的后裔中广立宗子，就是我大周稳固的可靠屏障”。

D. 做使令主语，2例。在《上博简》和《清华简》中各出现1例。如：

(1) 尔使我得尤于邦多已。(《上博简八·王居、志书乃言》志4、志6)

(2) 王问执事人，曰：“信。噫公命我勿敢言。”(《清华简一·金縢》简10、11)

对于使令词后面的词，传统的语法学把它称作兼语词，兼作使令词的宾语和使令词后面小句的小主语。但是依语言学原则，具体句法中的词只能充当一种成分。我们把使令词后的词称作主语，在句中充当小句动词的施事者。

在数的范畴上，“我”表复数，17例。在《上博简》中出现5例，在《清华简》中出现12例。单、复数的比例为112∶17。如：

(1) 其有民率曰：“惟我速祸。”(《清华简一·尹志》简3)

(2) 兄及弟淇，鲜我二人。(《上博简四·逸诗·多新》简1)

(3) 挚告汤曰：“我克协我友，今惟民远邦归志。”(《清华简一·尹诰》简2、3)

(4) 武王既克殷三年，王不豫有迟。二公告周公曰：“我其为王穆卜。”周公曰：“未可以戚吾先王。”(《清华简三·金縢》简1、2)

(5) 秦之戍人使归告曰：“我既得郑之门管矣，来袭之。”(《清华简二·繫年》简46)

例(1)的大意为：“有民众说：‘我们夏邦即将招来祸患。’”例(2)句意即“兄弟少，仅仅只有我们两个人”。例(3)的大意为：伊尹对汤说："我们可以与友邦结盟，如今百姓和远邦均有归附之意。"例（4）中，"二公告周公曰：'我其为王穆卜。'"意即"太公望、召公奭对周公说：'我们为武王占卜吧。'"例（5）句意即"秦国戍守边关的军队派人回秦国报告：'我方已经获得郑国城门的掌控权，希望派军队前往攻打郑国。'"

"我"表复数是常见用法，相当于现代汉语"我们……"。

1.2 "余"和"朕"

余

"余"，字作"舍"，或作"𠅘"①，做第一人称代词，57例。做主语、定语、宾语和使令主语。多数表单数，55例；极少数表复数，2例。在《上博简》中出现20例，在《清华简》中出现36例，在《子弹库简》中出现1例。分为以下四种情况：

A. 做主语，37例。在《上博简》中出现16例，在《清华简》中出现20例，在《子弹库简》中出现1例。如：

(1) 尧乃为之教曰："自纳焉，余穴窥焉。"(《上博简二·容成氏》简9、10)

(2) 余告汝，祸……(《上博简三·彭祖》简5)

(3) 余闵其有夏众□吉好，其有后厥志其爽，宠二玉，弗虞其有众。(《清华简一·尹至》简1、2)

(4) 曰：余，不可以作大事。少旱其□，□龙其□，娶女为邦莽。②(《子弹库简·丙篇》简1、2)

(5) 毋勤弗志，曰余知之。(《上博简七·武王践阼》简10)

这类"余"，都是第一人称代词单数，做主语，相当于"我"。

以下例句中的"余"，其用法有争议。如：

---

① 《郭店简·成之闻之》："《大禹》：'余兹宅天心。'盖此言也，言余之此而宅于天心也。"此二"余"字，原整理者释为第一人称代词。李学勤作"舍"。此从李说。李学勤. 试说郭店楚简《成之闻之》两章. 烟台大学学报，2000（4）：459.

② 旱，从朱德熙释。莽，从何琳仪释，读"亡"。朱德熙. 长沙帛书考释（五篇）. 中国古文字研究第六次会议，1986；朱德熙文集（五）. 北京：商务印书馆，1999：203-210；何琳仪. 长沙帛书通释. 江汉考古，1986（1）：51-57，（2）77-82.

(6) 耉老曰："眊眊，余朕孳，未则于天，敢问为人?"(《上博简三·容成氏》简3)

例(6)中，"眊眊余朕孳"，原整理者李零点断为"眊眊，余朕孳"，释作"昏愦，我耉老自己"，"余"做第一人称代词单数。汤志彪则将其点断为"眊眊余，朕孳"，释此句作"昏愦阿，我此未则于天或我今未则于天"。"余"做形容词词尾，相当于"乎"。①

B. 做宾语，12例。在《上博简》中出现2例，在《清华简》中出现10例。如：

(1) 荆为不道，谓余曰："汝，周之孽子……"(《上博简七·吴命》简4)

(2) 有凰将起今兮，助余教保子今兮。(《上博简八·有皇将起》简1A)

(3) 既告汝元德之行，譬如主舟，辅余于险，肄余于济。②(《清华简一·皇门》简13)

(4) 王乃讯说曰："帝抑尔以畀余，抑非?"(《清华简三·傅说之命(上)》简3)

例(1)中，"谓余曰"意即"对我说道"。例(2)中，"助余教保子"意即"协助我教导保子"。例(4)中，"辅余于险，肄余于济"意即"辅佐我于危难之中，度化我于救济之际"。例(5)中，"畀余"意即"赏赐给我"。"尔以"即"以尔"这类"余"都是第一人称代词单数，做宾语。

C. 做定语，7例。在《上博简》中出现2例，在《清华简》中出现5例。如：

(1) 楚邦老，君王免余罪。(《上博简九·成王为城濮之行》乙1)

(2) 子曰："小子，来，取余言，登年不恒至，耇老不复壮。"

---

① 马承源. 上海博物馆藏战国楚竹书(三). 上海：上海古籍出版社，2003：305；汤志彪. 上博简(三)〈彭祖〉篇校读琐记. 江汉考古，2005(3)：88-91.

② 肄，整理者隶定为"䍐"，此依陈剑读"肄"。陈剑. 清华简《皇门》"䍐"字补说.(2011-02-04). 复旦大学出土文献与古文字研究中心网站.

(《上博简五·弟子问》简2)

(3) 母惟尔身之肄，皆恤尔邦，假余宪。(《清华简一·皇门》简13)

例（1）中，“免余罪”意即“免除我的罪责”。例（2）中，“取余言”意即“听取我所说的话”。例（3）中，“假余宪”意即“依据我的治国方略”。这类“余”，都是第一人称代词单数，做定语。

D. 做使令主语，1例。出现在《上博简》中。如：

(1) 君王命余治师于睽，一日而毕。① (《上博简九·成王为城濮之行》乙1)

例（1）中，“命余”意即“命令我”。“余”，第一人称单数，相当于“我”，做使令主语。整理者认为，该“余”称代蘧伯玉本人，读书会则认为，“余”于此当是子文自称。②

“余”主要做主语，占第一人称代词总数的67%，少数做宾语、定语和使令主语。

“余”表复数，相当于“我们”，做主语，2例。在《上博简》《清华简》中各出现1例。单、复数的比例为55∶2。如：

(1) 民噂曰：“余及汝皆亡。”(《清华简一·尹志》简2)

(2)（楚人）曰：“余必刊亡尔社稷，以广东海之表。”(《上博简七·吴命》简5B)

在战国出土楚简文献中，出现“余一人”、“一人”和“余小子”等做称谓名词的用法，7例。其中，“余一人”5例，“一人”1例，“余小子”1例。“余一人”“一人”分别在《上博简》第四、七册中各出现1例，“余一人”在《清华简》中出现4例，“余小子”在《清华简》中出现1例。如：

---

① 治，整理者作“受”。睽，楚地名，整理者作“汥”。毕，整理者作“聝”。这里从陈伟释。陈伟.《成王为城濮之行》初读.（2013-01-05）. 简帛网.

② 马承源. 上海博物馆藏战国楚竹书（九）. 上海：上海古籍出版社，2003：151；季旭昇古文字读书会. 上博九《成王为城濮之行》集释.（2013-01-27）. 复旦大学出土文献与古文字研究中心网站.

(1) 摄周子孙，惟余一人所礼。(《上博简七·吴命》简6)

(2) 王曰："呜呼，公，汝念哉！逊措乃心，尽付畀余一人。"(《清华简一·祭公》简8、9)

(3) 小臣罔俊在朕服，余惟命汝说融朕命，余柔远能迩，以益视事，弼永延，作余一人。(《清华简三·傅说之命（下）》简2、3)

(4) 桓称其有若，曰享会余一人，思辅余于艰，乃禔惟民，亦思不忘。(《清华简三·周公之琴舞》简9、10)

(5) 朕遗父兄眔真荩臣，夫明尔德，以助余一人忧。(《清华简一·皇门》简12)

(6) 王仰天，后而詨谓大宰："一人不能治政，而百姓以绝。"(《上博简四·简大王泊旱》简14)

(7) 祖祭公，哀余小子，昧其在位，旻天疾威，余多时假惩。(《清华简一·祭公》简21)

以上例句中的"余一人"、"一人"和"余小子"，都做称谓名词，是古代君王自称，或作"予一人"，与"寡人"相当。"余一人"做称谓名词用于上古商、周天子自称。杨伯峻、何乐士（2001：96—97）认为，"余一人""一人"是"最高统治者的自称"。这种称谓名词，在《尚书》里还有"予小子""予冲子""予冲人"等用法。这一类用法都出自儒家佚文，不见于楚地口语性强的文书、卜筮祷祠之文。

朕

"朕"，或字作"䆅"，做第一人称代词单数，29例。做主语、定语。在《上博简》中出现3例，在《清华简》中出现26例。

A. 做主语，5例。在《上博简》第八册中出现1例，在《清华简》中出现4例。如：

(1) 王在镐，召周公旦曰："呜呼，敬之哉！朕闻哉！"(《上博简八·成王既邦》简2)

(2) 朕闻周长不贰，务择用周，果拜不忍，绥用多福。(《清华简一·程寤》简6、7)

(3) 朕闻兹不久，命未有所延，今汝祗服毋解，其有所由矣。

(《清华简一·保训》简 10)

(4) 朕寡邑小邦，蔑有耆耇虑事屏朕位。(《清华简一·皇门》简 1)

(5) 朕遗父兄眔真荩臣，夫明尔德，以助余一人忧。(《清华简一·皇门》简 12)

B. 做定语，24 例。在《上博简》（第二、六册）中出现 2 例，在《清华简》中出现 22 例。如：

(1) 言在家室，而莫执朕舌。(《上博简六·用曰》简 10)

(2) 朕身尚在兹，朕魂在朕辟昭王之所，亡图不知命。(《清华简一·祭公》简 3)

(2) 说乃曰："惟帝以余畀尔，尔左执朕袂，尔右稽首。"(《清华简三·傅说之命上》简 3、4)

(3) 汤曰："呜呼，吾何祚于民，俾我众勿违朕言?"(《清华简一·尹诰》简 3)

下面两例中的"朕"，学界存在不同的观点。存疑。如：

(4) 耇老二拜稽首曰："朕孳不敏，既得闻道，恐弗能守。"(《上博简三·彭祖》简 8)

(5) 耇老曰："眊眊，余朕孳，未则于天，敢问为人?"(《上博简三·彭祖》简 3)

例（4）（5）中的"朕孳"，整理者李零认为，从意义上看，应是耇老之名。"耇老"是以年老长寿为称，非本名。① 例（4）句意为："这位年老长寿的人拜了再拜，叩首道：'我此不聪敏，虽然已经懂得了道，但恐怕却不能持守道。'" 例（5）句意为："年老长寿的人说道：'真糊涂啊，我此既然不能效法上天，又怎么能管理好人事呢?'" 对于"朕孳"，黄人二、林志鹏（2005）认为，这是老寿人的本名。② 而汤志彪（2005：88～91）则认为，"余朕孳"中的"余"读为"乎"，语气词，"朕"做第一人

① 马承源. 上海博物馆藏战国楚竹书（三）. 上海：上海古籍出版社，2003：305.

② 黄人二，林志鹏. 上博藏简第三册《彭祖》试探.（2005-04-29）. 简帛网.

称代词，“孳”读为“兹”，指示代词。[1] 据此，例（5）中的“眊眊，余朕孳，未则于天”，则当断为“眊眊余（乎），朕（我）孳（此）未则于天”。例（4）中的“朕孳不敏”，李零认为，当理解为“我此不敏”。[2] 我们注意到，“朕孳”与楚简中的“朕冲人”类似，做专有称谓名词。至于“朕孳”是不是年老长寿人之名，还有待进一步考证。

楚简中，出现1例“朕冲人”和1例“朕惟冲人”，这里的“朕”不做人称代词，“朕冲人”做专有称谓名词。如：

（1）肆朕冲人非敢不用明刑。（《清华简一·皇门》简1）

（2）咎何其如？殆哉！朕惟冲人，则如禾之有稺。（《清华简三·芮良夫毖》简24）

例（1）中的“朕冲人”和例（2）中的“朕惟冲人”，都是周公自称的称谓名词，强调说话者至高无上的地位。上古，天子常以“朕冲人”“朕惟冲人”“予冲人”“余一人”等自称，此类词宜都看作专有称谓名词。再如：

（1）肆予冲人，非废厥谋，吊由灵。（《尚书·盘庚下》）

（2）成王曰：“余一人与虞戏也。”（《吕氏春秋·重言》）

在出土战国楚简文献中，“朕”在两个方面发生了变化：

一是功能发生变化，出现有做主语的用法。从殷代到西周，“朕”只限于做定语，金文、《诗经》都是如此。在今本《尚书》中，“朕”做主语的用法虽然也有20例之多，但鉴于《尚书》在流传过程中曾遭遇很多波折，所以，这一事实还有待确证。（王力，1980［1958］：261）春秋战国以后，“朕”做主语的功能得到发展。在战国出土楚简文献中，“朕”做主语的用法有5例，占人称代词总数的23%。

二是语用发生变化。“朕”可用于有威望或地位高的人自称，并出现有用于王自称的倾向。从甲骨文到金文，“朕”只限于普通人的自称，而在传世文献《尚书》中，开始出现在至高无上者自称的用例中。在战国出土楚简文献中，“朕”已用于有威望或地位高的人自称，并发展出用于王

---

① 汤志彪．上博简（三）《彭祖》篇校读琐记．江汉考古，2005（3）：88-91．

② 马承源．上海博物馆藏战国楚竹书（三）．上海：上海古籍出版社，2003：305．

自称的倾向。这一用法共有 7 例，占人称代词总数的 32%。由此推断，秦代“天子自称曰朕”的用法，其发展历程由来已久。

在战国出土楚简文献中，“台”字作“⿱𠃊口”，第一人称代词单数，1 例，定语。出现在《上博简三·周易》中，这是古文献的遗留，不是楚地方言。如：

(1) 六四：涣其羣，元吉。涣其丘，非台所思。(《上博简三·周易》简 54、55)

例 (1) 中的“非台所思”，马王堆帛书《周易》作“匪娣所思”，今本《周易·涣卦》作“匪夷所思”。“娣”、“夷”与“台”音近而通用。《词诠》卷七：“台，人称代名词，我也。”①

二 第二人称代词

战国出土楚简文战中第二人称代词共 4 个：汝、尔、而、乃。其语法功能，数的表示和使用频率见下表：

表 3-2 战国出土楚简文献中第二人称代词用法及使用频率

功能/词项	单数				复数				总数
	主语	宾语	定语	使令主语	主语	宾语	定语	使令主语	
汝	42	21	2	1	0	0	0	0	66
尔	18	11	27	1	0	0	3	0	60
而	6	0	6	0	0	0	0	0	12
乃	1	0	12	0	0	0	0	0	13

2.1 “汝”和“尔”

汝

“汝”，字作“女”，做第二人称代词，66 例。其中有 8 例引自《诗

① 杨树达. 词诠（第 2 版）. 中华书局，1978：345.

经》等古文。做主语、宾语、定语和使令主语，都表单数。在《郭店简》中出现1例，在《长台关简》中出现1例，在《上博简》中出现24例，在《清华简》中出现40例。

A. 做主语，42例。在《上博简》中出现12例，在《清华简》中出现30例。如：

(1) 汝毋爱珪璧币帛于山川，正刑与［德，以事上天，鬼神感之，大旱必止矣。］……（《上博简二·鲁邦大旱》简2）

(2) 今汝相夫子，有臣万人道汝。(《上博简三·仲弓》简16)

(3) 彭祖曰："吁，汝孳孳博问，余告汝人伦，曰：戒之毋骄，慎终葆劳。"(《上博简三·彭祖》简2)

(4) 汤曰："语，汝其有吉志。"(《清华简一·尹至》简1)

(5) 荆为不道，谓余曰："汝，周之孽子……"(《上博简七·吴命》简45)

例(1)句意即"您不要吝啬用珪璧币帛来祭祷山川，做到正刑德，用这些来侍奉上天"①。句中的"汝"，字作"女"，整理者(2002：206)读作"如"②，季旭昇读作"汝"③，我们赞同季旭昇的观点。

B. 做宾语，21例，都做动词宾语。在《郭店简》中出现1例，在《长台关简》中出现1例，在《上博简》中出现11例，在《清华简》中出现8例。如：

(1) 今汝相夫子，有臣万人道汝。(《上博简三·仲弓》简16、17)

(2) 今日某将欲食，某敢以其妻□妻汝。(《九店56号墓简·告武夷》简43、44)

(3) 为之，余诲汝。(《上博简三·仲弓》简5)

---

① 苏建洲.《上海博物馆藏楚竹书（二）》校释. 台北：花木兰文化出版社，2006：385.
② 马承源. 上海博物馆藏战国楚竹书（二）. 上海：上海古籍出版社，2002：206.
③ 季旭昇. 读《上博（二）》小议.（2003-01-12）. 简帛研究网.

(4) 既告汝元德之行，譬如主舟，辅余于险，肄余于济。[①]（《上博简一·皇门》简13）

例（2）中，关于“某敢以其妻□妻汝”的“其”和“妻”，李家浩（2003：640）认为，“其”当指称“某”，意即“他的”。前一个“妻”，做名词；后一个“妻”，做动词，有“嫁”的意思。“妻汝”意即“嫁给你”。这类“汝”，都是第二人称代词单数，做宾语，相当于“你”。

C. 做定语，2例。在《上博简》和《清华简》中各出现1例。如：

(1) 尚父曰：“黄帝修三员，备日行，习汝知，设皆纪，四正受任，五□皆……谓日行？”（《上博简九·举治王天下·文王访之于尚父举治》简19～21）

(2) 人用汝谋，爱日不足。（《清华简一·程寤》简9）

例（1）中，“习汝知”意即“听闻你的见解”。这个“汝”在此指的是泛义的“你的”，指向所有向黄帝提出见解的人。“习”本有“熟悉”“知晓”之意，于此当引申为“听闻”。例（2）句意即“人们乐于运用你的计策，喜欢你的计策，甚至感觉到一天比一天难以满足”。这类“汝”，都是第二人称代词单数，做定语，相当于“你的”。

D. 做使令主语，1例。出现在《清华简》中。如：

(1) 小臣罔俊在朕服，余惟命汝说融朕命，余柔远能迩，以益视事，弼永延，作余一人。（《清华简三·傅说之命（下）》简2、3）

例（1）中，“余惟命汝说融朕命”意即“我只是命令你解说清楚我所下发的命令的内容”。“汝”表单数，相当于“你”。

尔

“尔”，或字作“尒”，做第二人称代词，60例。做主语、宾语、定语和使令主语。多数表单数，57例；极少数表复数，3例。在《郭店简》中出现5例，在《九店56号墓简》中出现2例，在《上博简》中出现28例，在《清华简》中出现25例。

---

① 肄，整理者隶为“䨾”，从陈剑（2011）释作“肄”。陈剑. 清华简《皇门》“䨾”字补说.（2011-02-04）. 复旦大学出土文献与古文字研究中心网站。

A. 做主语，表单数，18例。在《九店56号墓简》中出现1例，在《上博简》中出现7例，在《清华简》中出现10例。如：

(1) 尔必止小人，小人将召寇。(《上博简四・昭王毁室、昭王与龚之脽》简2)

(2) 尔无以虑匡正我，抑忌讳谗谤以坠恶吾外臣。(《上博简八・王居、志书乃言》志3、命4)

(3) 尔之许我，我则晋璧与珪。尔不我许，我乃以璧与珪归。(《清华简一・金縢》简5)

(4) 说乃曰："惟帝以余畀尔，尔左执朕袂，尔右稽首。"(《清华简三・傅说之命》简3、4)

(5) 纴荒谓小臣曰："尔不我尝，吾不亦杀尔?"(《清华简三・赤鹄之集汤之屋》简3)

B. 做宾语，表单数，11例，都做动词宾语。在《郭店简》中出现2例，在《上博简》中出现6例，在《清华简》中出现3例。如：

(1)《诗》云："赫赫师尹，民具尔瞻。"(《郭店简・缁衣》简15、16)

(2) 吾安尔而设尔，尔无以虑匡正我。(《上博简八・王居、志书乃言》志3)

(3) 虽我爱尔，吾无如社稷何? (《上博简八・王居、志书乃言》志7、王5)

(4) 尔不我尝，吾不亦杀尔? (《清华简三・赤鹄之集汤之屋》简3)

例(1)引自《诗经・小雅・节南山》。"民具尔瞻"意即"百姓都尊仰你"。"尔瞻"即"瞻尔"。"尔"，宾语前置。句中"瞻"有"尊仰"之意。《诗经・小雅・小弁》："靡瞻匪父，靡依匪母。"例(2)(3)(4)中的"尔"都在动词后做宾语。例(4)"吾不亦杀尔"即我难道就不杀你吗，"尔"作动词宾语。

C. 做定语，27例。在《郭店简》中出现3例，都引自古文；在《上博简》中出现14例；在《清华简》中出现10例。如：

(1) 吾不知其尔墓。(《上博简四·昭王毁室、昭王与龚之脽》简5)

(2) 命于帝廷，溥有四方，以定尔子孙于下地。(《清华简一·金縢》简4、5)

例(1)(2)中的“尔”，都表单数，做定语，相当于“你的”。

D. 做使令主语，1例。出现在《九店56号墓简》中。如：

(1) 尔居复山之配，不周之野，帝谓尔无事，命尔司兵死者。①(《九店56号墓简·告武夷》简43、44)

例(1)中，“命尔司兵死者”意即“上帝命令你掌管那些死于战争的人的鬼魂”。“尔”表单数。

“尔”表复数，3例。《郭店简》《上博简》和《清华简》中各出现1例。如：

(1)《君陈》云：“出入自尔师虞，庶言同。”(《郭店简·缁衣》简39、40)②

(2) 噬敢居我江滨，曰：“余必刊亡尔社稷，以广东海之表。”(《上博简七·吴命》简5B)

(3) 迪求圣人，以申尔谋猷。(《清华简三·芮良夫毖》简3)

例(1)引自《尚书》中的《君陈》，属于古文遗留。例(3)句意即“国家的内外政令都出自你们众人的策略，你们的这些策略要保持一致”。“尔”表复数，做定语，相当于“你们的”。

2.2　“而”和“乃”

而

“而”做第二人称代词，12例，都表单数，做主语和定语。在《上博简》中出现11例，在《清华简》中出现1例。

---

① 按，“复”本有“回环”“重复”和“反复”之意，于此引申为“深山”，有“崇山峻岭”之意。

② 原整理者从今本读“于”为“虞”，属上读。张富海(2002：29、31)认为不必从今本，“于庶言同”意即“与庶言同”。我们赞同张富海的观点。张富海. 郭店楚简《缁衣》篇研究. 北京：北京大学硕士学位论文，2002：29，31.

A. 做主语，6例。都出现在《上博简》中。如：

(1) 孔子曰："善，而问之也久矣。"(《上博简二·子羔》简9)

(2) [孔子] 出，遇子贡曰："赐，而闻巷路之言，毋乃谓丘之答非欤?"(《上博简二·鲁邦大旱》简3)

(3) 率车以车，率徒以徒，所以同死有戒言曰："奔，而正社；不奔，而或兴或康以会。"(《上博简四·曹沫之阵》简37)

(4) 而纵不为吾称择，吾父兄甥舅之有所善。(《上博简八·王居、志书乃言》志5)

(5) 虽我爱尔，吾无如社稷何? 而必良慎之。(《上博简八·王居、志书乃言》志7、王5)

例(5)中，"而"和"尔"相呼应。这表明，"而"在做第二人称用法时，在对话场合中可与"尔"对举。

B. 做定语，6例。在《上博简》中出现4例，在《清华简》中出现2例。如：

(1) 仲尼："夫贤才不可掩也，举而所知，而所不知，人其舍之者?"(《上博简三·仲弓》简10)

(2) 庄公曰："昔施伯语寡人曰：'君子得之失之，天命。'今异于而言。"(《上博简四·曹沫之阵》简6、7)

(3) 非而所以复，我不能贯壁而视听。(《上博简八·王居、志书乃言》命5)

(4) 小臣既羹之，汤后妻纴巟谓小臣曰："尝我于而羹。"(《清华简三·赤鹄之集汤之屋》简2)

(5) 汝毋各家相而室，然莫恤其外。(《清华简一·祭公》简16、17)

例(3)句意即"如果不是你向我汇报实情，那么我就无法透过事物的外表来判断事物的本质"。例(4)中，"尝我于而羹"意即"让我品尝你做好的羹汤"。这类"而"，都做第二人称代词，做定语，相当于"你的"。

乃

"乃"，做第二人称代词，出现在对话语境中，相当于"你"和敬称

"您"，13例，都表单数。做主语和定语。在《郭店简》中出现1例，在《上博简》中出现2例，在《清华简》中出现10例。其中《郭店简》和《上博简》中各有1例引自古文，是古文的遗留。

A. 做主语，1例，在《上博简》中。如：

(1) 彭祖曰："休哉，乃将多问因由，乃不失度。"(《上博简三·彭祖》简1)

例(1)，黄人二、林志鹏(2005)释作"你将多问因由，你不失度"。① 他们认为句中两个"乃"都作"你"，与前文"朕"相对。我们赞同此观点。这类"乃"做第二人称代词，相当于"你"。

B. 做定语，12例。在《郭店简》和《上博简》中各出现1例，在《清华简》中出现10例。如：

(1) 呜呼，公，汝念哉！逊措乃心，尽付畀余一人。(《清华简一·祭公》简8、9)

(2) 敬之哉！启乃心，日沃朕心。(《清华简三·傅说之命(中)》简3、4)

(3) 汝惟兹说，祗之于乃心。(《清华简三·傅说之命(中)》简5)

(4) 武丁曰："来格，汝说，听戒朕言，渐之于乃心。"(《清华简三·傅说之命(中)》简2)

(5) 余告汝："若是，志之于乃心。"(《清华简三·傅说之命(中)》简7)

例(1)句意即"好啊！祭公，您真是眷顾我！把您的内心全都交付给了我"。例(3)中"祗之于乃心"即"敬之于你心"。在《郭店简》和《上博简》中各出现1例"敬明乃罚"(《缁衣》)。此例引自《尚书·康诰》，属古文遗留。对于句中的"敬明乃罚"，其中的"乃"存在两种不同的理解。周秉均在《尚书易解》中译作"要认真通晓那些刑罚"，"乃"做指示代词；刘钊在《郭店简校释》中译作"敬慎啊！你的刑罚尽量做到公平公正"，"乃"做第二人称代词。我们赞同刘钊的观点，将其翻译为"慎

---

① 黄人二，林志鹏. 上博藏简第三册《彭祖》试探. (2005-04-29). 简帛网.

重啊！你所施行的刑罚要尽量做到公平、公正”。

三　己身代词

己身代词不是确指某人称代词，而是称代某人、某物自身。战国出土楚简文献中，己身代词共5个（157）：自（74）、己（38）、身（3）、某（5）。其中，“自”表泛指，既可做宾语和状语，又可做主语。己身代词的语法功能和使用频率见表如下：

表3-3　　楚简出土文献己身代词的频率及用法

功能 词项	主语	宾语	定语	状语	总数
自	64	0	0	10	74
己	0	35	3	0	38
身	0	3	0	0	3
某	3	1	1	0	5

3.1　“自”和“己”

自

“自”做己身代词①，可做主语和状语，共74例。在《郭店简》中出现16例，在《上博简》中出现44例，在《清华简》中出现14例。

A. 做主语，相当于“自己”，表泛指，64例。在《郭店简》中出现10例，《包山简》中4例，在《上博简》中出现37例，在《清华简》中出现13例。如：

(1) 㪤客百宜君既以至（致）命于子郙（宛）公：得苛冒，趄（桓）卯自杀。(《包山简·文书》简134)

(2) 甲晨（辰）之日，小人之州人君夫人之敀怆之宿一夫遊（佚）趣（趣）至州巷。小人将𢽬（捕）之，夫自伤。小人焉兽之以告。(《包山简·文书》简141、142)

① 此外，“自”做介词，17例，相当于“从”(16)、“由”(1)；做形容词，9例，做状语(1)；做副词1例；与“然”组合而成双音节词“自然”，4例。

(3) 臤（贤）人不才（在）昃（侧），是胃（谓）迷惑；不与智悔（谋），是胃（谓）自惎（欺）。(《郭店简·语丛四》简 12、13)

(4) 自视（示）其所能，员（损）。自视（示）其所不族（足），嗌（益）。遊蕙（佚），嗌（益）。(《郭店简·语丛三》简 13—15)

(5) 君毋惪（惮）自劳，己（以）观卡₌（上下）之青（情）僞（伪）。(《上博简四·曹沫之阵》简 34)

(6) 悬（悔）亾₌（亡，丧）马勿由（逐），自递（复）。(《上博简三·周易》简 24)

(7) 君十，亓（其）又（有）成悳（德），閟（闭）言自闢（关）。① (《上博简六·用曰》简 2、3)

(8) 自亓（其）又（有）保（宝）货，盍（宁）又（有）保（宝）悳（德）。(《上博简六·用曰》简 8)

(9) 周公乃内（纳）亓（其）所为社（功）自以弋（代）王之敚（说）于今紎（縢）之匮，乃命执事人曰："勿敢言。"(《清华简三·金縢》简 5、6)

(10) 蔡昭侯申惧，自归于吴。(《清华简三·系年》简 106)

例（1）中，"得苛冒，桓卯自杀"意即"捕获了苛冒，但桓卯却自己杀死了他自己"。例（2）中，"小人将捕之，夫自伤"意即"当我将要捕到他的时候，他却自己弄伤自己"。例（3）中，"是谓自欺"意即"这就叫作自己欺骗他自己"。例（4）中，"自示其所能"意即"自己显露他的才能"，"自示"有"自己显示"之意。例（5）句意即"君王不要畏惧自己劳累您自己，要勤于政事明辨上下情势的真和假"。例（6）句意即"没有灾祸。马跑掉了，不用去追，它自己会回来"。例（7）句意即"君子完美，他能敬守德行，他能谨慎言语并能做到控制他自己"。"关"，于此有"控制"之意。《史记·张仪列传》："秦下甲攻卫晋阳，必大关天下之匈。"

① "十"本有"齐全"之意，于此引申为"完美"。《诗·豳风·东山》："亲结其褵，九十其仪。"孔颖达疏："其母亲自结其衣之褵，九种十种，其威仪多也。言其嫁既及时而又威仪具足。"高亨注："九、十，言其多。"如：十足，十全十美。

例（8）句意即“与其自己拥有财宝，不如自己操守德行”。例（9）句意即“于是周公把记载自己代武王奉行天意治理天下祷告先王的文书收藏在用金绳缠束的匣子里，并吩咐办事的人说：‘此事不能说出去。’”例（10）句意即“蔡昭侯申心感恐惧，自己主动回到吴国”。这类“自”，都做己身代词，称代当事人自己，做主语，相当于“自己”。

上面的“自”是单独做主语，还有的“自”与人名或人称代词结合起来做主语。

(1) 顕（夏）自𢇍（绝）亓（其）又（有）民。(《清华简一·尹诰》简 1)

(2) 夫是吕（以）逮（近）者敚（悦）𬘡（治），而远者自至。(《上博简二·容成氏》简 19)

(3) 卑（譬）女（如）[illegible]（梏）夫之又（有）怸（媢）妻，曰余蜀（独）备（服）才（在）寑，以自霝（落）氒（厥）豙（家）。(《清华简一·皇门》简 10)

(4) 钦才（哉）！勿淫！昔夆（舜）旧复（作）尖（小人），亲勘（耕）于鬲（历）茅（丘），𢗩（恐）救（求）中。自诣（稽）氒（厥）志，不讳（违）于庶万眚（姓）之多欲。(《清华简一·保训》简 4、5)

例（1）的句意即“是夏自己失去了他的百姓”。“自”，己身代词，与名词“夏”是同位语，都做主语。例（3）中，“自落厥家”意即“梏夫自己破败了他的家”。“自”，己身代词，做主语，句首当有同位语“梏夫”，但此处承前省略。例（4）中，“自稽厥志，不违于庶万姓之多欲”意即“舜自己不断改变他的志向，使自己的志向不背离众多百姓的多种愿望”。“自”，己身代词，做主语，与承前省略的名词“舜”同位。这类“自”，都相当于“自己”，与前面的名词同指。上面“自”的用法，属于从状语向主语过渡的用法，既可以把它们看作状语，也可以把它们看作主语，可称为主语的萌芽。

先秦传世文献中，“自”在指称上，在局部地域内受到一定的约束，遵循第一约束原则。“自”在语义用法上，可以在宾语位置照应前面的人或事物；可以在状语位置强调动作或行为。① “自”在句法功能上，常出现在动词之前，做状语和宾语。如：

(1) 夫子知度与礼矣，我实纵欲，而不能自克也。(《左传·昭公十年》)

(2) 为天下之不治与？而既已治矣。自为与？啁噍巢于林，不过一枝。(《吕氏春秋·求人》)

(3) 于天子，则诸卿皆行，公不自送。于小国，则上大夫送之。(《左传·桓公三年》)

(4) 宣王自迎静郭君于郊，望之而泣。(《吕氏春秋·知士》)

出土楚简文献中“自”的用法与传世文献是一致的。需要指出的是，出土楚简文献中“自”产生了做主语用法的萌芽。

B. 做状语，相当于“亲自”，这是“自”最基本的用法，10 例。在《郭店简》中出现 3 例，在《上博简》中出现 7 例。如：

(1) 怺者，亡又（有）自来也。(《郭店简·语丛一》简 99)

(2) 埅（禹）于是虐（乎）壤（让）petto（益），启于是虐（乎）攻petto（益）自取。(《上博简二·容成氏》简 34)

(3) 求欲（欲）自逘₌（复，复）生之生行。(《上博简三·恒先》简 3、4)

(4) 熨（气）是自生，亘（恒）莫生熨₌（气。气）是自生自复（作）。(《上博简三·恒先》简 2)

(5) 與（举）天下之为也，无夜（舍）也，无与也，而能自为也。(《上博简三·恒先》简 11)

(6) 三军出，君自衒（率）……(《上博简四·曹沫之阵》简 22)

例（1）中，“亡有自来也”意即“没有自己亲自来的人”。“自”即

① 关于古汉语“自”的功能，《马氏文通》：“‘自’字可主可宾，而居其宾次者，必先乎宾之者，宾于介字者亦先焉。”（商务印书馆，1983 年新 1 版，56 页）王力（1980［1958］）认为“自”只做状语，用作指代性副词。

“自己亲自”，做状语。例（2）中，“启于是乎攻益自取”意即“启于是攻打益，以求自己亲自夺取天下”。例（6）句意即“三军出战，由君王亲自率领……”这类“自”，都做己身代词，相当于“亲自”，做状语，属于强调用法。

己

反身代词“己”字形作“㠯”“异”“忌”①，表泛指，做宾语和定语，相当于“自己”“自己的”，38 例。在《郭店简》中出现 20 例，在《上博简》中出现 17 例，在《清华简》中出现 1 例。

A. 做宾语，相当于“自己”，35 例。在《郭店简》中出现 20 例，在《上博简》中出现 14 例，在《清华简》中出现 1 例。如：

(1) 是古（故）谷（欲）人之悉（爱）㠯（己）也，则必先悉（爱）人，谷（欲）人之敬㠯（己）也，则必先敬人。(《郭店简·成之闻之》简 20)

(2) 昔者君子有言曰“圣人天悳（德）”，害（盖）言𣂷（慎）求之于㠯（己），而可以至川（顺）天裳（常）恢（矣）。(《郭店简·成之闻之》简 37、38)

(3) 唯（虽）肰（然），其廌（存）也不𡨦（厚），其重也弗多恢（矣）。是古（故）君子之求者（诸）㠯（己）也深。不求者（诸）其沓（本）而戏（攻）者（诸）其末，弗得恢（矣）。(《郭店简·成之闻之》简 9—11)

(4) 古（故）长民者章志，㠯（以）卲（昭）百眚（姓），则民至（致）行㠯（己）㠯（以）兑（悦）上。(《上博简一·缁衣》简 6、7)

(5) 穽（壅）戒先逹（忒），则自异（己）司（始）。(《上博简二·从政（甲、乙）》乙 1)

(6) 无茖堇逾宝山，石不为［开，非以其］善伓己也。(《郭店简·穷达以时》简 13、14)

例（1）中，“爱己”意即“爱自己”；“敬己”意即“敬自己”。例

① 智（知）忌（己）而句（后）智（知）人（《郭店楚简·语丛一》简 26）。

(2) 中，“求之于己”意即“向自己求天德”。例 (3) 中，“求诸己”当为“求之于己”，意即“向自己求……”。例 (4) 中，“民致行己”意即“人民会尽心尽力让自己修养德行”。例 (5) 句意即“对邪恶持有警戒之心，在它出现之前就铲除它，这得从自己开始做起”。“自己”属于介宾结构，即“从自己”。这类“己”，都做单宾语和双宾语，表动作的受事和动作涉及的对象。对例 (6) 中“伓”的理解有不同意见：李零 (2007：112) 读为“负”[①]，池田知久 (2001：101) 和陈剑 (2002：1—2) 读为“鄙”[②]，刘钊 (2005：175) 认为“伓”为“倍”的初文[③]，这三种读法都把“己”看作宾语。颜世铉 (2003：39) 读为“否”，依据《淮南子・缪弥》：“故善否，我也；祸福，非我也。”认为“非以其善倍己也”即“非以其善否，我也”。[④] 他把“己”看作谓语。我们从刘钊的观点，《说文》：“倍，反也。”“善倍己也”意即“善于返诸己”，即“善于求诸己”。

B. 做定语，相当于“自己的”，3 例。出现在《上博简》中。如：

(1) 子赣 (贡) 曰：“埅 (禹) 紿 (治) 天下之川泽以为异 (己) 名。夫子誓 (治) 紿诗，箸 (书) 礼乐，亦以异 (己) 名，肰 (然) 则臤 (贤) 于埅 (禹) 也。” (《上博简五・君子为礼》简 15、13、16、14)

(2) 不□拜绝以为己拜，此民□ [□□]。(《上博简六・孔子见季桓子》简 15)

例 (2) 中，虽然简文断裂不清，无法确定文意，但是从语境还是能基本肯定“己拜”是定中结构。在传世文献中，上古“己”能出现在代词所有的句法位置上，即能出现在动词和介词宾语位置、主语的位置、领属

---

① 李零. 郭店楚简校读记 (增订本). 北京：中国人民大学出版社，2007：112.

② 池田知久. 郭店楚简《穷达以时》的研究//池田知久. 郭店楚简思想史的研究：第 3 卷. 东京：东京大学中国思想文化学研究室，2001：101；陈剑. 郭店《穷达以时》《语丛四》几处简序调整. 国际简帛研究通讯，2002，2 (5)：1-2.

③ 刘钊. 郭店楚简校释. 福州：福建人民出版社，2003：175.

④ 颜世铉. 郭店竹书校勘与考释问题举隅//历史语言研究所集刊：第 74 本第 4 分册. 台北：“中研院”史语所，2003：39.

语的位置。如：

(1) 陈辕宣仲怨郑申侯之反己于召陵，故劝之城其赐邑。(《左传·僖公五年》)

(2) 其邻之子非变也，己则变矣。(《吕氏春秋·去尤》)

(3) 己则无礼，而讨于有礼者。(《左传·文公十五年》)

(4) 生桓公，庄姜以为己子。(《左传·隐公三年》)

(5) 虚言可以赏，则六合之内皆为己府矣。(《吕氏春秋·贵信》)

“己”在动词和介词宾语位置和领属语的位置这两种用法，出土楚简文献与传世文献是一致的。但是，传世文献中，“己”可以做主语，而出土楚简文献则没有这种用法。

3.2 “身”和“某”

身

“身”，做己身代词，相当于“自己”，做宾语，3 例。在《郭店简》中出现 2 例，在《清华简》中出现 1 例。如：

(1) 圣人之才（在）民前也，以身后之；其才（在）民上也，以言下之。① (《郭店简·老子（甲）》简 3、4)

(2) 𠬝(必) 正其身，肰（然）后（后）正世，𦔻(圣) 道备㪘(矣)。(《郭店简·唐虞之道》简 3)

(3) 周邦骤有祸，寇戎方晋。厥辟御事，各营其身。(《清华简三·芮良夫毖》简 1)

例（1）句意即“圣人想要位在民众之前，那么在利益方面，就要把自己排在民众之后；想要位在民众之上，那么在言论方面，就要把自己排在民众之下”。例（2）句意即“人必须先正自己，然后再治理天下。只有这样，圣道才算完备”。例（3）“各营其身”意即“周厉王和执政朝臣们

---

① 按，“身”有“自身”“自己”之意。“以身后之”有“把自己放在百姓之后”之意。同样，“以言下之”有“百姓的言辞为上，自己的言辞为下”之意。“《楚辞·九章·惜痛》：‘吾谊先君而后身兮，羌众人之所仇。’洪兴祖补注：‘人臣之义，当先君而后己。’”

各自为自己打算”。“身”，做己身代词，相当于“自己”，做宾语。

关于“身”做己称代词的问题，传世文献中，早在先秦，“身”已经产生有做己身代词用法。如（引自殷国光，2008：262）：

（1）身亲耕而食，妻亲织而衣。（《吕氏春秋·顺民》）

（2）且王令三将军为臣先，曰“视印如身”，是重臣也。（《吕氏春秋·应言》）

而在战国出土楚简文献中，“身”还可以用在人称代词和称谓名词前面，表示己称。如：

（3）鞄（鲍）弔（叔）𤘓（牙）會（答）曰：“害牆（将）𨑳（来），牆（将）又（有）兵，又（有）𢝊（忧）于公身。”汲（隰）倗（朋）會（答）曰：“公身为亡（无）道，不𨓬（践）于善而敚（说）之，可虐（乎）才（哉）?”① （《上博简五·竞建内之，鲍叔牙与隰朋之谏》竞5、竞6）

（4）今女（汝）𥛒（祇）备（服）毋（毋）解，亓（其）又（有）所卣（由）矣，不及尔身受大命。（《清华简一·保训》简10、11）

（5）狗（耇）老昏（问）于彭祖曰：“句（耇）是（氏）埶（执）心不忘，受命羕（永）长。臣可（何）埶（艺）可（何）行，而舉（举）于朕身，而謐闵于帝棠（常）?”（《上博简五·彭祖》简1）

以上用例表明，在战国出土楚简文献中，出现有在对话场合用“朕身”称自己，用“公身”“尔身”称对方的情况。例（3）中的“公身”表示对对方的称呼，指“您”。例（4）句意即“如今，你能做到谨小慎微，丝毫都不懈怠，你将大有作为，可惜我即将死去，已等不到你接受天命的时候了”。“尔身”指的就是“你”。例（5）“臣何艺何行，而举于朕身，而闵于帝常?”意即“我有何德何能，能得到上天对我的重用，让我能有机会谨慎而又恭敬地主持祭祀?”“朕身”指“我”。

---

① 陈剑. 谈谈《上博（五）》的竹简分篇、拼合与编联问题.（2006-02-19）. 简帛研究网.

某

“某”，己称代词，做主语、宾语和定语，5 例。都出现在《九店 56 号墓简》中。如：

> (1) [皋]！敢告□绘之子武㦰(夷)：“尔居复山之配，不周之野，帝胃（谓）尔无事，命尔司兵死者。含（今）日某牆（将）欲飤（食），某敢以其妻□妻女（汝），[聖]尚芳粮以言量䇲(犊）某于武㦰(夷）之所：君向（飨）受某之聖尚芳粮，囟（使）某逨（来）逯（归）飤（食）故□。”（《九店 56 号墓简·告武夷》简 43、44）

此例中，“某”出现了 5 例，其中前两例做主语，第 3 例做宾语，第 4 例做定语，最后 1 例做使令主语。“某”，己称之词，指代“我”。“某”用作己称在同期传世文献中也有出现，如《礼记·曲礼下》：“君使士射，不能，则辞以疾，言曰：‘某有负薪之忧。’”

四　楚简人称代词的特点

战国出土楚简文献中，专职人称代词有第一人称代词和第二人称代词。第三人称代词尚未出现，其功能由指示代词承担。结合上文对第一、二人称代词的讨论，我们将其使用特征归纳为以下三点：

4.1　功能上已有分工，但趋于泛化

第一人称代词“我”和“吾”在上古音系中属 ŋ 系，古疑母，“余”（予）、“朕”和“台”在上古音系中属 d 系，古余母（王力，1958）。在功能上有一定的分工，但呈泛化趋势。

殷商时期，第一人称代词有“我”、“余”和“朕”，三者各有分工。“我”做主语、宾语和定语，“余”做主语和宾语，“朕”以做定语为主（陈梦家，1988；张玉金，2001）。

西周时期，其分工开始呈泛化趋势。“余”（字作“予”）做定语的用法产生，且与“我”的功能趋于一致。“朕”做主语的功能出现，并得以发展。第一人称代词“吾”出现并得以使用，做主语和定语（张玉金，2004；钱宗武，2004；张玉金 2006）。

东周以降至汉代传世文献中，“朕”的功能缩小，专用于皇上自称。“吾”开始出现在肯定式中，做动词宾语，“我”、“予”和“吾”在功能上无差别，都用作主语、宾语和定语。第一人称代词功能发展趋于泛化。

到魏晋南北朝时期，第一人称代词得到统一，一律用“我”（何乐士，2000；姚振武，2005；殷国光，2008）。

出土楚简文献中，第一人称代词有“我”、“吾”、“余”和“朕”。“我”“吾”不存在功能差异，都用作主语、宾语和定语。二者都是第一人称代词的主体，且使用频率相当。相对“我”和“吾”而言，“余”字的使用范围偏窄，但功能也已趋于完备，可做主语、宾语和定语。“朕”在功能上存在一定差异，可做主语和定语。

由此表明，出土楚简文献中第一人称代词，功能上有分工，但趋于泛化。

从出土楚简文献第一人称代词使用情况看，同一语境中，以“吾”和“我”为例，当二者同时用作主语和宾语时，一般以“吾”做主语为前提，“我”做宾语，如例（1）（2）。但也有例外，譬如“吾”既可做主语也可做宾语如例（3）；当“吾”“我”同时用作主语时，二者不存在差异，如例（4）。如：

（1）纴𠂤谓小臣曰：“尔不我尝，吾不亦杀尔?”（《清华简三・赤鹄集汤之屋》简3）

（2）然以谗言相谤，尔使我得尤于邦多已。吾欲致尔于罪，邦人其谓我不能称人，朝起而夕废之。（《上博简八・志书乃言》简4—6）

（3）能寡言，吾能一吾。夫此之谓小成。（《上博简七・凡物流行甲》简18、28）

（4）虽我爱尔，吾无如社稷何！（《上博简八・王居、志书乃言》志7、王5）

第二人称代词“汝”、“尔”、“而”和“乃”在上古音系中属于n系，古日母（王力，1958）。在功能上存在一定的分工，其发展由分工明晰趋于泛化。

殷商时期，第二人称代词有“汝”、“乃”和“尔”，功能上，二者分工明确："汝"主要用于主语和宾语，"乃"用于定语，"尔"用于主语和定语（张玉金，2001）。

西周时期，"汝"、"乃"、和"尔"在功能上的分工开始趋于泛化。"汝"用于主语、宾语和定语，"乃"用于主语和定语，"尔"也用于主语、宾语和定语。"而"做第二人称代词的用法，主要用于定语，个别用于主语（张玉金，2004；钱宗武，2004；张玉金，2006）。

东周至汉代传世文献中，"汝"、"尔"和"而"没有功能差异，都用于主语、宾语和定语。唯一不同的是，"而"主要用作定语。"乃"做第二人称代词的用法在功能上有所区分，只用于定语（何乐士，2000；姚振武，2005；殷国光，2008）。

出土楚简文献中，"汝""尔"不存在功能差别，都用于主语、宾语和定语，且使用频率相当。"而"和"乃"存在一定的功能差别，"而"用作主语和定语，"乃"主要用作定语。可见，在出土楚简文献中，第二人称代词在功能上存在一定分工，但其发展已趋于泛化。

结合汉语史，我们考察发现，出土楚简文献中的第一、二人称代词在功能或格的变化上呈现泛化趋势，它处于汉语史人称代词功能和格变化的中间阶段。汉语史人称代词功能和格变化趋势为：较清晰（殷商、西周）—泛化（战国、汉代）—趋于消失（魏晋南北朝）。

4.2 数的范畴有所区分，但不够严格

第一人称代词单、复数同形，存在一定区分，但不够严格。

殷商卜辞时期，数的范畴有明确分工，"我"表复数，"余"和"朕"表单数（陈梦家，1988［1956］；张玉金，2001）。

西周时期，"余"仍表单数；"我"表单数的用法产生，具有表单数和表复数双重功能；"朕"表复数的用法产生，与"我"的范畴一致。该时期，"吾"专用于表单数的功能出现。第一人称代词数的分工趋于泛化（钱宗武，2004）。

从东周至汉代传世文献中，"我"和"吾"范畴基本一致，以表单数为主，复数次之。"余"（予）绝大多数表单数，表复数的情况少见。第一人称代词数的发展进一步趋于泛化（何乐士，2000；姚振武，2005；殷国

光，2008）。

出土楚简文献中，“我”和“吾”范畴一致，“我”的单、复比例为112∶17；“吾”的单、复比例为143∶14，多数用于表单数，少数用于表复数。“吾”“我”在表复数时，常出现在国家、军队等集体单位名称中，间或出现在共同祖先名称中，如例（5）（6）。第一人称代词表双数，常以“代词＋二＋名词”语式出现，如例（7）。“余”和“朕”专表单数。

（5）齐景公疥且疟，逾岁不已。会谴与梁丘据言于公曰：“吾币帛甚美于吾先君之量矣，吾珪宝大于吾先君之……”（《上博简六·景公疟》简1）

（6）嗌敢居我江滨，曰：“余必刊亡尔社稷，以广东海之表。”（《上博简六·吴命》简5）

（7）昔上天不中，降祸于我二邑，非疾痼焉加之，而殄绝我二邑之好。（《上博简七·吴命》简3、4）

第二人称代词单、复数同形，存在一定的区分，但不够严格。

殷商时期，“汝”既表单数也表复数，“尔”在表复数和单数时，存在明确的分工（张玉金，2001）。

西周时期，“汝”“乃”表单数和表复数的用法不相上下，“尔”“而”以表复数为主，单数次之，数的分工模糊（钱宗武，2004）。

从东周至汉代传世文献中，相对西周时期而言，“汝”、“尔”和“而”各有不同，主要用于表单数，复数次之，数的发展趋于模糊（何乐士，2000；姚振武，2005；殷国光，2008）。

出土楚简文献中，“尔”多数表单数，用于表复数的情况极少。其单、复数的比例是60∶2。“汝”只出现表单数的用法，这是受语料局限的缘故，当然，也当与对话语体环境有关。同样，“而”“乃”也只用于表单数。

总而言之，出土楚简文献中，第二人称代词在数范畴上存在一定的区分，但不够严格。

4.3　在地域和时间上存在区分，但仅属个别现象

“吾”，金文字作“吾”（西周早期沈子它簋），东土列国字作“[虍魚]”

“鱼”“虞”“吴”，如侯马盟书、中山玉器。春秋石鼓文作“[illegible]”（石鼓车工），西土秦系字作“[illegible]”“[illegible]”“[illegible]”。而出土楚文字作“虐”。① 由此观之，出土楚简文献中，“吾”在文字形体上带有地域性特征。“我”“余”“汝”“尔”和“而”字形没有地域差别。

传世文献中，“余”和“予”在时间上存在一定差异。段玉裁曰：“‘余’‘予’为古今字，周初盖作‘余’，后作‘予’。”今考甲骨文、金文、《春秋》《礼经》古文、《左传》都用“余”，《诗》《书》《论语》《孟子》《礼记》则以用“予”为主，在与出土楚简文献同期的传世文献中，多用“予”，少用“余”。出土楚简文献中，对于“余”和“予”，从传世文献的发展趋势看，本当以用“予”为主，但其实，却只用“余”，不用“予”。出土楚简文献中，“余”占第一人称代词总数 11%，分布在《成王为城濮之行》《容成氏》《吴命》《弟子问》《彭祖》《仲弓》《有皇将起》《鹠鷅》等文献中。相对来说，“余”出现在典型的楚辞文献中的频率更高。在《李颂》《兰赋》《有皇将起》《鹠鷅》等楚辞文献中，第一人称代词除了 1 例是用“吾”以外，其余 8 例都用“余”。“余”做第一人称代词是出土文献楚辞的特点之一。在由屈原等人撰写的传世楚辞文献中，第一人称代词多用“余”。在今本《楚辞》中，第一人称代词也是以“余”为主，其使用频率甚至高过“吾”“我”“朕”“予”四者之和。

在出土楚简文献中，“乃”做第二人称代词用法，除了《郭店简》和《上博简》中各出现 1 例是引自《尚书》古文遗留以外，其他 16 例都出现在《清华简》的《祭公》《皇门》《金縢》《傅说之命》等文献中。《清华简》中，《祭公》《皇门》《金縢》等文献的部分内容在传世文献《逸周书·祭公》《逸周书·皇门》《尚书·金縢》中均有出现；《傅说之命》中的部分内容在《晋语·楚语上》中也有出现。这些传世文献都是儒家文化传抄本，传抄使之流传到楚国，并成为佚文。在具有楚地口语特色的文书和遣策中，没有出现“乃”做人称代词的用法。据廖序东（1995）研究，《楚辞》中也没有出现“乃”做第二人称代词的用法。这大致表明，“乃”做第二人称代词的用法并非源于楚地语言。

---

① 楚简中也有字作“部”的“吾”字，但这不是人称代词，而是人名，如“部公子春”。

参考文献

白于蓝．郭店楚墓竹简考释（四篇）//简帛研究二〇〇一．桂林：广西师范大学出版社，2001.

陈剑．郭店《穷达以时》《语丛四》几处简序调整．国际简帛研究通讯，2002，2（5）.

陈剑．谈谈《上博（五）》的竹简分篇、拼合与编联问题．（2006-02-19）．简帛研究网.

陈剑．清华简《皇门》“𦉜”字补说．（2011-02-04）．复旦大学出土文献与古文字研究中心网站.

陈梦家．殷墟卜辞综述．北京：中华书局，1988［1956］.

池田知久．郭店楚简思想史的研究（3卷）．东京：东京大学中国思想文化学研究室，2001.

陈伟．“苦成家父”小考．（2006-05-18）．简帛网.

陈伟．上博楚竹书《王居》新编校释．（2011-07-20）．简帛网.

陈伟．《成王为城濮之行》初读．（2013-01-05）．简帛网.

读书会．上博八《王居》《志书乃言》校读．（2011-07-17）．复旦大学出土文献与古文字研究中心网站.

何乐士．《左传》的代词研究//古汉语语法研究论文集．北京：商务印书馆，2000.

何琳仪．长沙帛书通释．江汉考古．1986（1）：51-57，（2）：77-82.

黄人二，林志鹏．上博藏简第三册《彭祖》试探．（2005-04-29）．简帛网.

季旭昇．上博五刍议（下）．（2006-02-18）．简帛网.

季旭昇古文字读书会．上博九《成王为城濮之行》集释．（2013-01-27）．复旦大学出土文献与古文字研究中心网站.

浅野裕一．上博楚简《王居》之复原与解释．（2011-10-21）．复旦大学出土文献与古文字研究中心网站.

李家浩．九店楚简“告武夷”研究//简帛研究汇刊（第一辑）．台北：中国文化大学史学系，2003.

李零. 郭店楚简校读记. 增订本. 北京：中国人民大学出版社，2007.

李守奎，曲冰，孙伟龙. 上海博物馆藏战国楚竹书（1—5）文字编. 北京：作家出版社，2007.

李学勤. 试说郭店楚简《成之闻之》两章. 烟台大学学报，2000（4）：459.

李学勤. 清华大学藏战国竹简（第一——七册）. 上海：中西书局，2010—2017.

廖序东. 楚辞语法研究. 北京：商务印书馆，2006.

刘钊. 郭店楚简校释. 福州：福建人民出版社，2003.

马承源. 上海博物馆藏战国楚竹书（第一——九册）. 上海：上海古籍出版社，2001—2008，2010，2012.

钱宗武. 今文《尚书》语法研究. 北京：商务印书馆，2004.

沈培. 上博简《姑成家父》一个编联组位置的调整.（2006-02-22）. 简帛网.

沈培. 从战国简看古人占卜的“蔽志”：兼论“移祟”说//陈昭容. 古文字与古代史：第一辑. 台北：“中研院”史语所，2007.

汤志彪. 上博简（三）《彭祖》篇校读琐记. 江汉考古，2005（3）：88-91.

苏建洲.《上海博物馆藏楚竹书（二）》校释. 台北：花木兰文化出版社，2006.

王力. 汉语史稿. 北京：中华书局，1980.

王力. 汉语语法史. 北京：商务印书馆，1989.

向熹. 简明汉语史. 修订本. 北京：商务印书馆，2010.

颜世铉. 郭店竹书校勘与考释问题举隅//历史语言研究所集刊：第74本第4分册. 台北：“中研院”史语所，2003.

杨伯峻，何乐士. 古汉语语法及其发展. 修订本. 北京：语文出版社，2001.

姚振武.《晏子春秋》词类研究. 开封：河南大学出版社，2005.

姚振武. 上古汉语语法史. 上海：上海古籍出版社，2015.

殷国光.《吕氏春秋》词类研究. 北京：商务印书馆，2008.

张玉金. 甲骨文语法学. 上海：学林出版社，2001.

张玉金. 西周汉语语法研究. 北京：商务印书馆，2004.

张玉金. 西周汉语代词研究. 北京：中华书局，2006.

朱德熙. 长沙帛书考释（五篇）//朱德熙文集：第5卷. 北京：商务印书馆，1999：203-210.

第四章　战国楚简量词研究

一　楚简中的分类量词

1.1　引言

1.1.1　分类量词概念提出

汉语传统语法中量词包括动量词和名量词，名量词包括个体单位量词、集体单位量词、借用单位量词和度量衡单位量词（王力，1980［1958］：234）。我们把汉语量词分为分类量词（相当于传统个体单位量词）和单位量词（相当于传统集体单位量词、借用单位量词和度量衡单位量词）两类。虽然二者都可以计量，但前者侧重于对名词进行分类，后者侧重于对单位名词进行计数。我们这样区分研究，主要有以下四个方面的理由：

第一，历史演变背景不同。个体量词不是生来就有，它与语言的演变关系密切，即与名词的发展相关联，而度量衡单位量词、借用单位量词和集体单位量词则伴随人们的基本生活，与人类活动密切相关。根研究（如郭锡良，2005［1984］；贝罗贝，1998），集体单位量词、借用单位量词和度量衡单位量词产生于殷商，从有人类活动的记载就已经出现了，而个体量词则到汉代才产生，是语言演变到一定阶段的产物。

第二，产生的机制不同。集体单位量词、借用单位量词和度量衡单位量词一般从名词借用，而个体单位量词则多从名词虚化而来。传统语法认为量词语义虚化，是一种虚词（高名凯，1986：160）。把集体单位量词、借用单位量词和度量衡单位量词称作单位量词，因为群体计数是借用单位量词，借用单位量词本身就是名词临时借用。长度、容量和重量的衡量也是借用单位量词（王力，1945：116；吕叔湘，1982：129）。

第三，语义功能侧重不同。虽然个体量词、集体单位量词、借用单位量词和度量衡单位量词都可以计量，但是它们语义功能的侧重是不同的。个体量词侧重于分类，即对事物在形状、特征、属性等方面进行区分。而集体单位量词、借用单位量词和度量衡单位量词则侧重于数量单位，即对事物在特征整体、长度、容量、重量等方面进行计量。据此，Li & Thompson（1981）根据功能的不同，把传统语法所谓的量词分为两类：分类量词（classifier）和度量衡单位量词（measure word）。分类量词往往是规定性的，如汉语普通话“鱼”论“条”，“羊”论“只”，“牛”论“头”，等等，这类量词多与个体事物的形状类型有关；度量衡词则常常是计量单位，如“三尺布”“四升米”“五斤盐”等。

第四，在语言类型中的分布不同。个体量词不是人类语言所必有，只有汉语以及汉藏系语言、澳大利亚土著地区语言、中美洲等一些地方语言所特有，而集体范畴和度量衡范畴的单位量词表达则是各种语言所共有的（Greenberg，1990［1972］、1990［1975］；Aikhenvald，2000）。据 Tai & Wang（1990）、Tai & Chao（1994）等学者研究，汉语分类词在语言类型上具有一些共同特点：分类词使用以语义为基础；数范畴分类词和名词语义特征密切关联；一个分类词可以与多个名词构成关系；分类词反映有生名词和无生名词的形状、功用、结构、特征等属性。这些特征正与传统语法中分类量词的特征一致，并且其历史演变存在语义虚化过程。而汉语度量衡单位量词、借用单位量词和集体单位量词与所有语言一样，从语言发展早期就存在，一般通过借用而产生（张赪，2012）。

据此，把传统的量词分为分类量词（传统的个体量词）和单位量词（包括集体单位量词、借用单位量词和度量衡单位量词）进行分别研究，具有语言类型学的普遍意义。对汉语分类量词进行独立研究，能探讨汉语语言个性的独特价值。我们本节研究分类量词，下一节研究单位量词。

1.1.2 分类量词的标准和分类依据

关于分类量词划分标准，郭锐（2003）认为，凡表示名词的形状、功用、结构、特征等属性与数词组合表示数范畴的算作分类量词，它具有分类和计量两种功能，修饰和描写名词，表示指别作用，不单独做主语和宾语。

类型学视野中分类量词所计量对象具有某些相同语义特征，它是对人、动物和非生性事物的形状、功用等属性进行分类。Croft（1994）根据有生性把分类量词分为有生物和无生物两类，无生物又主要分为形状和用途两类。Bisang（1999）对汉语、日语东南亚等十几种语言进行分析，认为这些语言中分类量词主要分类体现在有生、形状、用途三大语义参数（张赪，2012：26）。战国楚简出土文献中有 11 个分类量词。结合战国出土文献分类量词的使用，战国出土文献分类量词可以分为用于计量动物、计量形状、计量功用三类。

1.2 计量动物的量词

出土战国楚简文献中，计量的动物有马，量词用“匹”。另有一例“乘”计量马匹，见本节 1.4.3“乘”。

匹 “匹”计量马的数量，字作“驱”（3 例）、“匹”（5 例）。“驱”字从马匹声，马匹之匹的专用字，体现楚地的特点。见于《曾侯乙墓简》，共 8 例。如：

(1) 叁驱漆甲。(《曾侯乙墓简》简 129)

(2) □□所赂三十驱之甲。(《曾侯乙墓简》简 141)

(3) 鄱牧之叁匹驹骝。(《曾侯乙墓简》简 129)

(4) 王帑一乘路车，三匹骝。(《曾侯乙墓简》简 187)

整理者（1989：523）说：“‘驱’字亦见于金文曾姬无卹壶，马匹之匹的专字。”量词“匹”都用于数量名语序。

东周传世文献中，“匹”可以计量马以外的动物。如：

(5) 齐侯伐莱，莱人使正舆子赂夙沙卫以索马牛，皆百匹，齐师乃还。(《左传·襄公二年》)

(6) 有人于此，力不能胜一匹雏，则为无力人矣。(《孟子·告子下》)

出土汉代简帛文献中，“匹”成为常见量词，计量马和牛。如：

(7) 马五十匹，驸马二匹。(《马王堆3号墓木牍》简73)

(8) 牛一匹，名黑。(《凤凰山8号墓竹简》简86)

1.3　计量形状的量词

Croft (1994) 认为，语言类型中事物形状有长形、平面和圆形三类。出土战国楚系文献中，形状量词可以分为长形、块形和圆形三个小类：计量长形的量词有“条”，计量块形的量词有“双”“围”，计量圆形的量词有“就”。

1.3.1　计量长形的量词

战国出土文献中计量的长条形物有鸟首等，量词用“条”。

条　“条”计量长条形的物体。“条”字作“鋚”或“絛”，都从攸得声，三字相通。量词“条”共4例，见于《包山简》。如：

(1) 其上载：朱旌，一百鋚四十鋚翠之首。(《包山简·遣策赗书》简269)

例 (1) 是简文，还有一例木牍内容与此相同。鋚，李家浩 (1993：1) 隶定，何琳仪 (1993：63) 读如“条”。旌，原文作“署”，整理者读如“旌”，朱旌指赤红色的旌旗。此墓南室225号红漆殳当是朱旌的旗杆(李家浩，1993：15)。例 (1) 意思为：赤红色的旌旗上饰有一百四十只鸟首。“条”用在百位数和十位数的后面，做量词，用来计量鸟首。

反映西北地区方言的出土秦汉文献中，量词“条”使用范围有所扩大，用于头盔。如：

(2) 鞮瞀十二条，毋组。十一空，毋韦绞。毋纤，毋四绁。(《居延汉简》14.23 (甲127))

例 (2) 中“鞮瞀”，指战士的头盔。《墨子·备水》：“剑、甲、鞮瞀。”“鞮瞀”亦作“鞮鍪”，孙诒让间诂：“鞮鍪，即兜鍪也。兜鍪，胄也，故与甲连文。”“条”计量“头盔”，头盔已经不是明显的条状物体。

“条”由本义“树枝”（《说文》：“条，小枝也”）虚化而来，先用来计量树木，然后扩大到其他条状的物体。传世文献中量词“条”最早出现于汉代。如：

（3）披三条之广路，立十二之通门。（汉班固《西都赋》）

（4）朱纮，以朱组为纮也。纮一条，属两端于武。（《周礼·弁师》郑玄注）

根据分类量词演变规律，“条”做量词时，应该先用来计量树木，然后扩大到其他条状的物体。而从上面出土文献量词“条”的用法看，它最早在战国秦汉时期是用作通用量词，相当于“个”。

1.3.2　计量块形的量词

战国出土文献中计量的块形物有璜珮、琥珀等玉石，量词用“双”和“围”。

双　“双”计量成对成套的玉佩。共2例，见于《望山2号墓简》。如：

（1）一双璜，一双琥。（《望山2号墓简》简50）

“璜”指状如半璧的玉佩，“琥”指雕刻似虎形的玉佩，“双”用来计量成对的玉佩。此墓出土有玉璜6双，内棺一对似虎形的玉佩，整理者疑即简文所记之璜与琥。《五里牌简》的简16，原整理者作“……中藏一□……（16）”，商承祚《战国楚竹简汇编》释为“屯藏一，有□，肝三疰（双）”。他说：“疰，同双意，乃言盾藏上的附件。”但是由于缺简，语义不甚明了，“疰”字暂时存疑。也正因为此，陈伟（2009：468）的整理本没有采纳商承祚的意见，而是依整理者照录。

出土秦汉简帛文献中，“双”字作“疰”，陈逢衡注《穆天子传》“载玉万疰”曰：“万疰之疰即古省雙字。”扩展为计量成双成对的物。如：

（2）出鸡一隻，以食长史君，一食，东。出鸡二隻，以食大司农卒史田卿，往来四食，东。（《敦煌悬泉汉简释粹》113、115）

（3）梳篦一隻。白革带，漆革带，各二隻。剑带二隻。（《长沙马

王堆二、三号汉墓·遣策》323、338、340)

(4) 一斗壶一隻。三斗壶一隻。大卑櫪三隻。(《江陵凤凰山8号汉墓竹简·遣策》91、92、96)

例(4)引自金立(1976),金立(1976)认为,“一斗壶一症,三斗壶一症”即小漆壶一对、大漆壶一对。卑,金立(1976)释为“椑”。櫪,原字为“匷”,《说文》:“櫪,盘也。”“椑櫪”是一种颜色较浅的盆盘类器皿。“大卑櫪三症”即大盆盘六件。此墓中出土有大漆盘五件。

“双”由“两只鸟”(《说文》:“双,隹二枚也。”)虚化为量词,用来计量成双成对的物。量词“双”也见于战国传世文献中。如:

(5) 黄金四十镒,白玉之珩六双,不敢当公子,请纳之左右。(《国语·晋语》)

(6) 革车百乘,锦绣千纯,白璧百双,黄金万镒。(《战国策·秦策》)

围 “围”用来计量块状形的玉,字作“回”,共4例,见于《上博简》之《君人者何必安哉》。如:

(7) 范戊曰:“君王有白玉三回而不察,命为君王察之,敢告于视日。”(《上博简七·君人者何必安哉(甲)》简1)

(8) 君王有楚,不听鼓钟之声,此其一回也。(《上博简七·君人者何必安哉(甲)》简3)

(9) 君王有楚,侯子三人,一人杜门而不出,此其二回也。(《上博简七·君人者何必安哉(甲)》简4)

(10) 君王隆其祭而不为其乐,此其三回也。(《上博简七·君人者何必安哉(甲)》简5、6)①

《君人者何必安哉(乙)》中也有同样的用例。例(7)中的“回”,有量词说和名词说两种不同的观点。整理者读为“违”,量词,义同“块”。复旦读书会认同做量词的观点,并且提出:“此玉之量词‘回(违)’当与

① 隆,李咏健释为“用”。李咏健.《上博七·君人者何必安哉》“隆”字试释.(2011-07-14).简帛网.

后文‘一回（违）’、‘二回（违）’、‘三回（违）’之‘回（违）’有谐音双关之意。”张崇礼（2009）也把“回”看作量词，读为“环”，指块的意思。① 陈伟（2008）认为，例（7）中的“回”读为“玮”。“玮”本指玉美，这里用作名词，表示值得夸赞的白玉般的美德；戋，依复旦读书会和何有祖读为“践”，指居处、担当的意思。后来，陈伟（2009）又说，“回”也可能读为“韪”，而“戋”读为“諓”，“有白玉三韪而不諓”意思是说有白玉般的三种美德而不称善。②

我们赞成把“回”读为“围”，把“围”看作量词。之所以如此，是基于以下四个方面的考虑：

第一，基于该文的表现手法。该篇的主旨是范戊（申无宇）借口楚平王有白玉三围，而向平王谏言。与历史上暴君相比，楚平王确实有些优点，比如并不特别喜好美声美色。但他有种种缺点，信用小人，纳秦女为妃，不尊重风俗，罔顾礼制。范戊为了使楚平王接受自己的进谏，首先，他指出楚平王有白玉三围；然后，以此为喻，喻指平王有三种美德。他拿先王做榜样，希望平王继承先王之遗德。他拿桀、纣、幽、厉、楚灵王做教训，希望平王改弦更张，让楚国真正强大起来，而不是把楚国和人民作为实现个人野心的工具。古人赞美人的美德，善于用玉作比，以物喻人。清俞樾《群经平议・尔雅二》：“古人之词，凡所甚美者则以玉言之。”这种用物作比，以物喻人的表现手法，在历史文献中很常见。《礼记・聘义》：“君子比德于玉。”《老子》：“知我者希，则我者贵，是以圣人被褐怀玉。”韩愈《和席八十二韵》：“倚玉难藏拙，吹竽久混真。”委婉含蓄，寓意深刻。

第二，基于句子结构的历史演变。如果我们把“围”看作量词，则“白玉三围”属于“名词+数词+量词”结构。这一类结构在该时期普遍使用。据张赪（2012：52）研究，在各类表示数量的短语当中，“名词+

① 复旦读书会.《上博七・君人者何必安哉》校读.（2008-12-31）.简帛网；张崇礼.《君人者何必安哉》释读.（2009-01-13）.简帛网.

② 陈伟.《君人者何必安哉》初读.（2008-12-31）.简帛网；陈伟.《君人者何必安哉》再读.（2009-02-06）.简帛网；复旦读书会.《上博七・君人者何必安哉》校读.（2008-12-31）.简帛网；何有祖.上博七《君人者何必安哉》校读.（2008-12-31）.简帛网.

数词＋量词”短语占总数的22%。而如果我们把“围”看作名词，则“有白玉三围”属于“有＋定语＋数词＋名词宾语”结构。这一类结构在该时期很少使用。而“有＋名词＋数词＋量词”结构却很常用。如“有马二十乘”（《左传·僖公二十三年》），“有喙三尺”（《庄子·杂篇》）。

第三，基于量词“围”的历史演变。先秦时期，“围”有动词“围守”义和名词“环形”义两种用法，“围”也有计量圆周长度单位的用法。如“十回（围）之木”（《上博简七·凡物流形（甲）》简9），“其大，蔽数千牛，絜之百围”（《庄子·人间世》），“权大一围，袤三尺”（《睡虎地秦简·封诊式》简67），“四围二寸廿五分十四”（《张家山汉简·算数书》简154），“有大石自立，高丈五尺，大四十八围”（《汉书·眭弘传》），该用法是由动词“围守”义虚化而来。“围”也可以由名词“环形”义虚化为个体量词，表示环形之物的数量。“白玉三围”即指三块环形白玉。在语法化初期，“围”还没有完全虚化，带有一定的语义。等到语法化后期，“围”则只称量个体数量。如“木上悬着一围玉带”（《红楼梦》第五回），其中的“围”相当于“条”“根”。

第四，基于“玮”的使用。陈伟释“回”为“玮”，做名词，指“美德”义。从句子的语义来看，“玮”释为“美德”，句子的语义顺当。但是，如果从“玮”字的使用来看，则仍然可以再斟酌。“玮”做名词时，一般用其本义，指玉名。当“玮”用于比喻义时，主要做形容词和动词。做形容词时，表示人或事物的美好。如“玮术”（汉贾谊《新书·瑰玮》：“今有玮术于此。”）、“玮态”（战国楚宋玉《神女赋》序：“瓌姿玮态，不可胜赞。”）。做动词时，表示对人或事物的赞美。如“楚人高其行义，玮其文采，以相教传”（汉王逸《〈楚辞章句〉叙》），“梁惠王玮其照乘之珠，齐威王答以四臣”（《后汉书·党锢传》）。由此，“有白玉三回（玮）”中的“玮”不宜做名词、形容词和动词。那么，依据以上论述，“有白玉三回”中的“回”当读为“围”，看作量词。

1.3.3　计量圆形的量词

战国出土文献中计量的圆柱形物有旗杆、矛、戟、马胸等，量词用“就”。

就　“就”指用条带计量捆匝旗杆、矛、戟、马胸的次数。“就”字作“䍜”和“就”，共 11 例，见于《包山简》和《上博简》之《周易》。如：

(1) 旄中干，朱缟七䍜。车戟，侵羽一䍜。其旆，术五䍜，䅘，三䍜。(《包山简·遣策赗书》简 269)①

(2) 二戟，侵二䍜。二旆，皆术九䍜。二䅘，皆侵二䍜。(《包山简·遣策赗书》简 273)

(3) 九三：征凶，革言三就，有孚。(《上博简三·周易》简 47)

例 (1) 䍜，整理者读如“格”，个体量词。李家浩 (1993：6～8) 读为“就”，量词，相当于“匝”。据李家浩 (1993：6～8)，例 (1) 的意思为：饰有牦牛尾饰物的旗杆中部缠绕朱缟七匝，旆旗杆上饰有一种叫“侵”的羽毛一匝，旆旗上饰有一种叫“术”的异状物五匝，小刺矛上饰有一种叫“术”的异状物三匝。《包山简·遣策赗书》中的简 1 也有 4 例，与例 (1) 内容相同。据李家浩 (1993：6～8)，例 (2) 的意思为：二件戟，上面饰有一种叫“侵”的羽毛二匝；二件旆旗，上面全部饰有一种叫“术”的异状物九匝；二件小刺矛，上面饰有这种叫“侵”的羽毛二匝。例 (3) 中“言”用作“靳”，意思是古代马车上绑马的胸带。“革言三就”指用绑马的胸带把马胸绑三匝。“就”同“就”，做量词。从以上用例看，“就”计量用条带把物品捆匝成圆形状或环形状的次数，所捆匝的物品有旗杆、矛、戟、马胸等。

《说文》：“就，就高也。从京、从尤。尤，异于凡也。”桂馥义证：“就高也者，言就高以居也。”由此“就”引申为“成”的意思。《尔雅·释诂下》：“就，成也。”古代服饰制作中，有把制作好的五采丝，对其不同质地等级，用“就”进行分类，最好的为“一就”，以此类推，以别等

① 毴，整理者释为“旄”，一般认为是牦牛尾。中干，整理者指旗杆的中部，李家浩 (1993：6) 释为“罕旗”。七，整理者释为“十”，此从李家浩 (1993：1) 释。七就，整理者属下读，从李家浩 (1993：6～8) 属上读。车戟是旆的旗杆，指墓南室 278 号戟 (李家浩 1993：12)。整理者读“韱”为“纤”，此从李家浩 (1993：12～13)，看作“侵”的异体，即一种羽毛的名字。整理者“羽”字断句，“羽一就”从李家浩 (1993：12～13) 断。术，刘信芳 (1997：182) 读为“繸”，此从李家浩 (1993：12) 释，指旆旗上的异状物的名称。䅘，从李家浩 (1993：17～19) 释，指墓南室 234 号的“小刺矛”。

级高下。如《周礼·秋官·大行人》:“上公之礼，执桓圭九寸，缫藉九寸，冕服九章，建常九斿，樊缨九就，贰轨乘。”郑玄注:“每一处五采备为一就。就，成也，贰轨乘。”“就”由此虚化为量词，指用丝织物计量物品所匝的次数。量词“就”也见于先秦反映中东部地区语言的传世文献中。如:

(4) 缫藉五采五就以朝日。(《周礼·春官·典瑞》)

(5) 大路繁缨一就，次路繁缨七就。(《礼记·礼器》)

例(4)，郑玄笺曰:“五就，五匝也。一匝为一就”。例(5)，孔颖达正义曰:“五色一帀曰就”。

1.4 计量功用的量词

Croft(1994)认为，语言类型中事物的功用有用于生活的器皿、用于保暖的衣物、用于出行的交通工具、用于战备的物资等。出土战国楚系文献中，功用量词可以分为四个小类:器皿、衣物、交通工具、战备物资。计量器皿的量词有“偶”“合”，计量衣物的量词有“緉”“领”，计量交通工具的量词有“乘”，计量战备物资的量词有“秉”。

1.4.1 计量器皿的量词

战国出土文献中计量的器皿有匜、卮、杯等，量词用“偶”“合”。

偶 “偶”主要计量成对的器皿，少数计量成双的衣物，字作“禺”，为“偶”的古体;又作“堣”，为借字或别体。共4例，见于《五里牌简》和《仰天湖简》。如:

(1) 匜一禺。(《五里牌简》简14)

(2) 綖布之帽二堣。(《仰天湖简》简8)

(3) 羽翿一堣。(《仰天湖简》简31)

(4) 亰翿一堣。(《仰天湖简》简32)

例(1)中的“匜”，字作“也”，从中国科学院考古研究所(1957:57)释。商承祚(1995:311)谓“也一禺”即匜一偶。“匜”古代盛器名，出现于西周中期，盛行于东周。例(2)中的“帽”，从朱德熙、裘锡圭、李家浩(1996:285)释。“堣”，史树青(1955:36)认为是“偶”

的别体，“堣”表示双数的偶，“二偶”为两对。例（3）（4）中的“觳”，原字作“虘”，整理者在《包山简》简253中将其释作“觳”。《说文》：“觳，盛觵卮也。”段玉裁注：“盛字当是衍文。觵卮谓大卮。觵者，酒器之大者也。”湖北省荆沙铁路考古队（1991：189）记墓中东室有二件铜“镂孔杯”，当是简文所记“二酱白之觳”（《包山简》简253）。例（3）“羽觳一堣”即画有鸟的觳皿一对。

量词“偶”源于“对等、匹配”义（《集韵》：“偶，俪也。”），传世战国文献中出现有“偶”表示“对等、匹配”义的用法。如：

（5）有带甲五千人，将以致死，乃必有偶。是以带甲万人事君也。（《国语·越语上》。韦昭注：“偶，对也。”）

（6）彼是莫得其偶，谓之道枢。（《庄子·齐物论》。郭象注：“偶，对也。”）

“偶”表示对偶义与“耦”相关。“耦”本义为二人并肩而耕。《周礼·地官·里宰》：“以岁时合耦于锄，以治稼穑。”郑玄注：“二耜为耦，此言两人相助，耦而耕也。”引申为二人一组或一对。《左传·襄公二十九年》：“射者三耦。公臣不足，取于家臣。家臣展瑕、展王父为一耦；公臣公巫召伯、仲颜庄叔为一耦，鄫鼓父、党叔为一耦。”杜预注：“二人为耦。”

出土汉代简帛文献中，量词“偶”没有得到进一步发展。

合　“合”计量合二为一的有盖器具或成对的器皿，字作“酓”、“会”或“勓”。共8例，见于《包山简》《长台关简》《望山2号墓简》《五里牌简》。如：

（7）雕杯二十酓。（《望山2号墓简》简47）

（8）漆杯十会，在⿷匚去⿰阝咸。（《五里牌简》简9、10）

例（7）的意思指“饰以彩绘花纹的杯二十对”。整理者释“酓”为“合”，并说：“合，古训‘配’，训‘对’，二十合即二十对”。此墓中出土有36件漆耳杯，当即简文所记“雕杯”。例（8）的意思指“涂漆的杯十对”。商承祚（1995：130）说：“会，集也，合也。十会指十枚。”一对和一枚都指杯子加上杯盖，即一套。此两例中的“合”做量词，用来计量杯器。之所以称“杯”为“合”，是因为杯的特征是有盖之器（何琳仪

1998：138)。

量词“合”是由动词“两物相配合”或“两口对合”义（《说文》：“合，合口也。”《说文义证》：“言两口对合也。”）虚化而来。下面句子中的“合”字，还仍然有很强的实义。如：

(9) 二沬盘，一浣盘，一匜，一合瓶。① (《长台关简·遣策》简2—08)

(10) 四合釼，一舄釼，屯有盖。(《长台关简·遣策》简2—024)

(11) 十皇豆，屯漆雕厚奉之硅，二合豆。(《长台关简·遣策》简2—025)

(12) 一汤鼎，一聕耳鼎，二瓶锏，二合[illegible]。② (《包山楚简·遣策》简265)

(13) 五皇俎，四合豆，四皇豆。(《包山楚简·遣策》简266)

(14) 二合盏，一瓿缶，一汤鼎。(《望山2号墓简》简54)

例（9）的意思指“两件洗脸用的盘，一件洗手用的盘，一件匜，一套有器盖的瓶”。③例（10）中，“釼”，李家浩（1996：8）读为“鈙”。“舄”，李家浩（1996：8）读为“错”。“四合釼，一舄釼”指四套有盖的鈙器，一件镶嵌或刻画有花纹的鈙器。例（11）中，“十皇豆”指十件无盖的豆器，墓中出土有十件无盖豆，“二合豆”指两套有盖的豆器，墓中出土有两套有盖豆器，二者与简文所记相合。例（12）的意思指“一件用作烧热水的鼎，一件盖上有两个孔可套入鼎的双耳的鼎，两件深腹高脚的瓶箭，两套有盖的铜簠”。此墓中出土有两件铜簠，当为简文所记“二合匿”。例（13）的意思指“五件无盖的俎，四套有盖的豆，四件无盖的豆”。此墓中出土有五件窄面俎，当为简文所记“五皇俎”。此墓中出土有

① 缾，简文残，整理者未释，从郭若愚（1994：75）释。

② 锏，从整理者读为“箭”。李家浩（2002：239）释作“鉰”，读为“鈃”。匿，从整理者读为“簠”。李家浩（2002：249）释作“瑚”。

③ 李家浩．信阳楚简“浍”及从“𡭴”之字//中国语言学报（第1期）．北京：商务印书馆，1982：192.

四套有盖豆，当即简文所记“四合豆”。根据整理者的观点，例（14）的意思指“两套有盖的敦，一件浴缶，一件用作烧热水的鼎”。①此墓中出土有两套有盖陶敦，当即简文所记“二合盏”。之所以称这些器物为“合”，是因为其形状是器盖与器身相合而成的器皿。此类例中的“合”含有“器盖与器身相合”的意义，都具有很强的语义，用来描写瓶、釈、[illegible]、豆、杯、盏等器物的形状特征，即指器身与器盖相合的器物。

我们之所以把例（7）（8）中的“合”看作量词，而把例（9）—（14）中的“合”看作动词，理由有三：

一是从语义上看，例（9）—（14）中的“合”还仍然表示“配合”或“对合”的意思，表示器物的形状特征。而例（7）（8）中的“合”不再表示“配合”或“对合”的意思，而表示事物的量。

二是从结构上看，例（7）（8）中的“合”用于“名词＋数词＋量词”结构，该结构是战国和汉代最为常见的名数量结构之一，是该时期量词最主要的结构形式。据张赪（2012：52）研究，先秦，在各类表示数量的短语当中，“名词＋数词＋量词”短语占总数的22%，“数词＋动词（名词）＋名词”结构普遍，而“数词＋量词＋名词”结构少见，所占的比例不到总数的1%。例（9）—（14）中“合”所在的结构，当看作“数词＋动词（名词）＋名词”结构，“合”做定语，修饰后面的器物名词。

三是从上下语境看，例（9）—（14）中的“合”处在“数词＋动词（名词）＋名词”结构的语境，如例（9）中，与“一合鉼”并列有“二沬盘，一浣盘”，其中的“沬”“浣”表示器物的用途。例（13）中，与“四合豆”并列有“五皇俎”，其中的“皇”表示无盖的器物形状特征。由此可见，“合”表示有盖的器物形状特征。

反映西北方言的出土秦汉文献中，量词“合”的用例有所增加，使用范围扩大。如：

（15）某里士伍甲、乙缚诣男子丙、丁及新钱百一十钱、镕二合。（《睡虎地秦简·封诊式》简19）

---

① 整理者认为，楚地所出东周器为“盏”者，与敦形近，“合盏”即器盖相合的球形敦。李零（1999：141～142）读“辻”为“瓿”，“瓿缶”即为浴缶或盥缶之别名。

(16) 大盛二合。小盛二合。(《凤凰山 8 号汉简·遣策》简 89、90)

(17) 小食检一合。大食检一合。(《凤凰山 8 号汉简·遣策》简 102、103)

例 (15) 中的“镕”，颜师古《汉书注》曰：“镕音容”应劭曰：“镕，形容也，作钱模也。”“镕二合”即钱模两套。例 (16) 中的“盛”，指盒碗之类的器皿。段玉裁《说文解字注》：“盛者，实于器中之名也。故亦呼器为盛。”墓中出土有大小不一的圆漆盒四套，那么“盛二合”指圆漆盒两套，即简文所记之器。例 (17) 中的“食检”即食奁，指用来盛食物的器具。“食检一合”指盛食物的器具一套，墓中出土有大小不一的圆漆奁两套，即简文所记之器。

传世文献中，这种做量词的“合”出现于汉代，比出土文献晚。如：

(18) 美人以苇箧一合盛所生儿。(《汉书·外戚传》)

1.4.2　计量衣物的量词

战国出土文献中计量的衣物有鞋、甲胄等，量词用“緉”“领”。

緉　“緉”对成双成套的鞋进行计量。共 6 例，见于《长台关简》，都为“数量名”格式。如：

(1) 一两繣鞾屦。一两丝紙屦。一两漆鞮屦。一两詎屦。一两緂屦。(《长台关简·遣策》简 2—02)①

(2) 一两鞔屦，紫韦之纳，纷纯，纷䋈。(《长台关简·遣策》简 2—028)

例 (1) 意思：一双有带的胡鞋，一双丝织的木鞋，一双用漆树汁染的无钩草鞋，一双前端有鼻的鞋，一双有皱褶的鞋。商承祚 (1995：21)

① 繣，整理者作“缘”，从何琳仪 (1993：172) 释，指用以系物的绳带。鞾屦，从何琳仪 (1993：172) 释，《广韵》：“鞾，胡履也。”紙，整理者作“紝”，彭浩 (1996：178) 读为“屐”。鞮屦，从朱德熙、裘锡圭 (1972：80) 释，《礼记·曲礼下》：“鞮屦素幭”，郑玄注：“无钩之菲也。”菲通“扉”，草鞋。《礼记·曾子问》：“不杖，不菲，不次。”陆德明释文：“菲，一本作屝，草屦。”詎屦，彭浩 (1996：178) 读为“絇屦”，指前端有鼻的鞋。緂，从郭若愚 (1994：66) 释，《集韵》：“緘，或作緂，皱文也。”

说："两，凡五见，两，即一双。"例（2）中"一两鞔屦"指一双履。鞔，整理者未释，李家浩（2000：146～147）引《吕氏春秋》高诱注，释为"履"。

这一类量词"緉"相当于"双"或"套"，它由数词"两"虚化而来，最早用于计量鞋。《说文》："緉，履两枚也。"见于《诗经》。如：

（3）葛屦五两，冠緌双止。（《诗经·齐风·南山》）

"葛屦五两"指葛草鞋五双，孔颖达正义曰："屦必两只相配，故以一两为一物。"

西北地区出土秦汉简帛文献中，"两"迅速发展，可以计量鞋、袜、裤等成双的衣物，反映西北方言状况。如：

（4）男子西有鬃秦綦履一两。（《睡虎地秦简·封诊式》简59）

（5）绔一两，革韦二两，布绔二两。（《居延新简——甲渠候官》58.73）

（6）𧝂衣橐：皁布复绔一两；犬皮絑二两，受都内；革缇二两；枲履一两。（《居延新简——甲渠候官》59.19）

例（6）中的"绔"指套裤。《说文》："绔，胫衣也。"段玉裁注："今所谓套袴也，左右各一，分衣两胫。古之所谓绔，亦谓之褰，亦谓之襗。""绔一两"指套裤一件，因裤有左右两脚，所以一两为一件物。

后来，"两"字作"緉"。如：

（7）拜表奉贺，并献文履七緉，袜百副。（三国魏曹植《冬至献履袜颂表》）

领　"领"计量甲胄的数量，字作"贞"（2例）或"鼎""真"（18例），共20例，见于《包山简》和《曾侯乙墓简》。如：

（8）御、右二贞鞙甲，皆首胄。（《包山简·遣策赗书》简270）

"贞"和"鞙"，从李家浩（1993）释。例（8）是简文，还有一木牍上也写有同样的内容。整理者认为此简释为"驭右二真象皋"，"真"借为"贞"，裘锡圭、李家浩（1989：518）说："简文'真'是'甲'的量词，或疑当读为‘领’，但字未能密切，待考。”这一观点是对的。①李家浩（1993：23～26）释为“驭、右二领鞈甲”。据此《曾侯乙墓简》中共18例用作量词的“真”也都宜看作“领”字。据李家浩（1993：23～26），例（8）意思为“车御和车右共二件甲胄，都是首胄”。“领”，计量甲胄的量词。墓中南室有二件人的甲胄，当是简文所记“二贞鞈甲，皆首胄”。楚简中没有出现“领”计量上衣以外的用法。

“领”由本义“脖子”（《说文》：“领，颈也。”）引申指“衣领”，《释名·释衣服》：“领，亦言总领衣体为端首也。”由此虚化为量词。传世战国文献中出现有量词“领”的用法，“领”计量衣物、甲胄等。如：

（9）古者圣王制为节葬之法，曰：“衣三领，足以朽肉；棺三寸，足以朽骸。”（《墨子·节用中》）

（10）代四十六县，上党七十县，不用一领甲，不苦一士民，此皆秦有也。（《韩非子·初见秦》）

出土汉代简帛文献中，“领”迅速发展成为一个很常见的个体量词，《居延汉简甲乙篇》和《居延新简》中，量词“领”共有194例。如：

（11）田卒昌邑国邵良里公士费涂人，年廿三。袍一领，单衣一领，枲履一两，绔一两。（《居延新简甲乙篇·甲渠候官》19.36（甲171））

（12）官袭一领，甲。官绔一两，在亭。（《居延新简·甲渠候官》5.12）

此时“领”计量的对象更广，可以计量袍、衣、袭、襦、禅、甲等上衣，不用来计量裙、裤。这些用法标志着“领”的量词用法已经成熟。

1.4.3　计量交通工具的量词

战国出土文献中计量的交通工具有车辆等，量词用“乘”。

乘　“乘”计量有马的车辆和无马的车辆，30例，计量马匹，1例。楚地车乘的用字独特，有专用字“輮”，反映楚地的特点。其中，《上博

① 曾侯乙墓内出土有数件皮质人甲胄，与简文所记“所造十真又五真，大凡六十又四真”基本相合。此为实物证据。“真”的用法当用作量词“领”。

简》4例，《包山简》5例，《曾侯乙墓简》15例，《长台关简》2例，《五里牌简》1例，《清华简》2例。

A. 计量有马的车辆和无马的车辆。如：

(1) 乃乘势车五𨍭，遂至郢。(《上博简九·邦人不称》简5)

(2) 三𨍭路车。(《曾侯乙墓》简118)

(3) 一𨍭正车。(《包山简》简271)

B. 计量马匹。如：

(4) 凡新官之马六𨍭。(《曾侯乙墓简》简148)

例(4)是对前文简142—146所记新官之马数量的总计，此例“𨍭”计量马匹，其余计量车辆。战国楚简中，量词“乘”所计量车的对象广泛，有泛指的车，也有具体的兵车、革车、椯毂①、羊车、轩、正车、女乘、畋乘、缚车②、輊车等。楚地“𨍭”计量车乘的用法与传世文献有所不同。传世文献中“乘”通常指称四匹马的车，个别指称四匹马。而楚地的“𨍭”，可以计量三个方面：a. 多指不包括马匹的车。因为《包山简·遣策》在登记每一种车辆时，对每辆车所配备的人用和马用甲胄以及马匹情况都有详细的记录。简267“一𨍭轩”没有马匹的记录，指称无马的车辆。简273“一𨍭韦车”、简274“一𨍭椯车”、简275“一𨍭羊车”都没有马的记录，是其他性质的车辆。b. 也指称有马匹的车，简271“一𨍭正车”则有四马的记录，指称有马的车辆。c. 也可计量驾车的四匹马。简148“凡新官之马六𨍭”，这是总结前面简142至简147的马匹，记录有左骖、右骖、左驌(服)、右驌(服)四匹马，此六𨍭指四马为一𨍭。指称马匹时，有时字作“𩥋”，字从马。

在《包山简·木牍》简1中还有一个做量词用的“舲”字，简文为

---

① 椯毂，椯木制作的车。毂，借指车。《楚辞·远游》：“后文昌使掌行兮，选署众神以并毂。”《汉书·食货志下》：“而富商贾或墆财役贫，转毂百数，废居居邑，封君皆氐首仰给焉。”颜师古注引李奇曰：“毂，车也。”

② 轩，《说文》：“轩，曲輈藩车也。”《左传·哀公十五年》：“服冕乘轩。”杜预注：“轩，大夫车。”缚，从刘国胜(2011)释。《仪礼·聘礼》中“贿用束纺”，郑玄注：“纺，纺丝为之，今之缚也。”

“一軨正车”。在此简中两次出现，这同前面例（3）“一𨍏正车”。王贵元（2002：67）认为“軨”是“𨍏”字的省体。

量词“乘”由动词“乘载”义（《说文》徐笺：“车，人之所乘也，故车谓之车乘。”）虚化而来。“乘”初做量词时，用来计量兵车，见于出土战国金文。如：

（5）为鄂君启之府𠊎铸金节，车五十乘，岁𦒻返。（《殷周金文集成·鄂君启车节》18.12110）

《上博简一·孔子诗论》中有一个“辆”字，计量车乘的数量，字作“两”。使用1次。如：

（6）《鹊巢》出以百两，不亦又俪乎？（《上博简一·孔子诗论》简13）

此例中的“百两”引自《诗经·召南·鹊巢》：“之子于归，百两御之。”不属于楚地的用法。用于计量车辆的量词用法由表示“两个”义虚化而来，最早见于西周金文。① 如：

（7）俘人万三千八十一人，俘马□□匹，俘车卅两。（《殷周金文集成·小盂鼎》5.2839）

此例中的“两”与“匹”“人”对举出现，还含有一些实的语义，没有完全虚化。“两”字用于计量车辆，是由于古代的车一般有两个轮子，故车一乘即称一两。出土秦代文献中，量词“两”的数量增加。如：

（8）十人，车牛一两，见牛者一人。（《睡虎地秦简·金布律》简72）

《汉书·货殖传》：“牛车千两”，颜师古注曰：“车一乘曰一两。谓之两者，言其辕轮两两而耦。”表示车辆的“两”后来字作“辆”。如：

---

① 《甲骨文合集》36481正有“车二两”，“两”作车乘量词。但胡厚宣主编《甲骨文合集释文》其释文为“车二丙”。其甲骨文为“[illegible]”，黄组字，其他宾组、师组、出组字形相同。王力（1958）认为“若干马为丙”。法国汉学家Djamouri（1988：85）释为“一套有两匹马的车”（贝罗贝，1998）。用于马车的量词，甲骨文用“丙”，金文“两”替代“丙”。

(9) 前后拥出五十辆火车，车上都装芦苇引火之物。(《水浒传》九五回)

战国楚简中不见量词“辆”的用法，最主要有两种可能：第一种可能是出土战国楚系文献中关于计量车乘的量词已经有“乘”，“辆”和“乘”在竞争中“乘”占优势；第二种可能是楚国方言中不用“辆”而用“乘”。

1.4.4 计量战备物资的量词

战国出土文献中计量的战备物资有箭束等，量词用“秉”。

秉 “秉”计量箭束的数量，相当于“束”，一秉箭共十枚（裘锡圭、李家浩，1989）。量词“秉”共21例，见于《曾侯乙墓简》。如：

(1) 五秉矢。(《曾侯乙墓简》简72)

(2) 矢，箙五秉。(《曾侯乙墓简》简3)

(3) 一秦弓，矢二秉又六。(《曾侯乙墓简》简43)

量词“秉”，例(1)用于“数量名”语序，例(2)(3)用于“名数量”语序，其中“名数量”是优势语序。

量词“秉”由禾束虚化而来(《说文》：“秉，禾束也。”)，引申为“把”义。由此用作量词计量禾茎单位。量词“秉”最早见于西周金文和《左传》，计量箭束和稻束。如：

(4) 汝其舍究矢五秉。(西周中期《曶鼎》2838)

(5) 或取一编菅焉，或取一秉秆焉，国人投之，遂弗爇也。(《左传·昭公二十七年》)

二 楚简分类量词的特点

以上研究可知，出土战国楚系文献分类量词有以下三个方面使用特点：

2.1 分类量词系统已经初见端倪

尽管出土战国楚系文献中通用量词“个”“枚”“件”“只”并未产生，但表示动物、形状、功用的量词已经广泛使用。计量马的量词有“匹”

"乘"，9例。形状量词共计4个，21例，为：条（4）、就（11）、双（2）、围（4）；功用量词共计6个，75例，为：偶（4）、合（8）、緉（6）、领（20）、乘（16）、秉（21）。形状和功用量词的种类已经很完备，形状有计量长形、块状形、圆形等特征的量词，功用有计量器皿、衣物、交通工具、战备物资等属性的量词，以往研究认为，汉语分类量词产生于汉代，南北朝整个量词系统形成（刘世儒，1965）。当时出土文献还不够丰富，现在如果把出土文献中的分类量词也考虑进来，那么，可以认为战国时期分类量词已经产生，分类量词系统已初见端倪。①

2.2　部分用字具有楚地特色

出土战国楚系文献中的分类量词有的用字与传世文献一致，如计量鞋袜的"緉"，计量玉佩的"双"。但是大多数分类量词有楚地的专用字。如计量成对的器皿或衣物的量词"偶"，字作"堣"，计量成套有盖器具的量词"会"，字作"會"或"(會攵)"。计量用带子捆匝圆形状或环形状物品的量词"就"，字作"䜭"和"敦"；计量长条形物体的量词"条"，字作"篠"或"絛"；计量平面形璧玉的量词"围"，字作"回"；计量车辆的量词"乘"，有车乘之乘的专用字"輮"；计量马匹的量词"匹"，有马匹之匹的专用字"駜"。计量甲胄的量词"领"，又用借字"贞"、"鼎"或"真"。这种情况反映了楚地量词的字形特色，也反映了楚地分类量词用字的独特风格。

2.3　有的用法带有楚地的地域性特点

出土战国楚地文献分类量词具有承传性。如计量鞋袜的"緉"，西周时期中东部地区早就有使用，如例（3）"葛屦五两"（《诗·齐风·南山》）。战国楚地承接此用法，汉代发展到西北地区，如例（4）（5）（6）"綦履一两"（《睡虎地秦简》）、"袴一两"（《居延新简》）。计量玉器的

---

① 不见于出土战国楚系文献，见于战国其他文献中的分类量词还有"驷"（《论语》）、"给、株、辆、所"（《睡虎地秦墓竹简》）、"枚"（《墨子》）、"口"（《孟子》）、"布、室、辆"（《左传》）。

“双”，东周时期东部地区使用。战国楚地继承这一用法，汉代除了继续在中东部地区和楚地使用以外，扩展到西北，如例（5）（6）“白王之珩六双”（《国语·晋语》）“白璧百双”（《战国策·秦策》）。计量成对的器皿或衣物的“偶”，东周时期使用于中东部地区，如《左传·襄公二十九年》“鄫鼓父、党叔为一耦”。战国楚地继承这一用法。“就”，早期使用于中东部地区，计量用条带捆匝圆形状或环形状的物品，如例（4）（5）“缫藉五采五就以朝日”（《周礼·春官·典瑞》）、“大路繁缨一就”（《礼记·礼器》）。后来流传到战国楚地。

但是，战国楚地出土文献分类量词更多地具有地域性特点。姚振武（2009）认为，上古时期量词显现方言地域性。出土战国楚系文献分类量词也体现了楚地的地域性特征。“合”，东周时期使用于楚地，计量合二为一的有盖器具或成对的器皿，汉代扩展到西北地区，如例（15）（16）（17）“镕二合”（《睡虎地秦简·封诊式》）“大盛二合”（《凤凰山 8 号汉简》）“小食检一合”（《凤凰山 8 号汉简》）。“条”，早期用于战国楚地，计量长条形物体，汉代扩展到西北部地区，如例（2）“鞮瞀十二条”（《居延汉简》）。“围”，计量平面形玉器，先秦只用于战国楚地，带有楚方言特色。“乘”，在西周时期的中东部地区已经做计量车辆的量词。到东周时期中东部地区仍然用来计量车辆，且只计量有马的车。直到汉代西北地区，也只计量有马的车。而楚地的用法有自己的特色，不仅可以计量有马的车辆，也可以计量无马的车辆，并且，还可计量马匹，计量马匹时比传世文献更常见。“匹”，西周时期中东部地区开始用于计量马匹。到东周时期中东部地区发展出计量马匹以外的动物的用法。汉代南方也用来计量马匹和牛等动物。而楚地的用法只用来计量马匹。“领”，东周时期中东部地区开始用来计量衣物和甲胄。汉代发展到西北地区也用来计量衣物、甲胄。而楚系只用来计量甲胄的数量，不用来计量织物上衣；计量甲胄时只用来计量人甲胄，不用于计量马甲胄。“秉”，西周金文时期，东部地区开始用于计量箭束。东周时期，中东部地区发展出计量箭束和稻束的用法。而楚系只用来计量箭束。这些分类量词的用法体现出楚地方言的地域性特点。

三　楚简中的单位量词

3.1　引言

研究秦汉时期度量衡可以使用传世文献的语料和《汉书·律历志》，而研究先秦度量衡则需要甲骨文、青铜器铭文和简帛等出土文献资料。出土文献日益丰富，目前利用出土文献研究先秦度量衡还处于薄弱阶段。同时，战国时期各国情况复杂，“田畴异亩、车途异轨、律令异法、衣冠异制、言语异声”，度量衡的使用情况各国不一，秦、楚两地度量衡的使用各有差异。为此，考虑到出土战国楚系文献的地域特点，我们利用出土战国楚系简帛（其中出土的《老子》《缁衣》《周易》《皇门》《祭公》等数篇史书资料除外）和楚系青铜器铭文材料，研究楚系度量衡单位量词的使用及其特点。

根据王力（1958）观点，我们把表示度量衡单位的词称作单位量词。因为在语法意义上，单位量词用于计量度量衡的单位、等级，或编号单位。单位量词本身并不包含数量的意义，只有与数词结合后，数量词组整体才表示数量，因此，叫单位量词更贴切一些（郭锐，2003：201）。本书关于度量衡单位量词划分的标准是，指人为制定放在数词后头表示长度、重量、容量、面积和币值等单位的黏着成分。度量衡单位量词受数词或数词词组修饰，不单独做主语和宾语（朱德熙，1982；郭锐，2003：201）。根据这一标准，战国楚系简帛文献和楚系青铜器铭文中，度量衡单位量词有长度单位量词、容量单位量词、衡量单位量词和面积单位量词四类。

3.2　长度单位量词和容量单位量词

3.2.1　长度单位量词

长度单位量词用来计量长短、宽厚、深高，楚系文献中表示长度的单位量词共有2个，为“里”和“寸”。

里　“里”计量长度单位，共12例，其中，《上博简》10例，《郭店简》2例。如：

(1) 足将至千里，必从寸始。(《上博简七·凡物流行（甲）》简9)①

(2) 于是乎方百里之中率，天下之人就，奉而立之，以为天子。(《上博简二·容成氏》简6、7)

(3) 穷四海，至千里，遇告故也。(《郭店简·穷达以时》简10、11)

上例中“里”用于计量里程长度。计量长度单位的“里”最早见于周时雅言，古周制以三百步为一里。《谷梁传·宣公十五年》：“古者三百步为里。”《古诗十九首·行行重行行》：“相去万余里，各在天一涯。”秦汉时期，“里”承传战国时期的用法，后来，又有三百六十步为一里，今以一百五十丈为一里。

寸　“寸”字楚简写作“弅”，用来计量长度单位，共7例，其中，《上博简》1例，《长台关简》6例。如：

(4) 足将至千里，必从弅（寸）始。(《上博简七·凡物流行（甲）》简9)

(5) 其佩：一小镮，径二弅（寸）。一□□□长六弅（寸），薄组之绷。② (《长台关简·遣策》简2—010)

(6) 一青居□之璧，径四寸□寸，博一寸少寸，厚□寸。③ (《长台关简·遣策》简2—010、2—015)

上例中“寸”用于计量长度。传世文献载，古代十分为寸。《说文》：“十发为程，十程为分，十分为寸。”据南京大学历史文物室测河南洛阳市金村墓出土的东周铜尺实物，一尺为23.09厘米，一寸约为2.31厘米。

---

① 本书有关出土文献释文的用例用宽式。

② 整理者在“径”字后断句，本书在“镮”字后断句，从郭若愚（1994：76）。“径”，原字作“坙”，整理者释为“桯”，本书从中山大学古文字研究室整理小组《战国楚简研究（二）》(油印本）和刘国胜（2001：67）读，指直径。“寸”，从刘国胜（2001：67）释。

③ 居，字作“凥”，从陈伟等（2009：387）释。“璧”，从刘国胜（2001：67）。“璧”字后断句从郭若愚（1994：76），整理者在“径”字断句。博，刘国胜（2001：67）释。厚，从朱德熙、裘锡圭、李家浩（1996：282）释，整理者作“夆”。□，整理者释为“钱”，但是文意不明，有待进一步研究，从结构看疑为数词。

战国各诸侯尺寸长短不一，齐国一尺长 16.9 厘米，秦国商鞅尺 23.1 厘米。目前还不十分清楚楚方言“尺”和“寸”的长度。

3.2.2　容量单位量词

楚系简帛文献中，容量单位量词有“担”“秞”“来”“赤”“篙”“竘”，共 6 个。它们都见于出土战国简帛《九店 56 号墓简》，该简属于战国晚期典型的楚系语言。这一组容量单位量词用来计量 䒮的数量。“秞”11 例，“担”21 例，“来”7 例，“赤”3 例，“篙”5 例，“竘”2 例，共 49 例。如：

> (1) ⧄[䒮一秞又五来，敔粺之] 三担。䒮二秞，敔粺之四担。䒮二秞又五来，敔粺之五担。䒮三秞，敔粺之六担。䒮三［稯又五来，敔粺之七担。䒮四］稯，敔粺之八担。䒮四稯［又五来，敔粺之九担。䒮五稯，敔粺[①]之十担。䒮五稯又五来，敔粺之十担一担。䒮六稯，敔粺之十担二担。(《九店 56 号墓简》简 1—3)[①]

对这段文字内容的性质和用途，目前还存在不同的观点：李家浩（2002：57）认为可能是记载农作物的数量；邴尚白（2002：29～36）认为是记录有关酿酒的方法，或可能是以酿酒之米、麦比例为题的算术书。造成不同观点的主要根源是，对文中“䒮”和“粺”字的理解目前还存在不同意见。李家浩（2000：57）认为，“䒮”字从田，“粺”字从米，当是与农业有关的一种农作物。邴尚白（2002：29～36）也有类似的看法，认为它是用来酿酒的米、麦之类的粮食。刘信芳（2003：164）认为，“䒮”的义符“中”与“艸”同，“䒮”即“萑”，读为“䓴”，乃草名。我们支持李家浩和邴尚白的观点，把“䒮”看作农作物，指酿酒的米、麦之类的粮食。因为单位量词“秞”“担”“来”能用来计量米、麦之类的粮食。楚文“稯”字，宜隶作“穄”，《龙龛手镜》：“穄，音祭，黍穄。”“穄”本指穄子，又叫糜子，一年生草本植物，跟黍子相似，但子实不黏。这里用作单位量词，用来计量像糜子的粮食作物的容量。李家浩（2002：57）认为“秞”这里用作单位量词。“担”字楚方言写作

① 简 1—3 的内容据李家浩（2000：59）补。

“檐”，本指禾担，负禾具，这里用来计量粮食的容量。用“担”作单位量词的情况铭文也有。如“如担徒，屯二十担以当一车，以毁于五十乘之中”（《殷周金文集成·鄂君启节》12111）。“来”即“秾”，读作“麳”，指麳麦。《说文·禾部》：“秾，齐谓麦秾也。”黄儒宣（2003：184）认为，这里做单位量词，用来计量像麳麦的粮食作物的容量。“粦”，原字作“粣”，二者通用。李家浩（2000：57）认为，此字从米，当是与农作物有关的动词。这是有一定的道理的。因为《集韵·灰韵》：“粦，酒本曰粦，或从酉。”“粦”即“酶”，这里指用粮食加工酿酒。“敔”的意思目前还不清楚。①

单位量词“秳”“担”“来”的换算关系，据李家浩（1998：5；2000：60）和黄儒宣（2003：184）研究，“秳”“担”“来”三者的换算比例是1∶2∶10，即一秳相当于两担，一担相当于五来，一秳相当于十来。如果统一用“担”表示的话，“雚一秳又五来，敔粦之三担”即三担粮食加工成酒之后仍为三担，“雚二秳，敔粦之四檐（担）”即四担粮食加工成酒之后仍为四担，“雚五稄又五来，敔粦之十担一担”指十一担粮食加工成酒之后仍为十一担。一稄雚只有加工成酒之后才为二担，并非一稄本身就是二担。楚方言中的“稄”“担”“来”与雅言中“斗”的关系是：一秳相当于六斗，一担相当于三斗，一来相当于零点六斗。楚方言在使用容量单位量词时，十位与个位关系处理规则是：当十位和个位的单位量词不同时，在二者之间往往加个“又”字，如例（1）中“雚五稄又五来”；当十位和个位的单位量词相同时，二者之间常常不加“又”，而是重复相同的单位量词，如例（1）中“敔粦之十担一担”。

除了“秳”“担”“来”以外，还有“赤”“劕”“簹”等单位量词。如：

（2）☐■□□。方七，麇一，雚五稄又六来，雚四［担。方帀，筍一，雚十］担又三担三赤二簹。方、鴈首一，雚二十担。（《九店56

---

① “敔”，在春秋战国时期的意义有“禁止”“乐器”“地名”“人名”“人称代词”等，作地名的用法如《包山简》“攻敔王夫差剑”，指句吴王夫差剑（何琳仪，1998：507）。这里“敔”疑指吴地人。

号墓简》简 4）

（3）▨舊四十担六担，梅三韧一篇▨。（《九店 56 号墓简》简 7）

例（2）中，“方七，麇一，舊五秷又六来，舊四担”的意思为七方一麇等于舊五秷四担六来。“方审，笞一”的“审”和“笞”释读目前还不清楚，指它们等于舊十三担三赤二篇。“方、赝首一，舊二十担”的意思为一方一赝首等于舊二十担。例（3）前后都有缺失，其意思指“四十六担舊加工成酒之后相当于三韧一篇”。据李零（1999：142～143）、李家浩（2000：60）和陈伟等（2009：303）的研究，“赤”“韧”“篇”等词都是单位量词。如：

（4）方▨，▨三赤三篇。方三，赝首一，舊［四十］① 担□□▨。（《九店 56 号墓简》简 4、5）

（5）▨［舊］□担三担三赤二篇，方▨。（《九店 56 号墓简》简 6）

（6）▨舊四十担六担，梅三韧一篇▨。（《九店 56 号墓简》简 7）

（7）▨□□□梅三韧一篇，方一▨。▨□又四來，方四，麇一□▨。▨［方］五，麇一，舊四□▨。▨又六□一▨。▨□三秷▨。（《九店 56 号墓简》简 8—12）

“赤”“韧”“篇”都是单位量词，这些单位量词集中在《九店 56 号墓简》中，该简反映战国晚期楚国容量单位使用状况。多数学者认为其墓主身份为庶人。“赤”“韧”“篇”这些单位量词用来计量有关粮食衡量换算情况。

上面所述的“秷”“担”“来”“赤”“韧”“篇”这些单位量词反映了楚国容量单位量词的特点。传世文献《吕氏春秋·异宝》记载伍员从楚国逃往吴国避难途中江上丈人对他说：“荆国之法，得伍员者，爵执圭，禄万担，金千镒。”此以“担”为“禄”的单位，与《九店 56 号墓简》的用法是一致的。

① “四十”，原文残泐，依李家浩（2000：60）补。

关于“方”“麇”“赝首”是否是单位量词的问题。

除上面讨论“[illegible]”“来”“担”“赤”“劄”“篙”这六个单位量词以外，黄儒宣（2003：185）认为，“方”“麇”“赝首”都是单位量词，他说，“一方”约为十麇，或约零点九八稷，或约为一点九六担。例（2）中，“方七，麇一”即“七方一麇”，七方一麇的粮食，其容量为七十一担。那么七方一麇的窗约为十四担六来。例（4）中，“方三，赝首一”即三方一赝首，三方一赝首的窗约为四十担。我们把“方”“麇”“赝首”仍然看作名词，理由如下：

A. 上古到中古时期，数词与单位量词组合的规律为：当名词还没有完全虚化为单位量词时，往往会在形式上存在为“名词+数词”词序，当名词的本质丧失以后，最终会向“数词+单位量词”词序发展，“数词+单位量词”词序是数量表达的一种普遍规范。“秛”“来”“担”“赤”“劄”“篙”这六个词与数词组合时，数词在其前面，构成“数词+单位量词”结构，符合数量表达的普遍规则，它们属于单位量词。而“方”“麇”“赝首”这三个词，与数词组合时，数词在其后面，构成“名词+数词”结构，不符合数量表达的普遍规则，它们属于名词。

B. “方七”“麇一”“赝首一”都可以看作主谓结构，“方七”可理解为“方的容器七方”，“麇一”可理解为“麇的容器一麇”，“赝首一”可理解为“赝首的容器一赝首”。

3.3 衡量单位量词和面积单位量词

3.3.1 衡量单位量词

战国楚简中衡量单位量词有“镒”“两”“铢”三个。

益（镒） “镒”计量黄金的重量单位，用古字“益”。共32例，《包山简》29例，《长台关简》3例。如：

（1）［鄝］莫嚣𨜒、左司马殹、安陵莫嚣䜌狎为鄝贷越异之黄金七益（镒）以籴种。讫几不赛金。(《包山简·文书》简105)

（2）羕陵攻尹怠与乔尹黄䵢为羕陵贷越异之黄金三十益（镒）二益（镒）以籴种。讫几不赛金。(《包山简·文书》简107)

(3) 郘陵攻尹产、主尹𧶠为郘陵贷越异之金三益（镒）削益（镒）。(《包山简·文书》简116)

(4) □［重九益（镒）］□□。(《长台关简·签牌》简2—016—1)

上例中“镒”用于计量黄金的重量。据测算，战国时期一镒重约300克，那么，例（1）中“黄金七镒”约合2100克，例（2）中“黄金三十镒二镒”即三十二镒，约合9600克。例（3）中，“削镒”做重量单位，白于蓝（2001：160～181）和李学勤（2002：63～64）研究，“削镒”指半镒。理由是：楚人谓半镒为“削镒”。从语音上看，“削”与“芋”音近。《史记·项羽本纪》中“士卒食芋菽”，《汉书·项籍传》作“卒食半菽”。“削”可作“半”讲。从文字上看，“削”从肉从刀，乃“别”之异构。“削镒”也可以称“别镒”。长沙出土一套完整的十枚砝码，重八两，其中契刻“间益”二字的一枚，重量就是半镒。有关“间镒”的楚文献记载如：

(5) □［駐（重）］八益（镒）［间］① 益（镒）一朱（铢）。(《长台关简·签牌》简2—016—2)

那么，楚简中“削镒”、“别镒”和“间镒”都是半镒，约合150克。传世文献“镒”的单位不统一，一镒或谓二十两，或谓二十四两，或谓十六两。如《孟子·梁惠王下》：“今有璞玉于此，虽万镒，必使玉人雕琢之。”赵岐注：“二十两为镒。”又《孟子·梁惠王下》：“于宋，馈七十镒而受。”赵岐注：“古者以一镒为一金，一镒是为二十四两也。”从出土的实物测算验证，以一镒为二十两之说比较接近实际。

两　“两”计量重量单位，《包山简》5例。如：

(6) 正阳莫嚣达、正阳邹②公鼳、少攻尹哀为正阳贷越异之黄金

① 间，从黄锡全（2000：59）释，他认为“简”字省文，“简益”读作“间益”，就是半镒。

② 邹，从刘信芳（2003：104）释，原整理者释为“隞”，黄锡全（1992：188）释为“陶”。

十益（镒）一益（镒）四两以粂种。讫几不赛①金。(《包山简·文书》简111)

(7) 大司马昭阳败晋师于鄟陵之岁夏柰之月庚午之日，令尹子士、大师子佩命蘘陵公邘𦅫②为鄗鄙贷越异之𨦫③金一百益（镒）二益（镒）四两。(《包山简·文书》简115)

(8) 小人以八月甲戌之日，舍肉禄之舒人□□归客之□金十两又一两。(《包山简·文书》简145背)

例 (6) 意义为“正阳之地的莫嚣达、邹公𧴤、担任少攻尹官职的哀，贷给该地救灾机构越异黄金十一镒四两，用来购买谷物的种子。超过规定的期限（屈柰之月），则不再贷出”。“两”用来计量黄金，一两等于二十四铢。《淮南子·天文训》：“十二粟而当一分，十二分而当一铢，十二铢而当半两，衡有左右，因倍之，故二十四铢为一两。”

朱（铢）　“朱（铢）”计量重量单位，字写作“朱”。只在《长台关简》有中1例。如：

(9) □［䞓（重）］八益（镒）［间益（镒）］一朱（铢）。(《长台关简·签牌》简2—016—2)

依例 (5) 中的解释，此例中“间镒”即“削镒”，指半镒。在长台关1号墓楚简签牌2—016—1号简中，有两处残泐不清，如“□［䞓（重）九益（镒）］□□”。根据简2—016—2体例，残简2—016—1最后两字可补为“某铢”。

出土战国金文中也有“两”和“铢”的用例。如：

① 赛，“赛”原考释借作“塞”，用为“充实、满足”义。李零（1998：140）等人释作“偿”“报”。陈伟等（2009：49）认为这里指“借贷”的意思。本书从陈伟等人的观点，理由：根据贷金简文，官府向百姓借贷的时间段是每年“享月”至“屈栾之月”。享月即夏历三月，正值耕种之时。屈栾之月即夏历十一月，正值秋后入藏之时。简文104“几至屈栾之月赛金”意指官府借贷的日期从享月至屈栾之月，即夏历三月至十一月。例 (6) 简文111“讫几不赛金”意指过了夏历三月至十一月的时间，官府不再发放借贷。

② 𦅫，此字简文上部笔画欠清晰。本书从刘信芳（2003：105）释，从炅从糸从斤。原整理者所隶从炅从矛。

③ **𨦫**，从刘信芳（2003：106）释，“**𨦫**金”指质次之黄金。原整理者释为“铩”，黄盛璋（1994：196）释为“彩”。

(10) 三年，诏使，容一斗二升，未侯官，十一斤十四两，四十四。(《殷周金文集成·三年诏事鼎》5.2651)

(11) 卅六年，工师瘨，工疑，一斗半正，十三斤八两十四朱(铢)。(《殷周金文集成·卅六年私官鼎》5.2658)

(12) 赈工，二两二朱(铢)。(《殷周金文集成·三年诏事鼎》18.12033)

秦代的衡量制，一铢为十六分之一两。如《汉书·高后纪》："秋七月，恒山王不疑薨。行八铢钱。"应劭曰："本秦钱，质如周钱，文曰'半两'，重如其文，即八铢也。"汉代的衡量制，一铢为二十四分之一两，《说文》："两，二十四铢为一两。"楚国当时衡量制，实行的是镒两制，而不是斤两制。长沙出土一套重八两的砝码，根据这套砝码计算，一铢折重为 0.69 克，一两为 15.5 克，一镒为 251.3 克（黄锡全，2000：59）。从楚系出土的环权文物来看，楚国大都用铢、两作重量单位，也用镒作重量单位。如湖北大冶出土 13 枚铜环权，其中 9 枚是小的砝码，4 枚是大的砝码，分别折合为 2 斤、3 斤、5 斤、15 斤。这些环权既用来称量黄金货币，也用来称量粮食和草料等大宗物品（丘光明，1982）。

3.3.2 面积单位量词

贞（町） "贞（町）"计量田地面积单位，字形写作"贞"。共 2 例，只见于《上博简七·君人者何必安哉》。如：

(1) 范乘曰："楚邦之中，有食田五贞(町)①，竽管衡于前。君王有楚，不听鼓钟之声，此其一违也。"(《上博简七·君人者何必安哉(甲)》简 2、3)

《君人者何必安哉（乙）》中也有同样的一例，陈伟（2008）、孟蓬生（2009）都认为，"贞"读为"町"。陈伟（2008）认为"贞"似为田亩的面积单位，疑当读为"町"。上面例中"町"计量田亩的面积。"食田五町"本指享有五町田地俸禄，这里指享有五町田地俸禄的贵族或官员。单

---

① "町"字后断句，从何有祖（2009）。整理者从"田"字后断句。单育辰（2009）、李天虹（2009）把"贞"读为面积单位量词"顷"。

位量词“町”源于表示“田亩”的名词。《文选·张衡〈西京赋〉》：“筱簜敷衍，编町成篁。”薛综注：“町，谓畎亩。”引申之表示古代土地面积单位。

在秦汉出土文献中，单位量词“町”发展为计量个体单位用法，使用频率增加，目前出土文献所见共有42例。如：

(2) 盗田二町，当遗三程者□□□□□▨。(《云梦龙岗秦简》简108)

(3) 下伍丘男子五孙，田六町，凡十二亩，皆二年常限。(《长沙走马楼嘉禾吏民田家莂》5)

(4) 下伍丘男子五常，田一町，凡三亩，皆二年常限。(《长沙走马楼嘉禾吏民田家莂》6)

(5) 右区景妻田四町，合廿六亩。(《长沙走马楼吴简（一）》3370)

上面用例中，每町的面积都不一致。例(2)中“田二町”指田两处，例(3)中“田六町，凡十二亩”指田六处，共十二亩，一町为二亩。例(4)中“田一町，凡三亩”指田一处，共三亩，一町为三亩。例(5)中“田四町，合廿六亩”指田四处，共二十六亩，一町就是六亩。以上“町”用于计量田土的个体数量，相当于“处”的意思。相当于湘南方言个体单位量词“町”由表示土地单位的名词虚化而来。可以看出，出土文献中，“町”既可以表示面积单位又表示个体单位。在传世文献中，古代“町”很少用来表示个体单位量词，主要表示土地面积单位。《左传·襄公二十五年》：“町原防，牧隰皋，井衍沃。”杜预注：“堤防间地不得方正如井田，别为小顷町。”孔颖达疏引贾逵曰：“原防之地，九夫为町，三町而当一井也。”《齐民要术·种谷》引汉《氾胜之书》“区种法”：“以亩为率：令一亩之地，长十八丈，广四丈八尺；当横分十八丈作十五町；町间分为十四道，以通人行，道广一尺五寸；町皆广一丈五寸，长四丈八尺。”即一町的大小为宽一丈五寸，长四丈八尺。

关于“釿”的讨论。

战国楚简中有一例“釿”，疑似用来计量币值单位。如：

(6) 二釿。(《曹家岗简》简6)

《曹家岗简》属于遣策,"釿"疑似货币单位。据郭沫若《中国史稿》(第三编)说:"周的圜钱以'釿'为单位,秦国圜钱则以'两'为单位。"当时用釿作钱币的诸侯国有秦、魏、楚等国,有二釿、一釿和半釿三种货币。每釿相当于12~30克不等,早期略重,晚期略轻。

吴大澂《说文古籀补》认为,"釿"从全从斤,全,古金字。古代先用于量容器的重量,后来发展为计量币值的单位量词。出土战国金文中"釿"用作计量容器的重量单位。如:

(7) 卅二年,坪安邦司客,容四分齋,五镒六釿半釿四分釿之重。(《殷商金文集成·三十二年坪安君鼎》2764)

(8) 十二年,称二镒六釿。(《殷商金文集成·信安君鼎》2773)

例(7)中,"容四分齋"指容积四分之一齋,据测算,一齋约合7135毫升,此容器约为1784毫升。例(8)中,"称二镒六釿"指器盖称量二镒六釿。据实测,器盖重787.5克,一镒约合315.8克,一釿约合26克。战国镒釿的重量各地不一,平均一镒为300克,一釿为30克。由于斧斤有一个约定的重量,所以可以转化为一个重量单位量词,后又出现币值的单位量词。后来,为了与重量单位量词"斤"相区分,在货币上"斤"都写作"釿"。釿、斤从字源上看是一个字,但表示货币的"釿"与表示重量的"斤"是不同的。

四 楚简单位量词的特点

通过上面对出土战国楚简度量衡单位量词讨论,我们发现其有如下三个方面的特点:

4.1 容量单位量词具有楚系特色

战国楚简度量衡单位量词中,长度单位量词和重量单位量词采用周雅言中的度量单位,面积单位量词也是周雅言中的度量单位,而容量单位量词则具有楚系方言特色。长度单位量词使用单一,很不发达。当时雅言中表示长度的单位量词,常见的有"里""寸""仞""寻""丈""分"等,楚系方言不使用“仞”“寻”“丈”“分”。只用“里”和“寸”。衡量单位量词使用简单，没有出现“石”“钧”“斤”“分”等衡量单位量词，又没有独特的重量单位量词，而使用“镒”“两”“铢”三个。这三个词不是楚系本身的方言用词，而是从周雅言中借用而来。在文字上“镒”写作“益”，使用频率比传世文献高。面积单位量词用“町”，该词也是从雅言中流传至楚地。出土文献中，“町”的使用比传世文献丰富，早在战国楚地“町”就用作计量田地面积单位，到汉代又发展为计量田地个体单位。

非常重要的是，容量单位量词与传世文献雅言完全不同。雅言中表示容量单位量词，常见有“斛”“斗”“升”“䠶”① “参”“石”“合”等，但楚系简帛文献一个都不使用，它有一套独立的容量单位量词，用“秮”“担”“来”“赤”“葥”“𥬞”。容量单位量词使用独特，有独立的容量制，具有鲜明的楚系特色。

4.2 度量衡单位系统开始产生

综上所述，出土战国楚系文献中度量衡单位量词有长度单位量词、容量单位量词、衡量单位量词、面积单位量词四类。长度单位量词 2 个，22 例，为：里（13）、寸（9）；容量单位量词共 6 个，49 例，为：秮（11）、担（21）、来（7）、赤（3）、葥（2）、𥬞（5）；衡量单位量词 3 个，47 例，为：镒（32）、两（6）、铢（9）；面积单位量词为：贞（町）（2）。这标志着度量衡单位量词系统开始产生，它与表示形状、种类等自然单位的个体单位量词不同，战国楚系度量衡单位量词是独立的一类。从语言类型学看，度量衡单位量词体现语言的共性，绝大多数语言在早期就存在度量衡单位量词。据徐悉艰（1994）研究，彝缅语中的度量衡单位量词很早就自成系统，表示长度用“庹”“大拃”“小拃”“肘”“指”“尺”“寸”“丈”“里”；表示重量用“两”“斤”“钱”“分”“砣”；表示容量用“斗”“升”；表示货币主要用“块（元）”“角”“分”。据徐悉艰（1994）研究，度量衡

① 单位量词“䠶”多见于战国金文。如：“永用，休涅，受六斛四䠶。”(《殷周金文集成·永用析涅壶》15.9607)“百四十八，重金鉀，受一斛六䠶。(《殷周金文集成·重金扁壶》15.9617)”

单位量词在语言产生早期就自成体系的同一语系语言还有载瓦语、浪速语、阿昌语、勒期语、仙岛语、纳西语、门巴语、景颇语、独龙语等。出土战国楚系文献中度量衡单位量词的使用，也同样具有这样的类型特征。

4.3　度量衡单位量词既有从雅言中借用的也有自己创造的

从来源上看，出土战国楚系文献表示长度、容量、衡量、面积的单位量词中，有从周语中借用的，也有自己创造的。容量单位量词“秜”“担”“来”“赤”“䈂”“𥫔”是楚方言自己创造出来的，是楚系独有的量器单位，自成系统。长度单位量词“里”“寸”衡量单位量词“镒”“两”“铢”和面积单位量词“町”，都是从周雅言中借用的。无论借用还是自己创造，楚方言中度量衡和货币单位量词很早就有，且自成体系。徐悉艰（1994）研究发现，彝缅语度量衡单位量词中，本民族语言固有单位量词，其同源的语言众多，不仅与彝缅语支、缅语支同源，而且与藏缅语族其他语支的部分语言也同源。这说明彝缅语中固有度量衡单位量词最为古老，早就存在。彝缅语度量衡单位量词中，表示长度的“庹”“大拃”“小拃”“肘”“指”是彝缅语固有的，“尺”“寸”“丈”“里”是借自汉语的；表示重量的“两”是本族语言固有的，“斤”“钱”“分”是借自汉语的，“砣”借用缅语的；表示容量的“斗”“升”借自汉语；表示面积的“亩”“分”，表示货币的“块（元）”“角”“分”，多数借自汉语或其他语言，少数是本族固有。出土战国楚系文献表示长度、容量、衡量、面积单位量词中，借自汉语度量衡单位量词一般也是上古汉语早就存在的。汉语在甲骨文和金文时期就已经存在度量衡和集体单位量词。据张玉金（2001）研究，甲骨文中有表示贝的单位量词“朋”，表示鬯的“卣”和“升”，表示马与车的“丙”等。据黄载君（1964）研究，金文中有表示长度的单位量词“里”“寸”，表示容量的单位量词“斛”“斗”“升”“卣”，表示衡量的单位量词“镒”“两”“铢”，表示货币的单位量词“朋”“钧”等。由此可知，楚系文献从当时雅语中借用度量衡单位量词是符合度量衡演变规律的。

汉语分类量词即个体单位量词是名词分化后产生的，分类量词即彝缅语中个体单位量词只在缅语支和彝语支内部同源，在两个语支之间不同源，与其他语支也不同源。这说明个体单位量词是在分化为不同的语支后产生的，多数是词义变化的结果。这是我们下一步需要研究的问题。

有关量词的理论思考

据郭锡良（2005［1984］：34～38）的研究，先秦汉语单位量词的语法功能和语法作用与名词相同，都是数词直接与名词结合，没有从名词中分化出来。汉代单位量词初现端倪，开始从名词中分化出来。魏晋以后，单位量词完成了分化的过程，形成了一个独立的量词范畴。我们认为，就分类量词（即传统上的自然单位量词）而言，郭先生从汉语历史发展观来观察单位量词系统，认为其产生于魏晋以后，这一观点是非常正确的，这为我们正确认识和把握自然单位量词的产生和发展提供了理论方法。但是，值得注意的是，郭先生是把分类量词（自然单位量词）和度量衡单位量词放在一起考虑，而且出土文献运用不够充分。如果把二者分开来看，很好地运用出土文献，那么，可以看出在出土战国楚系文献中度量衡单位量词系统已经产生。

出土楚系文献度量衡单位量词研究发现，战国时期楚系度量衡单位量词系统的产生，与澳大利亚土著地区语言、中美洲一些语言、南岛语的一些语言、藏缅语的一些语言、南亚语以及东亚和东南亚等地区的语言一样，都出现于语言早期阶段（徐悉艰，1994；Greenberg，1990［1972］；Aikhenvald，2000）。Aikhenvald（2000）认为，度量衡单位量词几乎世界所有语言都具有，并且在语言产生初期就出现了。它包括长度、重量、容量、面积、币值等方面。根据世界语言和战国楚系出土文献中度量衡单位量词的使用情况，我们认为，研究汉语量词应该把度量衡单位量词和分类量词（自然单位量词）分开进行，这是因为：a. 分类量词不是生来就有，它与语言的演变关系密切，即与名词的发展相关联，而度量衡单位量词则伴随人们的基本生活，与人类活动密切相关。b. 度量衡单位量词一般从名词借用，而分类量词则多从名词虚化而来。c. 虽然分类量词和度量衡单位量词都可以计量，但是它们语义功能的侧重是不同的。前者侧重于分类，即对事物在形状、特征、属性等方面进行区分。而后者则侧重于数量单位，即对事物在整体、长度、容量、重量等方面进行计量。d. 分类量词不是人类语言所必有，只是汉语以及汉藏系语言、澳大利亚土著地区语言、中美洲等一些地方的语言所特有，而度量衡单位量词表达则是各种语言所共有的。

参考文献

白于蓝．郭店楚墓竹简考释（四篇）//简帛研究二〇〇一．桂林：广西师范大学出版社，2001.

贝罗贝．上古、中古汉语量词的历史发展//语言学论丛：第二十一辑．北京：商务印书馆，1998.

邴尚白．九店五十六号楚墓一至十二简试探．中国文学研究．2002 (16).

陈伟.《君人者何必安哉》初读．(2008-12-31)．简帛网.

陈伟，等．楚地出土战国简册［十四种］．北京：经济科学出版社，2009.

高名凯．汉语语法论．北京：商务印书馆，1986.

郭锐．现代汉语词类研究．北京：商务印书馆，2003.

郭若愚．战国楚简文字编．上海：上海书画出版社，1994.

郭锡良．从单位名词到量词．文科园地，1984 (7).

何琳仪．包山楚简选释．江汉考古，1993 (4)：55-63.

何琳仪．战国古文字典．北京：中华书局，1998.

何有祖．上博七《君人者何必安哉》校读．(2008-12-31)．简帛网.

黄儒宣．九店楚简研究．台北：台湾师范大学国文研究所硕士学位论文，2003.

黄盛璋．包山楚简中若干重要制度发覆与争论未决诸关键词解难决疑．湖南考古辑刊：第六辑，1994.

黄锡全.《包山楚简》部分释文校释//湖北出土商周文字辑证．武汉：武汉大学出版社，1992.

黄锡全．试说楚国黄金货币称量单位“半益”．江汉考古，2000 (1).

黄载君．甲文、金文量词的应用：考察汉语量词的起源与发展．中国语文，1964 (6).

李家浩．包山楚简研究（五篇）//第二届国际中国古文字学研讨会论文集. 香港：香港中文大学，1993：375－392.

李家浩. 信阳楚简中的“柿枳”. 简帛研究：第2辑. 北京：法律出版社，1996：1－11.

李家浩. 传赁龙节铭文考释：战国符节铭文研究之三. 考古学报，1998（1）.

李家浩. 包山266号简所记木器研究//著名中年语言学家自选集：李家浩卷. 合肥：安徽教育出版社，2002：222－257.

李零. 读《楚系简帛文字编》//出土文献研究（第5集）. 北京：科学出版社，1999：139－162.

李守奎. 楚文字编. 上海：华东师范大学出版社，2003.

李天虹.《君人者何必安哉》补说.（2009－01－21）. 简帛网.

李学勤. 楚简所见黄金货币及其计量//中国钱币论文集：第4辑. 北京：中国金融出版社，2002：61－64.

刘国胜. 信阳长台关楚简《遣策》编联二题. 江汉考古，2001（3）.

刘国胜. 楚丧葬简牍集释. 北京：科学出版社，2011.

刘信芳. 包山楚简解诂. 台北：艺文印书馆，2003.

吕叔湘. 中国文法要略. 北京：商务印书馆，1982.

孟蓬生.《君人者何必安哉》賸义掇拾.（2009－01－04）. 复旦大学出土文献与古文字研究中心网站.

彭浩. 楚人的纺织与服饰. 武汉：湖北教育出版社，1996.

丘光明. 试论战国衡制. 考古，1982（5）.

单育辰. 占毕随录之七.（2009－01－01）. 复旦大学出土文献与古文字研究中心网站.

商承祚. 战国楚竹简汇编. 济南：齐鲁书社，1995.

史树青. 长沙仰天湖出土楚简研究. 上海：群联出版社，1955.

汤余惠. 战国铭文选. 长春：吉林大学出版社，1993.

王贵元. 战国楚简遣策物量表示法和量词. 古汉语研究，2002（3）：64－68.

王力. 中国语法理论. 北京：商务印书馆，1945.

王力. 汉语史稿. 北京：中华书局，1980.

徐悉艰．藏缅语量词的产生和发展．语言研究，1994 (1).

姚振武．上古汉语名量词地域分布初探//简帛文献语言文字研究．北京：中国社会科学出版社，2009：3-41.

张玉金．甲骨文语法学．北京：学林出版社，2001.

张赪．类型学视野的汉语分类量词演变史．北京：北京大学出版社，2012.

张显成，李建平．论简帛量词的研究价值//简帛研究二〇〇八．桂林：广西师范大学出版社，2010：203-223.

中国科学院考古研究所．长沙发掘报告．北京：科学出版社，1957.

朱德熙，裘锡圭．战国文字研究（六种）．考古学报，1972 (1).

朱德熙，裘锡圭，李家浩．望山一、二号墓竹简释文与考释//江陵望山沙冢楚墓．北京：文物出版社，1996.

贝罗贝．上古、中古汉语量词的历史发展//语言学论丛：第 21 辑．北京：商务印书馆，1998：99-122.

Aikhenvald, Alexandra Y. Classifiers—A Typology of Noun Categorization Device. Oxford: Oxford University Press, 2000.

Bisang, Walter. Classifiers in east and Southeast Asia languages counting and beyond//Gvozdanovic, Jadranka. Numeral Types and Changes Worldwide. Berlin: Mouton de Cmuyter, 1999: 113-185.

Croft, William. Semantic Universals in Classifier Systems, Word 45. 21: 145-171, 1994.

Greenberg, Joseph H. Numeral classifiers and substantival number: Problems in the genesis of a linguistic type//Keith Denning and Suzanne Kemmer. On Language: selected Writings of Joseph H. Greenberg. Stanford University Press, 1990: 166-193.

Greenberg, Joseph H. Dynamic aspects of word order in the numeral classifier//Keith Denning and Suzanne Kemmer. On Language—selected Writings of Joseph H. Greenberg. Stanford University Press, 1990: 227-240.

Li Charles N. and Sandra A. Thompson. Mandarin Chinese: A Functional Reference Grammar. Los Angeles: University of California Press, 1981.

Tai, James H-Y. & Fangyi Chao. A Semantic study of the classifier zhang, Journal of the Chinese Language Teachers Association, 1994, 29.3: 67-78.

Tai, James H-Y. & Lingqing Wang. A Semantic study of the classifier tiao, Journal of the Chmese Language Teachers Association, 1990, 25.1: 35-56.

第五章　战国楚简副词研究

一　析副词“䶬”

1.1　研究现状

上海博物馆藏战国楚竹书（九）《史蒥问于夫子》中有一个形体为“䶬”的字，其相关简文为：

(1) 抋（必）危（危）亓（其）邦豪（家），则能贵（溃）于墨₌湶₌（禹汤，禹汤）则畢（举）自□……（《上博简九·史蒥问于夫子》简3）

(2) ……□又（有）民㠯（以）来，未或（有）能才（栽）立（粒）于陸（地）之上，䶬或不免又（有）譖（祸）不①（《上博简九·史蒥问于夫子》简10）

此简中“䶬”有下面不同的训释：

整理者濮茅左对“䶬”字的释读尚无把握，提出两种可能观点：

第一种观点，“䶬”读为“抑”，副词。表反诘，或表揣测。如《孟子·梁惠王章句上》：“抑王兴甲兵，危士臣，构怨于诸侯，然后快于心

---

① 濮茅左.《史蒥问于夫子》释文考释//马承源. 上海博物馆藏战国楚竹书（九）. 上海：上海古籍出版社，2012：275，285.

与?”《晋书·姚泓载记》：“物极则反，抑斯之谓欤。”①

第二种观点，“⿰鼠乚”或读为“噫”，表转折，然而。《尚书·金縢》：“信，噫，公命我，勿敢言。”②

何有祖把“⿰鼠乚”看作“一”的异形，训作“甚”。③

因《史蒥问于夫子》篇残阙太多，语义不明，一直难以阅读。最近，季旭昇先生在《吉林大学社会科学学报》2015年第4期上发表《上博九〈史蒥问于夫子〉释读及相关问题》一文，在简序编联和释文方面取得重要突破。简序基本清楚，释文基本明确。当然，由于简文过于残泐，也还存在有待商榷之处。此仅就虚词“⿰鼠乚”谈谈个人不成熟意见，以就教于方家。

季先生认为“⿰鼠乚”读为“一”，“甚”的意思。④ 季先生主张简3与简10编联，简文如下：

> (3) 扎（必）坃（危）亓（其）邦𧰼（家），则能贵于墨₌漮₌（禹汤，禹汤）则斈（学）。自詒（始）又（有）民㠯（以）来，未或（有）能才（特）立于陞（地）之上，⿰鼠乚（一）或不免又（有）諣（祸），不?⑤（《上博简九·史蒥问于夫子》简3、10）

季先生认为，此简中“贵”读本字，“斈”释读“学”，“才”读为“特”，“立”读本字，“諣”读“祸”，“祸”字断句。这些都是很可贵的见解。经过季先生调整和释读，上面这一段话基本上能做到文义畅通。季先生将此简文译成了白话，译文为：“必可端正国家，则连禹、汤都会推重他，禹、汤也是要学习才能成为圣贤。自有人民以

①② 濮茅左.《史蒥问于夫子》释文考释//马承源.上海博物馆藏战国楚竹书（九）.上海：上海古籍出版社，2012：285，286.

③ 何有祖说，此字古文字常见，即“一”字异构，可训作“甚”。“一或”，与“甚或”“甚至”意义相近。何有祖.读《上海博物馆藏战国楚竹书（九）》札记.（2013-01-06）.简帛网.

④ 季先生在释文第244页中，把“⿰鼠乚”释读为“一”，同时在第247页白话文译读中把“一”翻译为“甚至”。季旭昇.上博九《史蒥问于夫子》释读及相关问题.吉林大学社会科学学报，2015（4）：244，247.

⑤ 此释文中，季先生把简3与简10编联到一起。季旭昇.上博九《史蒥问于夫子》释读及相关问题.吉林大学社会科学学报，2015（4）：244.

来，没有人能孤立于土地之上而不学习，如果不学习，甚至免不了遇到灾祸。”①

但是，季先生把“鼠”训为“一”，释为“甚至”，这还值得进一步商榷。“甚”有两种用法：一是表示程度最高，相当于“极”。它需要有一个较低一级的程度项作比较，而就文段中的内容看，“不学习”是前提，这里没有可用来比较的程度项作前提，所以表程度更深这一用法难以成立。二是表示情况更进一层，相当于“甚至”。它需要有一个递度项作前提，而文段中的内容，也没有一个低一级的递度项，它无法构成更高一级的递度项。所以表示情况更进一层也不能成立。又，“如果不学习”与“甚至免不了遇到灾祸”这两个小句之间存在逻辑混乱的问题。要么是说“如果不学习，也许就会遇到灾祸”，这样的话，“鼠”相当于“也许”；要么是说“不学习会造成德行缺失，甚至免不了会遇到灾祸”，这样的话，“鼠”前面需要补出一段内容，它才相当于“也许”。总之，“鼠”在这里释读为“甚至”，文义不畅。

我们认为，“鼠”读为“抑”，作副词，表示揣测，相当于“或许”。

1.2 “鼠”训读辨析

关于《史蒥问于夫子》中的“鼠”，整理者濮茅左先生说，“鼠”读为“抑”，副词，表反诘，或表揣测。到底“抑”是反诘，还是揣测，濮先生未给出明确观点。他以《孟子·梁惠王章句上》“抑王兴甲兵”例子为证。而该“抑”字历来就有不同观点：

A. 汉赵岐把“抑”看作反诘用法。② 廖名春支持赵岐说，他说：“抑，表示反诘，相当于‘岂’。”③

---

① 季旭昇. 上博九《史蒥问于夫子》释读及相关问题. 吉林大学社会科学学报，2015(4)：244.

② 赵岐说：“抑，辞也。孟子问王抑亦如是乃快邪？王言不然，我不快是也，将欲以求吾心所大欲者耳。”《孟子》注疏. 北京：北京大学出版社，1999：21，22.

③ 廖名春说：“上博简《鲁邦大旱》‘抑吾子如重命其欤’中的‘抑’表示反诘，相当于‘岂’，与《孟子·梁惠王章句上》‘抑王兴甲兵’同。”廖名春. 上博藏楚简《鲁邦大旱》校补. 古籍整理研究学刊，2004(1)：4-9.

B. 宋朱熹把“抑”看作发语辞。①

C. 杨伯峻把“抑”看作选择连词，他说：“‘抑’选择连词，相当于现代汉语的‘还是’。”②

我们认为《孟子·梁惠王章句上》：“抑王兴甲兵”中“抑”作语气副词，表示揣测语气。前文孟子说，如今大王您的好心好意足以使动物沾光，百姓却得不到好处，这是为什么呢？大王，你考虑一下吧。梁惠王的理由有几种可能，孟子提出其中的一种说：抑或是需要动员全国军队，使将士冒着危险，去和别的国家结仇构怨，这样做您心里才痛快吗？依此，“抑”在这里用其本身最基本的用法，即表示揣测副词。孟子顾及君臣礼仪，语气委婉，表达肯定意味的揣测语气。

又，濮先生说，“𪉩”或读为“噫”，表转折，“然而”之意，举《尚书·金縢》为例。而《尚书·金縢》中“噫”历来也存在不同解读：

A. 孔安国认为“噫”是叹词。孔安国传云：“史、百执事言信有此事，周公使我勿道，今言之，则负周公。噫，恨辞。”③依孔传，“噫”作叹词，表示辜负周公，一种悔恨的语气。周秉均《尚书易解》：“噫，唉，叹词。言信有此事，公命我勿敢言之。”④

B. 王引之认为“噫”表转折。《经传释词》云：“噫，抑也，词之转。”他说：“《释文》曰：‘噫，马本作懿，犹亿也。’家大人曰：‘噫、懿、亿并与抑同。’‘信’为一句，‘噫公命我勿敢言’为一句。言信有此事，抑公命我勿敢言之也。”王氏把“噫”读作“抑”，表转折用法。⑤廖名春也认为，今本《金縢》之“噫”当读为“抑”，但它既非“恨辞”，亦非选择连词，而是转折连词，表示转折语气，相当于“然”“但”“而”。⑥

我们赞同后一种观点，认为《尚书·金縢》“信，噫公命我勿敢言”

---

① 朱熹所说“发语辞”，即句首语气助词，用在句首，无意义。“抑”的作用是引出新的话题。朱熹.《四书章句》集注. 北京：中华书局，1983：210.

② 杨伯峻. 孟子译注. 北京：中华书局，1985：24.

③ 孔安国，孔颖达. 尚书正义//李学勤. 十三经注疏. 北京：北京大学出版社，1999：338.

④ 周秉均.《尚书》易解. 长沙：岳麓书社，1984：153.

⑤ 王引之. 经传释词. 长沙：岳麓书社，1982：67.

⑥ 廖名春. 清华简《金縢》篇补释.（2011-01-05）. 孔子2000网.

中“噫”作连词，表示转折。理由如下：

一是句子功能主要向大王禀告事情原委，而不是悔恨。前文说“王得周公之所自以为功以代武王之说”，其语境是：成王知道了周公祭祀神灵请求以身代武王的善德，而向群臣询问证实并带有责问语气。“信，噫公命我勿敢言”这一段话的功能是臣子们要回答大王：为什么没有及时向大王禀告此事，是因为周公有命令不许他们说，所以他们不能冒昧说出此事。所以臣子们回答说，是确有其事，不过周公命令我们不能冒昧说出此事。所以此句子功能是为了说明原委，而不是悔恨自己。

二是句法结构关系表达转折。“信，噫公命我勿敢言”的结构关系，如王引之所说，“信”为一句，“噫公命我勿敢言”为一句，言确有此事，不过公有命而我勿敢言之。句法结构关系表示转折。

三是“抑”语义虚化，已没有其本身的语法意义，此时“抑”吸收句法结构的转折语法意义。

我们认为“⿰鼠一”读为“抑”，作揣测副词。“⿰鼠一”，从鼠，一声，与“抑”上古都属于影纽质部，双声叠韵。中古都是开口三等，“一”属于质部，“抑”属于职部，旁转相通。职部与质部相通的字有很多，如常见的“意”与“抑”。如：

(1) 敢问天道乎，抑人故也?(《国语·周语下》)

(2) 为其上中天之利，而中中鬼之利，而下中人之利，故誉之与？意亡非为其上中天之利，而中中鬼之利，而下中人之利，故誉之与？(《墨子·非攻下》)

例(1)，《贾子·礼容语》“抑”作“意”。例(2)，王引之《经传释词》：“意与抑同，亡与无同，皆语词也。”①

“抑”在古汉语中常见的用法是作副词和连词，作副词时，主要表示揣测；作连词时，主要表示选择。如：

(3) 邓侯曰：“人将不食吾余。”对曰：“若不从三臣，抑社稷实不血食，而君焉取余?”(《左传·庄公六年》)

---

① 王引之. 经传释词. 长沙：岳麓书社，1982：67.

(4) 夫齐，甥舅之国也，而大师之后也，宁不亦淫从其欲以怒叔父，抑岂不可谏诲？(《左传·成公二年》)

例(3)，清吴昌莹《经词衍释》卷三："抑，犹将也。""抑"作揣测副词。此例大意为：邓侯说："如果这样做，人们会唾弃我而不吃我剩下的东西的。"三位外甥回答说："如果不听我们三个人的话，或许土地和五谷的神明就得不到祭享，君王到哪里去取得祭神的剩余？"例(4)，杨伯峻译注："齐国既为我婚姻之国，又是太公后代，晋往伐之，岂齐放纵私欲激怒晋国，抑齐国完全不可救药？"①

综上讨论，我们认为"鼠"读为"抑"，作揣测副词，相当于"或许"。理由有四：

A. 内容上，"未有能存立于地之上"与"不免有祸"两个小句的前文有一个条件"自始有民以来凡不学习者"，这两个小句是结果，前一小句的结果是或许没有人能在世上独立生存下来，后一小句的结果是或许免不了有灾祸。

B. 语法关系上，"未有能存立于地之上"与"不免有祸"两个小句之间不构成递进关系，而是构成一种带让步意味的揣测关系。这体现说话人对两种可能的结果的推测，即凡不学习者，或是难以在世上独立生存，退一步说，或许是免不了有灾祸。

C. 语法形式标记上，"抑"与后面"或"处于两个结果选项之间，"抑或"并列有揣测的语法意义，相当于"或许"。"抑或"可以用来作为表揣测的语法形式标记。

D. 语义上，此例可译为：自始有人类以来，凡不学习者，或未有能存立于世上，或许免不了有灾祸。

1.3 "鼠"的本字

以上讨论出土文献虚词"鼠"的用法，下面探索虚词"鼠"的本字。上面已证明它的用法就是"抑"，是否其来源也是从"抑"的基本义演变

---

① 此两例释文参见杨伯峻译注，"抑"作选择连词。杨伯峻. 春秋左传注·修订本. 北京：中华书局，1990：810.

而来呢？

“抑”甲骨文作“[illegible]”，基本义是按压。《说文·印部》：“𢑏，按也。从反印。‘抑’，俗从手。”① 商承祚《殷虚文字类编》：“卜辞字从爪从人跽，象人抑人而使之跽，其义如许书之‘抑’，其字形则如许书之‘印’……‘印’之本训既为‘按抑’，后世执政以印施治，乃假按印之‘印’为之。反‘印’为‘抑’，殆出晚季，所以别于印信字也。”② 我们很难从“按压”这个义项证明出揣测和选择意义。

研究发现，虚词“[illegible]”本字不是“抑”，而是“意”。这基于以下三个方面理由：

第一，“意”与“抑”语音相通。

胡敕瑞（2016）认为“意”“抑”通用。上古，声母，二者都是影母双声；韵部，“意”职部，“抑”质部，二者旁转相通。可以看出，“抑”、“[illegible]”与“意”音近相通。

第二，“意”与“抑”在传世文献和出土文献中通用普遍。

（1）不知人杀乎，抑厉鬼邪？（《国语·晋语八》）

《说苑·辨物》“抑”作“意”。

（2）求之与，抑与之与？（《论语·学而》）

《隶释》云：“石经论语残碑‘抑’作‘意’。”③

第三，“意”基本义能发展出揣测和选择意义。

“意”基本义有“意思”“意愿”“料想”等，“料想”是对未来的设想，与“揣测”义比较接近。同时“揣测”可以在几种情况中做出推测，那么它与“选择”义又比较接近。

既然“[illegible]”本字是“意”，那么其演变步骤如下：

第一步，“意”作动词，表示“料想”的用法。如：

---

① 许慎. 说文解字. 北京：中华书局，1963：187.

② 汉语大字典. 成都：四川辞书出版社，1986：1841；商承祚. 殷墟文字类编. 北京：中华书局，1923.

③ 洪适. 隶释隶续. 北京：中华书局，1985：153.

(3) 臣愿以鄙心意公，公无以为罪。(《战国策·魏策》)

鲍彪注：“‘意’犹‘度’也”①。臣愿以鄙心意公，即臣愿以鄙心度公。

“意”作动词，表示“揣度”“料想”之意。可见其用法在战国时期已经出现。

第二步，“意”通“抑”，作副词，用于单句之内，表示揣测、反诘等。如：

(4) 若夫弊车驽马以朝，意者非臣之罪乎？(《晏子春秋·杂篇》)

(5) 夫取天之人，以攻天之邑，此刺杀天民，剥振神之位，倾覆社稷，攘杀其牺牲，则此上不中天之利矣，意将以为利鬼乎？(《墨子·非攻下》)

例(4)“意者”通“抑者”表示揣测，相当于“或许”。例(5)后半内容大意为：这种行为往上已经不合上天的利益，难道还能认为这样有利于鬼神吗？“意”通“抑”，表反诘，相当于“难道”。

在传世文献中，作副词多写作借字“抑”。如：

(6) 拜命之辱，抑君赐不终，姑又使其刑臣礼于士。(《左传·襄公十七年》)

此例中“抑”表转折，有“不过”义。这里“抑”的本字是“意”。

第三步，“意”通“抑”，用于复句之内作连词，表示选择、转折等。如：

(7) 武王问于师尚父，曰：“不知黄帝、颛顼、尧、舜之道在乎？意微丧不可得而睹乎？”(《上博简七·武王践阼》简1)

(8) 岂女为之与，意鲍为之与？(《墨子·明鬼下》)

例(7)“意微”即“意无”，“意无”通“抑无”，表示选择。例(8)，孙诒让《墨子间诂》引王引之曰：“意，与抑同。”②

---

① 鲍彪.《战国策校注》卷七钦定四库全书本. 1780(乾隆四十五年)：40.

② 孙诒让. 墨子间诂. 北京：中华书局，2001：231.

文献中用于连词的“意”字少见，“抑”字多见。如：

(9) 今有受人之牛羊而为之牧之者，则必为之求牧与刍矣。求牧与刍而不得，则反诸其人乎？抑亦立而视其死与？(《孟子·公孙丑下》)

(10) 子游曰：“子夏之门人小子，当洒扫、应对、进退，则可矣，抑末也。本之则无，如之何？”(《论语·子张》)

例 (9)，杨树达《词诠》：“抑，选择连词，字或作‘意’。”① 例 (10)，裴学海《古书虚字集释》：“抑，犹然也，转语也。”②

可见，“𠤳”的本字为“意”，与“抑”通用。“抑”作揣测副词和选择连词是一个词义虚化的过程。它的词义由实的词汇意义演变为虚化的语法意义，这也是一个语法化过程。

1.4　余论

历史词汇研究已经脱离了旧训诂学的弊端，不能单靠字形分析词义，而是要靠历史词汇学与现代语义学理论和方法。其主要的理论方法有：

第一，遵循历史语言社会性原则。这一原则主要体现为处理好历史词汇中常用词汇与偏僻词汇的关系，多注重常用词汇和常用义的训释，少用偏僻词汇和偏僻义。③ 春秋战国时期与“抑”字音近音通的用法很常见，字形多，普遍面广泛。根据王念孙、王引之父子研究，能与“抑”相通用的字形有“意”“噫”“亿”“懿”“醷”等。我们又在春秋战国时期出土文献中发现“伊”“殹”“罷”等，今天“𠤳”也与“抑”相通用。关于“𠤳”的训释，“抑”与“𠤳”音同通用是当时常用义，把“𠤳”看作“一”的异体应该是当时的偏僻义，这体现了历史词汇语言社会性原则。

第二，遵循词义演变历史观。在历史词汇研究，尤其是虚词研究中，我们有时遇到某词有多种释义，这些意义都是在不同历史时期演变形成

---

① 杨树达．词诠．北京：中华书局，1978：368.

② 裴学海．古书虚字集释．上海：上海书店，1933：206-212.

③ 蒋绍愚．王力先生的汉语历史词汇学研究．北京大学学报（哲学社会科学版），2010(5)：125-131.

的，是一个语法化过程。我们在确定词汇意义时，应该遵守词义历史演变的语法化过程这一原则。这表现为需要弄清某一词义产生的历史时期。如系词“是”产生于汉代，我们就不能说《论语》“富与贵是人之所欲也”中“是”是系词。“抑”的本字为“意”，其演变的历史过程为：由表意愿义动词发展为揣测副词，再发展为选择连词，词汇研究就应该遵照其语义演变的层次。

第三，注重词汇与语义、语法、功能、结构等多方面的关系。现代语义学研究注意语境的两个方面，即由语言因素构成的“上下文”（狭义语境）与由非语言因素构成的“情景的上下文”（广义语境）。狭义语境包括语义、语法，广义语境包括语用。① 从“鼠”字来看，需要考虑通假字“抑”在语境中的语义，即“自始有人类以来，凡不学习者，也许没有能存立于世上的，或许免不了有灾祸”。需要考虑“抑”的语法，即在“凡不学习者”的前提下，表达一种揣测性的结果。需要考虑“抑”的语用，即说话人表达一种可能的预测。历史词汇研究需要把语义、语法、语用三个方面考虑进来。只有这样，历史词汇研究才会真正意义上突破旧训诂学，走向汉语历史词汇学的道路。

二　析虚词“抑”②

2.1　战国楚简文献中虚词“抑”

在出土楚简帛文献中，虚词“抑”可以作副词和连词。

2.1.1　作副词

表示揣测语气，相当于“也许”“大概”。如：

(1) 成剸（鱄）倉（答）曰：“齐君達（失）正（政），臣不旻（得）翻（闻）亓（其）所繇（由），陈是（氏）旻（得）之，臣亦不旻（得）翻（闻）亓（其）所繇（由）。归（抑）昔之旻（得）之与

① 苏宝荣. 论“语境”的三个层面. 中国语言学报，2006（12）：271-279.

② 本节部分内容于2016年在《语文研究》第4期上发表过，题目为《假借与语境吸收：论汉语虚词“抑”的演变》，此次编入本书做了修改。

逵（失）之，皆又（有）繇（由）也。”（《清华简七·赵简子》简5、6）

整理者（2011：138）注：“归”即“抑”古字，表示揣测。[①]“抑昔之得之与失之皆有由”指“我想大概古代得与失都会有原因”，“抑”作副词，表示对动作行为或事件的揣测。

下面例中的“抑”，语气更委婉，表示委婉揣测语气，相当于“应该是”。如：

(2) 昔吾先君使二三臣，抑早前后之以言，思（使）群臣得执焉。（《清华简六·郑武夫人规孺子》简9）

整理者（2011：104，107）注：“‘抑’训‘则’，见《古书虚字集释》（第209页）。”[②] 我们认为，“抑”作揣测副词，表示委婉的揣测语气，相当于“应该是”。例（2）大意为：从前我们先王任用文武官吏的时候，应该是事先让他们提前来到大王身边并接受训诫，使群臣能把朝廷工作做好。

2.1.2　作连词

A. 表示选择关系，相当于“是……还是”。如：

(3) 亓（其）力能至安（焉）而弗为唬（乎）？虐（吾）弗智（知）也。意（抑）亓（其）力古（固）不能至安（焉）唬（乎）？虐（吾）或（又）弗智（知）也。（《上博简五·鬼神之明》简4）

整理者曹锦炎（2005：319）认为“意”读为“抑”，猜测、料想。[③]

陈伟（2006）认为“意”读为“抑”。“意”“抑”通假。如《国语·晋语八》：“不知人杀乎，抑厉鬼邪？”《说苑·辨物》“抑”作“意”。《论语·学而》：“求之与？抑与之与？”《汉石经》“抑”作“意”。古书中“意”用作“抑”，表示或者的文例尚多。《墨子·明鬼下》：“岂女为之与，

---

① 李学勤. 清华大学藏战国楚竹简（七）. 上海：中西书局，2017：138.

② 李学勤. 清华大学藏战国楚竹简（六）. 上海：中西书局，2016：104，107.

③ 曹锦炎.《鬼神之明》释文考释//马承源. 上海博物馆藏战国楚竹书（五）. 上海：上海古籍出版社，2005：319.

意鲍为之与?”孙诒让《间诂》引王引之曰：“意，与抑同。”①

我们赞同陈伟观点，认为“意”就是“抑”，作连词，表示选择关系。但是此选择复句比较特殊：

一是两个问句在结构关系上形成一种选择语法关系，其表现为：是其力能至而不为呢，还是其力固不能至呢?

二是结构上像两个是非问句，每一个小问句后面有一个答语“吾弗知也”，还没有完全脱离是非问句，或者说，还没有形成标准的选择问句。

古汉语中“意”作揣测副词和连词时，是“抑”的同词异形，包括双音节词“意者”“意亦”“意亡”。如：

(4) 武王𦖞(问)于帀(师)上(尚)父，曰：“不智(知)黄帝、端(颛)琂(项)、尧、銮(舜)之道才(在)虐(乎)?意𢼸(微)丧不可㝵(得)而試(睹)虐(乎)?”(《上博简七·武王践阼》简1)

整理者陈佩芬(2008：152)注：“‘意’谓‘推测’。‘𢼸’与‘微’通。《说文通训定声》：‘微假借为𢼸。’ ‘微丧’，衰亡。”② 陈佩芬把“意”看作动词。

读书会(2008)认为“意”读为“抑”，表示“或者”“抑或”。并引孙诒让说“与抑同”。但是读书会把“𢼸”改读为“几”，借为“岂”，指差不多。③

陈佩芬把“意”当作表示猜测义动词，有两个方面没有注意到：

一是前后两个小句具有对比关系。因为前面小句是说“黄帝、颛顼、尧、舜之道存在”，后面小句是说“黄帝、颛顼、尧、舜之道丧而看不到”即不存在，这一内容具有对比性，可以拿来做选择。再看传世本：“黄帝、颛顼之道存乎，意亦忽不可得见与”。这个复句也是说“黄帝、颛顼之道

① 陈伟. 上博五《鬼神之明》篇初读. (2006-02-18). 简帛网.

② 陈佩芬.《武王践阼》释文考释//马承源. 上海博物馆藏战国楚竹书(七). 上海：上海古籍出版社，2008：152.

③ 复旦大学出土文献与古文字研究研究生读书会.《上博七·武王践阼》校读. (2008-12-30). 复旦大学出土文献与古文字研究中心网.

存在还是不存在"，它们具有可对比的项，可用于选择。

二是有成对的选择关联复句语气词"……乎，……乎"。传世本也是"……乎，……与"，只是后一个"乎"换成了"与"。这类成对出现语气词的情况是上古汉语构成选择复句标志之一。

我们认为"意"读为"抑"，"微"读为"无"。"意无"连读，读为"抑无"，意义就是"抑"，作连词，表示选择关系。其理由有四：

第一，古人有过训诂。《武王践阼》见于传世文献《大戴礼记》。《经义述闻》："《大戴礼·武王践阼》篇：'意亦忽不可得见与?'《荀子·修身》篇：'意亦有所止之与?'《战国策·秦策》篇：'意亦思乎?'王引之按'意与抑同。'"《经传释词》（68页）："抑亦，或作'意亦'、或作'億亦'、或作'噫亦'，声义并同也。""微"不读"几"，而读"无"，古代二者语音相通。"意微"即"意无"，"意无"与传世本"意亦"语义和结构都相同。

第二，两个小句之间具有可对比性，构成选择语法意义，其意义为：不知是黄帝、颛顼、尧、舜之道本来存在而察觉不到呢，还是其隐约暗昧而看不到呢?

第三，"意"在句子中词汇意义进一步虚化，由表揣测意义进一步虚化为表选择关系语法意义，承担表达选择的功能。

第四，复句有成对语气词"……乎，……乎"，可以用于表达两个选择性疑问语气。

目前语言学界对用于"抑"的同词异形如"意无""意者""意亦"缺乏认识，往往用旧训诂学的方法，把"意"看作动词，表示料想、猜测义。如①：

(5) 意者其运转而不能自止耶?(《庄子·天运》)

(6) 意者身不敬与?(《荀子·天道》)

B. 表示转折关系，相当于"而""但""不过"。如：

(7) 今二三大夫畜孤而乍（作）焉，几（冀）孤其足为免（勉），

---

① 王力（1999：825）把例（5）（6）中"意者"翻译为"我想"，觉得语义未尽，又用中括号补充"大概是"三个字。王力. 古代汉语. 修订本. 北京：中华书局，1999：825.

抑无如吾先君之忧何?(《清华简六・郑武夫人规孺子》简17、18)

整理者(2016:108,109)注:"'抑'犹'然也',见《古书虚字集释》(第206页)。"① 我们认为"抑无"为固定结构,连词,表示转折关系。参照整理者,例(7)大意为:诸大夫能遵顺孺子的意志行事,希望能足以勉励孺子自己,但对先君之忧又能如何呢?这是谦词。

裘锡圭先生(1988:202)提出了一个假设,即先秦选择连词"抑"由殷墟卜辞的命辞疑问句句末语气词"抑"演变而来。②罗耀华、周晨磊(2013)进一步提出了论证,认为选择连词"抑"是从句末语气词"抑"演变而来,并提出其演变过程属于去语法化范畴的观点。对此,我们需要做进一步探讨。研究发现,先秦虚词"抑"的演变跟假借有关,跟殷墟卜辞的命辞疑问句句末语气词"抑"无关。虚词"抑"来源于本字"意",虚词"抑"的演变是语法化过程。

2.2 "抑"的本字"意"

上古时,"抑"基本义为"按压",《说文・印部》:"归按也,从反印。"段玉裁注:"按当作按印也……以印印泥也,此抑之本义也,引申之为凡按之称。"实质上,"按压"并非虚词"抑"本义,虚词"抑"的来源与"意"有关。

上古时,虚词"抑"的本字是"意"(胡敕瑞,2016)。理由有二:

第一,"抑""意"语音相通。王引之《经传释词》:"意与抑,词之转也。"上古,"意"属于职部字,"抑"属于质部字,二者因旁转相通。

第二,"抑""意"用法相通。《周语》:"敢问天道乎?抑人故也?"而《贾子・礼容语》却写作:"敢问天道乎,意人故也。"《论语・学而》:"求之与?抑与之与?"而汉石经却写作:"求之与,意与之与。"(引王引之《经传释词》)可见,"抑""意"用法相通。③"抑""意"都可用于选择性

① 李学勤. 清华大学藏战国楚竹简(六). 上海:中西书局,2016:108,109.

② 裘锡圭. 关于殷墟卜辞的命辞是否问句的考察. 中国语文,1988(1):202.

③ 据调查,春秋战国时期,"意"作"抑",连词用法,《庄子》2例,《墨子》3例,《荀子》2例,《大戴礼》1例,《战国策》1例。

小句之间，具有连接选择关系的功能。如：

(1) 今子独无意焉，知不足邪？意知而力不能行邪？故推正不忘邪？(《庄子·盗跖》)

(2) 为其上中天之利，而中中鬼之利，而下中人之利，故誉之与？意亡非为其上中天之利，而中中鬼之利，而下中人之利，故誉之与？(《墨子·非攻下》)

例（1）中，“知不足邪？意知而力不能行邪？”意即“是因为你的智慧不够呢，还是因为你的力量不够呢？”郭庆藩集释：“意，语辞，读若抑，抑、意古字通。”例（2）中，“故誉之与？意亡非为其上中天之利，而中中鬼之利，而下中人之利，故誉之与？”意即“是符合中天、中鬼、中人的利益才赞誉他呢，还是不符合他们的利益才赞誉他呢？”孙诒让《间诂》引王引之云：“意与抑同。”又王先谦集解：“意同抑，古意抑字通。”这一类“意”都用作虚词，表选择功能，相当于“还是”。

“意”用于表感叹语气，又作“噫”“億”，与“抑”相通。如：

(3) 故性长非所断，性短非所续，无所去忧也。意！仁义其非人情乎！彼仁人何其多忧也？(《庄子·骈拇》)

(4) 二公及王乃问诸史与百执事，对曰：“信。噫！公命我勿敢言。”(《尚书·金縢》)

(5) 億，丧贝。(《周易·震》)

例（3）（4）（5）中，“意”“噫”“億”都作感叹语气词，三者互通，并都与“抑”相通。在上古，“噫”“意”“億”三字谐声，同为职部字，与“抑”旁转相通。陆德明《经典释文》：“意，本又作噫。“噫，马本作懿，犹億。”王念孙《读书杂志》：“噫、懿、億并与抑同。”《周易正义》：“億，辞也。”“懿”与“抑”都为质部字，因音同而互通。

“意”用于表推测语气。分两种情况：

A. “意”也作“意亦”“噫亦”。同“抑亦”。如：

(6) 将以穷无穷逐无极与？意亦有所止之与？(《荀子·修身》)

(7) 然后召师尚父而问焉，曰：“昔黄帝颛顼之道存乎？意亦忽

不可得见与？”师尚父曰：“在丹书，王欲闻之，则齐矣！”（《大戴礼记·武王践阼》）

（8）诚病乎？噫亦思乎？（《战国策·秦策》）

例（6）（7）（8）中“意亦”“噫亦”都用于两个疑问小句之间，具有连接选择关系的功能，相当于“还是”。《经典释文》：“噫，于其反，辞也。”《经传释词》：“噫亦，即抑亦也。”

B.“意”作“意者”。同“抑者”。如：

（9）桓公问管仲曰：“今者寡人乘马，虎望见寡人而不敢行，其故何也？”管仲对曰：“意者君乘驳马而盘桓，迎日而驰乎？”公曰：“然。”（《管子·小问》）

（10）兵革之不完，战车之不修，此臣之罪也。若夫弊车驽马以朝，意者非臣之罪乎？（《晏子春秋·杂篇》）

例（9）（10）中“意者”用于是非问句前面，表示揣测语气，有“或许”的意思。《经传释词》：“意者，或作抑者，疑词也，有或者之意。”

“意”用于表选择功能。如：

（11）“春秋冬夏选失时，岂女为之与？意鲍为之与？”观辜曰：“鲍幼弱，在荷繈之中，鲍何与识焉？官臣观辜特为之。”（《墨子·明鬼下》）①

例（11）中“春秋冬夏选失时，岂女为之与？意鲍为之与？”意为“春秋冬夏的祭祀误了时，这究竟是你所造成的呢，还是鲍所造成的呢？”孙诒让《间诂》引王引之云：“意与抑同。”

以上例句都出自传世文献，这些用法表明，“抑”的本字当为“意”。

又，在战国秦汉出土文献中，同样也出现有本字“意”的用法。如（此处出土文献引例用宽式）：

（12）其力能至焉而弗为乎？吾弗知也。意其力固不能至焉乎？

① 孙诒让《间诂》：“‘选’下有脱字，后文云‘官府选效必先祭器’，则‘选’下疑脱‘效’字。‘选’当读为‘馔具’之‘馔’。”

吾或弗知也。(《上博简五·鬼神之明》简4)

(13) 武王问于师尚父曰:“不知黄帝、颛顼、尧舜之道在乎?意微丧不可得而睹乎?”(《上博简七·武王践阼》简1)

例(12)语义为:是他的力量能够达到却故意不作为?我不能确定。还是他的力量本来就达不到?我也不能确定。例(13)“不知黄帝、颛顼、尧舜之道在乎?意微丧不可得而睹乎?”语义为:不知是黄帝、颛顼、尧舜的治国之道本来就存在?还是他们的治国之道离当今之世太遥远不可看得到?例(12)(13)中的“意”表示揣测语气,相当于“或许”。

由此可知,在上古汉语中,“意”是虚词“抑”的本字。

2.3　虚词“抑”的历史演变过程

鉴于“意”是虚词“抑”的本字,那么“抑”的历史演化过程如下:

春秋战国时期,“意”处于历史演化初期。该时期“意”存在以下三种用法:

A.“意”用作动词,有“测度”“意料”之意。如:

(1) 攻其无备,出其不意。(《孙子·计》)

(2) 屡顾尔仆,不输尔载。终逾绝险,曾是不意。(《诗·小雅·正月》)

《清华简一·程寤》简7、8:“明明在尚,惟容纳棘,意亡勿用不惎。”整理者引《左传注》(襄公二十五年)注云:“意,度也。”(138页)我们认为,这里“意亡”是一个词,即“抑无”,相当于“抑”,表示转折连词。

B.“意”用作“抑”,作副词,以“意者”形式出现,用于单句之内,表示揣测。如:

(3) 孰居无事推而行是?意者其有机缄而不得已邪?意者其运转而不能自止邪?(《庄子·天运》)

(4) 是故求以富家,而既已不可矣,欲以众人民,意者可邪?其说又不可矣!(《墨子·节葬》)

(5) 中妇诸子曰:“自妾之身之不为人持接也,未尝得人之布织

也。意者更容不审耶?”(《管子·戒》)

(6)景公谓晏子曰:“昔吾先君桓公,以书社五百封管仲,不辞而受,子辞之何也?”晏子曰:“婴闻之,圣人千虑,必有一失;愚人千虑,必有一得。意者管仲之失,而婴之得者耶?故再拜而不敢受命。”(《晏子春秋·杂篇》)

例(3)至(6)中,“意者”即“抑者”,都用于是非问句前,表示揣测语气,相当于“或许”。

“意”用作“抑”,作副词,出现在反问句前,表示反诘语气,相当于“难道”。如:

(7)此上不中天之利矣,意将以为利鬼乎?(《墨子·非攻上》)

例(7)大意为:这种行为往上已经不合上天的利益,难道还能认为这样有利于鬼神吗?“意”作“抑”,表反诘,相当于“难道”。

传世文献中,多数情况下不用本字“意”而用借字“抑”,出现在疑问句中,作副词,用法多样。其中,表揣测和表转折用法使用频率高。如:

(8)若不从三臣,抑社稷实不血食,而君焉取余?(《左传·庄公六年》)

(9)宁不亦淫从其欲以怒叔父,抑岂不可谏诲?(《左传·成公二年》)

(10)曰:“夏征舒弑其君,其罪大矣;讨而戮之,君之义也。抑人亦有言曰:‘牵牛以蹊人之田,而夺之牛。牵牛以蹊者,信有罪矣;而夺之牛,罚已重矣。’”(《左传·宣公十一年》)

(11)拜命之辱,抑君赐不终,姑又使其刑臣礼于士。(《左传·襄公十七年》)

例(8)(9)中“抑”表揣测,有“或许”义。例(10)(11)中“抑”表转折,有“不过”义。

“抑”出现表递进和反诘副词用法。如:

(12)子之教,敢不承命?抑微子,寡人无以待戎,不能济河。

（《左传·襄公十一年》）

(13) 抑王兴甲兵，危士臣，构怨于诸侯，然后快于心与？（《孟子·梁惠王章句上》）

例（12）中“抑”表递进，有“何况”义。例（13）中“抑”表反诘，有“难道”义。（参见杨伯峻《孟子译注》，1960：20）

该时期，也有“抑者”用于是非问句前，用法与“意者”相同。如：

(14) 嚣问彪曰：“往者周亡，战国并争，天下分裂，数世然后乃定，其抑者从横之事复起于今乎？将承运迭兴在于一人也？愿先生论之。”（《汉书·叙传》）

C. 本字“意”用作“抑”，作连词，出现在选择性双小句后一项之前，具有选择功能，相当于“还是”。如：

(15) 子墨子曰：“子之义将匿邪？意将以告人乎？”巫马子曰：“我何故匿我义？吾将以告人。”（《墨子·耕柱》）①

(16) 不知天之弃鲁邪？抑鲁君有罪于鬼神故及此也？（《左传·昭公二十六年》）

(17) 夫子至于是邦也，必闻其政，求之与？抑与之与？（《论语·学而》）

例（15）中，“子之义将匿邪？意将以告人乎？”意为“你是会将你的义隐藏起来呢，还是会把它告诉给别人呢？”这一类“意/抑”，都出现在选择性双小句后一项之前，用作连词，表示从两种选择项中做出一种选择，相当于“还是”。

宋代，“抑”用作连词，出现在选择疑问句中，具有选择功能，相当于“还是”。如：

(18) 问：“灵处是心，抑是性？”曰：“灵处只是心，不是性。性只是理。”（《朱子语类》卷五）

---

① 孙诒让间诂：“毕云：‘一本作意，非。吾将以告人。’”孙诒让主张是“意”，我们从孙氏的观点。

(19) 问："子贡得为器之贵者，圣人许之。然未离乎器，而未至于不器处，不知子贡是合下无规模，抑是后来欠工夫？"曰："也是欠工夫，也是合下禀得偏了。"(《朱子语类》卷二十八)

(20) 问："此气是当初禀得天地底来，便自浩然，抑是后来集义方生？"曰："本是浩然，被人自少时坏了，今当集义方能生。"(《朱子语类》卷五十二)

"抑"由于长期出现在具有选择关系疑问句中，因而具有选择连词用法。选择连词"抑"进入带系词"是"的选择复句"是……是……"格式，产生新选择问句式"是……抑是……"。

唐宋"抑"开始进入词内，出现"抑或"，表选择关系。如：

(21) 公儒以郸先判度支，再审圣旨，未识下落，抑或仍旧。(唐裴庭裕《东观奏记》中卷)

(22) 观者于此根本功夫自有欠缺，故不知其非而以为无害于理，抑或以为虽害于理而不害于获禽之多也。(《晦庵先生朱文公文集·答陈同甫》卷36)

元明"抑或""抑岂"更为常用。如：

(23) 旧见西山文字平实简易，不意此论急迫谩骂，殊无温柔敦厚含蓄气象，抑岂少日之为耶？抑或他人为之而传者之误耶？(《鲁斋遗书·与耶律惟重》卷9)

(24) 若真谓行即是知，恐其专求本心，遂遗物理，必有闇而不达之处，抑岂圣门知行并进之成法哉？(王守仁《传习录》)

清代，"抑"的用法分三种情况：

第一种情况，"抑"用作选择连词。如：

(25) 祭足曰："寡君使足修好上国，未有开罪，不知何以触怒？将寡君之礼，或有所缺，抑使臣之不职乎？"华督曰："皆非也。"(《东周列国志》第十回)

第二种情况，"抑"作副词"抑岂""抑或"词内成分，表反诘或揣测语气用法。如：

(26) 我不解人何以说是淫声？抑岂我之耳异于人耳，我之情不合人情？(清陈森编《品花宝鉴》第四回)

(27) 如果你赶不来，抑或你母亲不放心。(清吴趼人《二十年目睹之怪现状》第三回)

第三种情况，"抑"仍然作连词"抑或"的词内成分，表选择关系。如：

(28) 王曰："你勒死家婆，系你一人，抑或有别人帮手呢？"(《俗话倾谈二集》卷下)

(29) 明早到老母床前，问候几句，尚请医家来看脉否，食粥或食饭，抑或想食甚么物件，低声和气，以慰老母之心，方成子道。(《俗话倾谈一集》卷一)

当"抑"作副词的词内成分时，可与"岂""或"组合为"抑岂""抑或"。二者都可用于揣测问句，相当于"或许"。"抑"作连词词内成分时，可与"或"组合为"抑或"，或用于选择问句，相当于"还是"；或用于陈述句，相当于"或者"。

2.4　虚词"抑"的语法化演变

虚词"抑"的演变，是一个语法化演变过程，语法化具有渐变性的演变斜坡（Hopper & Traugott 2003：18)。虚词"抑"的语法化演变经历如下五个阶段：

第一阶段，意愿动词产生。

春秋战国时期，产生"主语＋意＋宾语"格式，格式中"意"用作动词。如：

(1) 臣愿以鄙心意公，公无以为罪。(《战国策·魏策》)

鲍彪注："意，度也。""臣愿以鄙心意公"即臣愿以鄙心度公。"主语＋意＋宾语"格式中，"意"是动词，表"忖度"义，作谓语。

第二阶段，揣测副词产生。

春秋战国时期，产生"主语＋抑＋动词＋宾语"格式，该格式出现借字“抑”，“抑”用作副词。如：

(2) 郑虽无腆，抑谚曰“蕞尔国”，而三世执其政柄，其用物也弘矣。(《左传·昭公七年》)

例(2)大意是，郑国即使并不强大，或许如谚语中所说是小小国，可是它却已历经三代君王执掌政权，它使用过的东西也已很多。“抑”表揣测语气。在“主语＋抑＋动词＋宾语”格式中，动词作谓语，“抑”作副词，表示揣测语气。

由于“抑”常出现在表揣测语气句子中，人们往往会觉得“意”有表揣测语气功能。如：

(3) 称太子，抑无私也。(《左传·成公九年》)

例(3)是太子揣测钟仪的心思，大意是：钟仪称举楚君做太子时的事情，或许是他为了表明自己没有私心。句中“抑”替代了本字“意”，具有表揣测语气的功能。

第三阶段，选择连接词开始产生。

春秋战国时期，“小句，抑＋小句”格式开始产生。如：

(4) 文子使王孙齐私于皋如曰：“子将大灭卫乎？抑纳君而已乎？”皋如曰：“寡君之命无他，纳卫君而已。”(《左传·哀公二十六年》)

(5) 子禽问于子贡曰：“夫子至于是邦也，必闻其政。求之与？抑与之与？”子贡曰：“……夫子之求之也，其诸异乎人之求之与？”(《论语·学而》)

(6) 鲁侯曰：“寡人惧不免于晋，今君曰‘将有乱’，敢问天道乎？抑人故也？”对曰：“吾非瞽、史，焉知天道？”(《国语·周语下》)

(7) 子将言于齐侯曰：“……叔孙昭子求内其君，无病而死。不知天弃鲁乎？抑鲁君有罪于鬼神也？愿君且待。”齐景公从之。(《史记·鲁周公世家》)

上面这类“小句，抑＋小句”格式可以作两种理解。一方面，可以将

“小句，抑＋小句”格式中的两个小句分开来看，可分别看成两个表揣测的单句，揣测语气的重心落在句子层面上。如此，“抑”表揣测语气的功能逐渐淡化。另一方面，可以把“小句，抑＋小句”格式看作由两个小句组合而成的选择关系复句，即意合选择问句。该问句中的选择关系被隐含在格式的语义层面中，表疑问语气功能由句末语气词承担。如此，“抑”表揣测语气的功能逐渐淡化，并转而获得选择连词的功能。如杨伯峻《文言常用虚词》把“求之与，抑与之与”中的“抑”看作选择连词。

与唐宋时期相比，该时期“抑”做连词用法有自己的特点：a. 上古带选择连词“抑”的选择问句中，句末必须有疑问语气词出现，而在现代汉语选择问句中，句末可以没有疑问语气词出现；b. 上古带选择连词“抑”的选择问句中，还没有出现用系词作选择记号的情况，而在现代汉语选择问句中，有用系词作选择记号的情况；c. 上古带选择连词“抑”的选择问句中，记号没有成双的，而在现代汉语选择问句中，记号可以成对出现。这表明，在上古，“小句，抑＋小句”格式可以初步看作有选择标记的选择问句。梅祖麟（1978：69～83）认为，魏晋南北朝，标记选择问句形成。不过，到目前为止，尚未发现该时期文献材料中有关“抑”用于选择问句的用例。

第四阶段，“抑”用于选择问句。

宋代，“抑”进入“是……抑……”选择问句，连词“抑”趋于成熟。如：

(8) 问：“解瑟为严密，是就心言，抑就行言?”曰：“是就心言。”(《朱子语类》卷十六)

此例中，“抑”用于带系词选择问句中，产生“是……抑……”格式，标志着“抑”字选择问句趋于成熟。

第五阶段，“抑”作词内成分。

清代，双音节连词“抑或”中，“抑”用于词内成分。如：

(9) 又《长编》原书及注中所引“读《礼》、《书》，论汉、唐正史状”，其文未列，未知是否杨氏仲良削去，抑或李氏《长编》本未取其文。(清黄以周等《续资治通鉴长编拾补》)

该时期，为适应双音化的需要，“抑”与“或”组合而成为双音节连词“抑或”。

“抑”演变为“抑或”，“抑”成为词内成分，其实质就是“抑”在结构上黏着度进一步增强，是语法词演变为更虚的语法功能。“抑”到“抑或”的演变具有明确的单向性。虚词“抑”的语法化演变路径可以图示为：

意愿（春秋战国）→揣测（春秋战国）→选择（战国秦汉）→词内成分（清代）

|←实义单位→|←…语法词…→|←词内成分→|

Hopper& Traugott（2003：7）通过跨语言考察提出一条语法化路径：实义单位→语法词→附着成分→屈折词缀。在形态发达的语言里，语法词或附着成分往往会经历形态化变为屈折词缀。而汉语中虽也有类似变化，但更常见的是跟毗邻的词项发生词汇化，形成意义难以分析的词内成分。汉语虚词“抑”所揭示的一条由实义单位→语法词→词内成分的语法化路径，又一次说明汉语语法化路径的特点，进一步丰富和发展了世界语法化理论。①

2.5 虚词“抑”演变的动因

虚词“抑”演变动因，主要表现在语用推理、语境吸收和语义泛化三个方面。

2.5.1 语用推理

“语用推理”（pragmatic inference）是指在对话语境中，听话人通过推导的方式，将说话人话语中某词的隐含义明朗化。该词的隐含义在明朗化之后，就能固化并能成为固有意义。这种固有意义极有可能将其原有的意义取而代之（Heine，Claudi & Hünnemeyer，1991）。“抑”正是由于语用推理的作用，才导致“意愿”义向“揣测”义演变。“抑”由“意愿”义向“揣测”义演变经历如下推理过程：

① 所谓“语法化”，这里指意义实在的词汇项和构式在一定语境中演变为语法功能词或构式，语法功能词或构式继续发展出新的语法功能（Hopper & Traugott，2003：18）。

(1) a. 攻其无备，出其不意。(《孙子·计》)(意愿)

b. 及田甲劫湣王，湣王意疑孟尝君，孟尝君乃奔。(《史记·孟尝君列传》)(意愿/隐含揣测)

c. 抑谚曰"蕞小国"。(《左传·昭公七年》)(揣测)

例 (1) a 中，"意"是本字，鲍彪将其注为"度"，"忖度"的意思，表示意愿的心理行为。例 (1) b 中，"意"是本字，王念孙认为"'意'下本无'疑'，'意孟尝君'者，意即'疑'也，疑其使田甲劫王也。《文选·长杨赋》注引《广雅》曰：'意，疑也。'……后人不知'意'之训为'疑'，故又加'疑'字耳。《太平御览》人事部引此无'疑'字。"①"意"表"怀疑"的意思，表示意愿的心理行为。从例 (1) b 的语境看，句子已隐含"揣测"义，我们不妨将其看作一种带有揣测语义的陈述句。在语用推理的作用下，本字"意"的"揣测"义可能明朗化。例 (1) c 中"抑"是借字，在语用推理作用下，"揣测"义形成并固化，并以此将原来本字"意"所具有的"意愿"义取代。

在"意愿"义和借字"抑"推导作用下形成的"揣测"义之间，存在一种推导关系。在例 (1) b 中，如果湣王从客观上对孟尝君产生怀疑，那么主观上，就会做出"莫非湣王对孟尝君产生了怀疑"的揣测。导致这一推导作用产生的是本字"意"所处的上下语言环境，即说话人话语中的怀疑在主观上隐含有施事主语"湣王"对孟尝君产生怀疑的揣测。由于该语境中主语的动作行为性弱，极易造成"行"域义向"知"域义过渡。

由此可见，"抑"由"意愿"义演变为"揣测"义，起推导作用的是语用推理。

2.5.2　语境吸收

Bybee，Perkins & Pagliuca (1994) 和 Traugott & Trousdale (2013) 的语法化理论认为，语义可以随词汇项或构式语境的不同而发生改变，即词汇项或构式能够将语境意义吸收。语法化学界称之为"语境吸收"(absorption of context)。从本节讨论的虚词"抑"的情况看，"抑"选择语

① 王念孙. 读书杂志. 南京：江苏古籍出版社，1985：127.

义是意义吸收的结果，即吸收“抑”语境意义而得来。

在上古文献中，“抑”词义已经泛化，只要进入选择复句，就可能会将选择复句句式意义吸收。又，“抑”处在两个选择项小句中间，这是一种意合式选择关系小句，选择关系原本由两个选择项小句来承担，但是，随着“抑”揣测副词功能的淡化，其便自然而然地成为选择关系的连接词。由此，“抑”获得选择连词功能。

理论上，当“抑”逐渐演变为连词之后，人们就会把它当作连词使用，所以，可以用在选择复句中。不过，事实上，在上古，真正意义上的选择复句还没有产生，“抑”这种语境吸收还存在一定限制。只有等到南北朝，汉语史中带系词的真正意义上的选择复句产生以后，“抑”才得以广泛用于选择问句中。

需要注意的是，语境吸收只能发生在语法化后期。“抑”选择用法正是在“抑”语法化后期产生的。其原因，只有在“抑”语法化后期，词汇意义才得以削弱，才有可能无力抵制外部构式或语境义进入。

2.5.3　语义泛化

“语义泛化”（generalization）是指一个成分词汇意义变弱、依附性变强、语法性增强，并由此变为虚化成分的过程。一般地，语义泛化与边界失落相关。所谓“边界失落”，指两个分立词汇成分变为一个词汇成分（univerbation，idiomatization）。边界失落是语言形式规约化（conventionalization）表现。词项“抑或”产生在“抑”成为语法词之后。清代，起先，“抑”和“或”毗邻出现。这是两个副词性成分，分别与谓语动词发生结构关系和语义关系。如：

> （2）试设身处地替这一宿的安龙媒作起，果能作个“戒慎乎其所不睹，恐惧乎其所不闻”的慎独君子乎？将“二者不可得兼，舍鱼而取熊掌”乎？抑或且学个“先进于礼乐”的“野人”，再学那“后进于礼乐”的“君子”乎？（《儿女英雄传》第三十七回）

例（2）中，“抑”“或”“且”三个副词连用，“抑”表追加副词，相当于“又”。“或”表揣测副词，相当于“或许”。“且”表将来时间副词。这种同时多个副词毗邻出现的情况在汉语中很常见。三者之间，彼此互不修饰。“抑或”的边界可以图示为：[抑［+或［+谓词性小句]。

“抑”与“或”的毗邻出现，为其词汇化创造句法条件。“抑”与副词“或”连用，为组合成词埋下了伏笔。不过，这必须有一个重要的语义条件参与，那就是“抑”的高度虚化。如前所述，宋代“抑”作连词，如“灵处是心，抑是性?”(《朱子语类》卷五)“抑”用于有选择标记“是……是……”复句中，复句选择关系已经由“是……是……”承担，“抑”承担选择关系已属多余。所以“抑”的意义逐渐虚化。到清代，“抑”的意义逐渐虚化现象也表现在双音形式“抑岂”“抑且”中。如：

(3) 我不解人何以说是淫声？抑岂我之耳异于人耳，我之情不合人情?(清陈森编《品花宝鉴》第四回)

(4) 我意欲完前日之约，不好自家启齿，抑且不知他京中曾娶过妻否，要烦你到西堂与我侄儿说此事。(清凌蒙初《二刻拍案惊奇》卷三)

例(3)中，“抑”和“岂”都表反诘副词。例(4)中，“且”表递进副词。两例句中“抑”的语义都已经高度虚化。同样是在清代，“抑或”因“抑”高度虚化而词汇化，变成一个副词或连词。如例(5)中，“抑”原本表示揣测语气，因与“或”语义重叠，使得“抑或”词汇化。例(6)中，“抑”原本表示选择关系，因与“或”语义重叠，使得“抑或”词汇化。如：

(5) 如果你赶不来，抑或你母亲不放心。(清吴趼人《二十年目睹之怪现状》第三回)

(6) 明早到老母床前，问候几句，尚请医家来看脉否，食粥或食饭，抑或想食甚么物件，低声和气，以慰老母之心，方成子道。(《俗话倾谈一集》卷一)

例(6)中，“抑或”与“或”对举，可以把“抑或”看作一个词。重新分析“抑或”的边界产生，可图示为：[抑或［+谓词性小句]。

在“抑”演变为“抑或”的过程中，“抑或”中的“抑”比单用时的语法化程度更高，“抑或”可以被理解为一个词汇。又，“抑”“或”同处于一个音步里，二者的距离更容易拉近，在很大程度上有助于词汇“抑或”的形成。

2.6 结论

综上所述，汉语虚词“抑”的演变路径，可用图做如下示意：意愿动词→揣测副词→选择连词→词内成分。Bybee，Perkins，& Pagliuca（1994：253～270）通过对世界76种不同地区、不同族系和不同类型语言进行研究，发现意愿动词存在如下演变路径：意愿→意向→预测。借鉴Bybee等的演变路径图，我们将汉语虚词“抑”的语法化演变路径示意为：意愿→揣测→选择→词内成分。该示意图中，预测包含在揣测以内。这表明，汉语“抑”的语法化演变路径与Bybee等所调查的语言演变路径有所不同：一是汉语存在由“意愿”直接向“预测”的演变，不经历“意向”，而Bybee等调查的语言中需要经历“意向”；二是汉语存在“揣测→选择→词内成分”的演变，而Bybee等调查的语言中没有。依此，汉语意愿动词存在一条与Bybee等所调查的语言有所不同的演变路径，即意愿→揣测→选择→词内成分。这一结论可以丰富和发展普遍语法化理论。

通过对虚词“抑”演变的研究，我们发现“抑”的演变最根本的是找到其本字“意”。针对此类研究，只有找到了本字，研究才有可能顺利进行。这就说明，汉语语法现象的研究，需要注重语法和文字的关系。有的语法现象演变，关键在其本字，如“意”是“抑”的本字，要研究“抑”的语法演变，就得先研究“意”的语法演变。

参考文献

洪适．隶释隶续．北京：中华书局，1985：153.

季旭昇．上博九《史蒥问于夫子》释读及相关问题．吉林大学社会科学学报，2015（4）.

蒋绍愚．古汉语词汇纲要．北京：北京大学出版社，1989.

蒋绍愚．王力先生的汉语历史词汇学研究．北京大学学报（哲学社会科学版），2010（5）：125-131.

孔安国，孔颖达．尚书正义//李学勤．十三经注疏．北京：北京大学出版社，1999：338.

廖名春．清华简《金縢》篇补释．(2011-01-05)．孔子2000网．

罗耀华，周晨磊．“抑”的去语法化．语言研究与教学，2013（4）：83-90.

梅祖麟．现代汉语选择问句法的来源//“中央研究院”历史研究所集刊（第49本第1分册），1978：69-83.

裴学海．古书虚字集释．上海：上海书店，1933：206-212.

裘锡圭．关于殷墟卜辞的命辞是否问句的考察．中国语文，1988(1)：199-218.

濮茅左．《史蒥问于夫子》释文考释//马承源．上海博物馆藏战国楚竹书（九）．上海：上海古籍出版社，2012：285，286.

苏宝荣．论“语境”的三个层面．中国语言学报，2006（12）：271-279.

孙诒让．墨子间诂．北京：中华书局，2001：231.

王引之．经传释词．长沙：岳麓书社，1982：67.

许慎．说文解字．北京：中华书局，1963：187.

杨伯峻．孟子译注．北京：中华书局，1985：24.

杨树达．词诠．北京：中华书局，1978：368.

鲍彪．战国策校注（卷七）．北京：钦定四库全书本，1780（乾隆四十五年），40.

周秉均．《尚书》易解．长沙：岳麓书社，1984：153.

Brinton，Laurel J.，Elizabeth Closs Traugott. Lexicalization and Language Change. Cambridge：Cambridge University Press，2005.

Bybee J.，Perkins R.，Pagliuca W. The Evolution of Grammar：Tense，Aspect，and Modality in the Languages of the World. Chicago：The University of Chicago Press，1994.

Heine，Bernd，Ulrike Claudi，and Friederike Hünnemeyer. Grammaticalization：A Conceptual Framework. Chicago：University of Chicago Press，1991.

Hoffmann Thomas & Graeme Trousdale. The Oxford Handbook of

Construction Grammar. New York：Oxford University Press，2013.

Hopper，Paul J. & Elizabeth Closs Traugott. Gramaticalization. Chicago：The University of Chicago Press，2003.

Lehmann，Christian. New reflections on grammaticalization and lexicalization//Wischer，Ilse and Gabriele Diewald. New Reflections on Grammaticalization. Amsterdam：Benjamins，2002.

Sweetser，Eve E. From Etymology to Pragmatics：Metaphorical and Cultural Aspects of Semantic Structure. Cambridge：Cambridge University Press，1990.

Traugott，Elizabeth Closs & Graeme，Trousdale. Gradience，Gradualness，and grammaticalization. Amsterdam：Benjamins，2010.

Traugott，Elizabeth Closs & Graeme，Trousdale. Constructionalization and Constructional Change. Oxford：Oxford University Press，2013.

第六章　战国楚简连词研究

一　楚简的连词[①]

1.1　语料价值和连词判断标准

出土战国楚简文献多为战国晚期文献，所表现的内容广泛，涉及政论、哲学、宗教、军事、数学、音乐、语言、文学等诸多领域，反映多方面的学术文化。与传世文献相对照，战国楚简更具有真实性，有十几种文献能和先秦古籍相印证，可以还原这些作品的历史面貌。有十几种文献为已失传的文献，这是迄今为止最为珍贵的资料。河南信阳长台关10号墓所发掘大量古书，李学勤认为可能是《墨子》佚篇。[②] 湖南慈利石板村36号墓出土了《国语》《逸周书·大武》《管子》等佚文资料。[③] 有大量数据是新挖掘材料，湖北荆门包山2号墓楚简有记录当时实际语言的司法文书、遣策和卜筮等内容，数量多且口语性强。[④] 湖北荆门郭店1号墓楚简内容主要为儒家和道家著作，其中《老子》《缁衣》《穷达以时》虽也见于传世本，但有相当一部分内容与传世本不同。而更多作品如《太一生水》

---

① 本节内容曾载于张显成主编《古汉语语法研究新论》，原题为《战国出土文献连词研究》（重庆：西南师范大学出版社，2015）。收入本书时有所改动。

② 李学勤. 简帛佚籍与学术史. 南昌：江西教育出版社，2001：327-333.

③ 张春龙. 慈利楚简概述//新出简帛研究. 北京：文物出版社，2004：1-9.

④ 湖北荆沙铁路考古队. 包山楚简. 北京：文物出版社，1991.

《五行》《性自命出》《鲁穆公问子思》《唐虞之道》《成之闻之》《六德》等，为传世文献所无。上海博物馆藏战国楚竹简文献，数量达三万余字，有的内容可补传世所无，或补传世所缺，如《周易》《缁衣》《孔子闲居》《武王践阼》等。而《孔子诗论》《乐礼》《鲁邦大旱》《恒先》《子羔》《性情论》等佚书，都是第一次被发现，它们已经藏于地下两千多年未经任何改动，真实可靠，其价值可见一斑。有鉴于此，楚简在语音、词汇、文字、语法等诸多方面的语言学价值很大。单就语法方面而言，可以为先秦语法研究提供更早的语料，可以对传统语法研究中一些不科学的语法现象予以订正，可以增补新的语法词，可以增补新的语法意义，可以为语法意义提供更早的更新的例证。

我们对战国出土楚简文献中的连词进行研究，划分连词的标准是：a. 语法关系上，连词或小句，表示并列、选择、假设、递进、承接、让步、条件、因果等；b. 句法位置上，单句内，用于［实词＋连词＋实词］联合结构中，此结构用作句法成分；复句内，用于［连词＋（主＋谓词性成分)］结构或［连词＋（谓词性成分)］结构中，此结构用作小句。同时满足以上两个标准的算作连词。

1.2 战国楚简文献连词概述

战国楚简文献中，连词共有22个，单音词14个，复音词8个。用法上，联合连词9个，主从连词13个，主从连词略多于联合连词。在联合连词中，存在有并列、承接、递进和选择等关系连词。在主从连词中，存在有让步、假设、条件、因果、目的和修饰等关系连词。连词用于单句和复句。在单句中，它所连接的词有名词、动词和形容词；在复句中，大多数连词位于后一小句，用作后置连词。一部分连词虚化还没有彻底，处在副词向连词发展的道路上。框式连词很少，运用框式连词来表示逻辑关系的情况尚处于萌芽阶段。

战国楚地出土文献中连词有：而、则、以、与、且、及、安、然后、况、或、然而、虽、如、苟、若、所以……以、故、是以、是故、此以、因而、而后。存在有并列、顺接、递进、转折、修饰、选择、让步、假设、条件、因果、目的等用法。下面对这些连词使用逐一进行讨论。

1.3　战国楚简连词的使用

而

战国楚地出土文献中，“而”出现930例，作连词903例，存疑27例。其语法功能起连接作用。用在表并列、顺接、转折、修饰等句法环境中。

A. 连接具有并列关系的两个动词、形容词及其词组，401例。

(1) 古（故）君子多䎽（闻），齐而兽（守）之；多志，齐而新（亲）之。(《郭店简·缁衣》简38、39)

(2) 及亓（其）专（博）长而𡩀（厚）大也，则圣人不可犹（犹）与（豫）埤（惮）之。(《成之闻之》简28)

(3) 此以𢓊(迩）者不贼（惑）而远者不𢜩（疑）。(《郭店简·缁衣》简43)

以上用例中，“而”用于连接两个并列成分。例（1）中“而”连接两个并列的连动式，例（2）中“而”连接两个并列的形容词，例（3）中“而”连接两个并列的主谓结构。

B. 连接具有转折关系的两个动词词组或两个小句，152例。

(4) 是古（故）圣人能专（辅）万勿（物）之自肰(然)，而弗能为。(《老子甲》简12、13)

(5) 终日虐（呼）而不忧(忧)。(《老子甲》简34)

(6) 见䝨（贤）人而不智（知）其又（有）悳(德）也，胃（谓）之不智。(《五行》简24)

C. 连接具有顺接关系的两个动作，230例。

(7) 公不敓（悦），𦍊（揖）而退之。(《鲁穆公问子思》简2)

(8) 立而为天子。(《穷达以时》简3)

(9) 尧𡫀(禅）天下而受（授）之。(《唐虞之道》简24、25)

D. 连接起修饰作用的状语与被修饰的中心语，73例。

(10) 鲁穆公昏（问）于子思曰：“可（何）女（如）而可胃

（谓）忠臣？”（《鲁穆公问子思》简1）

（11）南面而王而〈天〉下而甚君。（《唐虞之道》简25）

（12）卅（三十）而又（有）家，五十而纟司（治）天下，七十而至（致）正（政）。（《唐虞之道》简26）

例（10）中“可（何）女（如）”表示动作的程度或标准，例（11）中“南面”表示动作的方式，例（12）中“而”前面的“三十”“五十”“七十”表示动作的时间。

E. 连接具有条件关系的两个小句，36例。

（13）医（侯）王能守之，而万勿（物）牐（将）自恑（化）。（《老子甲》简13）

（14）察天人之分，而智（知）所行矣。（《穷达以时》简1）

F. 连接具有层进关系的两个小句，11例。

（15）龟𥮾（筮）猷（犹）弗智（知），而皇（况）于人虐（乎）。（《郭店简·缁衣》简46）

例（15）释为：占卦之事尚且不知，更何况是关于人事呢。此例“犹……况……”指“尚且……何况……”，“犹”表达进一层的意思，“况”与“犹”相呼应，后一小句是反问，表示对程度上有差别的同类事例作出评判，“而”连接具有层进关系的小句。

则

“则”作连词用法比“而”简单，只表顺承的正接，不用于逆接。用在紧缩句和复合句中，用于紧缩句时，其前面小句是时间或条件限制；用于复合句时，“则”在后一小句句首。382例。

A. 用于紧缩句，连接前后两个有顺承或条件关系的谓词性成分。175例。

（16）勿（物）𧇛（壮）昗（则）老。（《老子甲》简35）

（17）𠭖（独）凥（处）昗（则）习父母之所乐。（《性自命出》简61）

（18）不安则不𤔲（乐）；不𤔲（乐）则亡悳（德）。（《五行》简6）

B. 用于复合句，处于句子主语之前，连接前后两个有顺承或条件关系的小句。207 例。

(19) 子曰：为上可䁒(望)而智(知)也，为下可䝨(类)而篩(等)也，㝵(则)君不㤻(疑)亓(其)臣，臣不惑于君。(《郭店简·缁衣》简 3、4)

(20) 及其尃(博)长而䛨(厚)大也，则圣人不可由与㙊之。(《成之闻之》简 27、28)

以

"以"在出土楚简文献中一般用作介词，但同时也作连词。作连词时，其语法功能是在两个谓词性成分之间起连接作用。战国楚地出土文献中，连词"以"520 例，能在以下一些语境中起连接作用：

A. 连接并列的两个动词、形容词及其词组，120 例。

(21) [天不足] 于西北，丌(其)下高以㢢(强)。陛(地)不足于东南，亓(其)上 [高以㢢(强)]。(《太一生水》简 13)

(22) 㸒(教)以豊(礼)，则民果以巠(劲)①。(《尊德义》简 13、14)

(23) 共(恭)以位(莅)之，则民又(有)㥶(逊)心。(《郭店简·缁衣》简 25)

B. 连接两个有承接关系的动作，或后一动作是前一动作的结果。65 例。

(24) 天陛(地)相合(合)也，以逾(降)甘霝(露)。(《老子甲》简 19)

(25) 既又(有)夫六立(位)也，以貢(任)此 [六戠(职)] 也。六戠(职)既分，以衮(裕)六悳(德)。(《六德》简 2)

(26) 夫亦䚬(将)智(知)足，智(知)足以朿(静)，万勿(物)䚬(将)自定。(《老子甲》简 13、14)

① 巠，刘钊(2003：133)读为"劲"。"果以劲"指果敢、强劲。

“以”所连接的承接关系，有的表示一种时间上的相承，有的表示一种事理上的相关。但也有的情况下，后一动作似乎是前一动作的一种目的。此类用例中“以”表示目的，相当于“来”。如：

(27) 子曰：又（有）或（国）者，章好章（瘅）亚（恶）以视民厚，则民青（情）不弍(忒)。(《郭店简·缁衣》简2)

(28) 天道贵溺（弱），雀（削）成者以嗌（益）生者，伐于勥（强），责于［口，是古（故）不足于上］者又（有）余于下，不足于下者，又（有）余于上。(《太一生水》简9.14)

(29) 是古（故）小人乱(乱）乱天棠（常）以逆大道，君子訂（治）人仑（伦）以川（顺）天悳(德)。(《成之闻之》简32、33)

C. 连接两个具有因果关系的小句。25例。

(30) 江海（海）所以为百浴（谷）王，以其能为百浴（谷）下，是以能为百谷王。(《老子甲》简3)

(31) 以其不静（争）也，古（故）天下莫能弃（与）之静（争）。(《老子甲》简5)

例（30）是果因果复句，用“所以……以……是以……”表示，“以”在表示原因小句前。例（31）是先因后果复句，“以”在表示原因的前一小句前。

与

“与”在出土文献中一般用作连词，但同时也作介词。作介词时，介词后的宾语可以省略。作连词时，连接并列关系的名词、数词、名词性短语和小句，98例。

(32) 名与身笃(孰）新（亲）？身与货笃（孰）多？贵→萓（持）与貞(亡）笃（孰）疠(病)。(《老子甲》简35、36)

(33) 乐与饵，华（过）客步（止）。(《老子丙》简4)

(34) 圣人之眚（性）与中人之眚（性），亓（其）生而未又（有）非之。(《成之闻之》简26)

(35) 酭（沈）尹子桱　（答）曰：“四与五之閈（间）虐(乎)?”

(《上博简·庄王既成》简2)

(36) 战与型(刑),人君之述(坠)悳(德)也。(《成之闻之》简6、7)①

及

"及"作连词时,连接两个具有并列关系的名词。6例。如:

(37) ……渚沮(沮)、章(漳)汲(及)江,圭(上)逾取蒿(稾)……(《葛陵1号墓简》简乙四9)

(38) 尹寡(诰)员(云):"隹(惟)尹躳(躬)及康(汤),咸(咸)又(有)一悳(德)。"(《上博简·缁衣》简3)

(39) 觊(兄)及弟淇,鲜我二人。(《上博简·逸诗·多新》简1)

且

连接具有并列关系的两个谓词性词语,5例。"且"写作"虘"或"虘"。

(40) 卡₌(上下)和虘(且)肙(辑)。(《曹沫之陈》简16)

(41) 《寺(诗)》员(云):"虘(吾)大夫共(恭)虘(且)韐(俭),林(靡)人不敛。"(《郭店简·缁衣》简26)

安(焉)

"安"和"焉"同属影纽寒部,所以"安"字的语法作用同"焉"。但"焉"字的一部分用法,"安"则没有。在出土文献中,"安"的形体有的省作"女",可作语气词和连词。作连词时,在下一小句开头连接两个具有顺承关系的小句。5例,全见于《老子丙》。如:

(42) 訐(信)不足,安(焉)又(有)不訐(信)。(《老子丙》简2)

① 整理者断为"战与型(刑)人,君之述(坠)悳(德)也",裘锡圭提出,应为"战与型(刑),人君之述(坠)悳(德)也"。"战与型(刑)"的意思是指战争与对人用刑这两件事。

(43) 古（故）大道发（废），安（焉）又（有）悬（仁）义。六新（亲）不和，安（焉）又（有）孝㜸（孳）。邦冢（家）緍（昏）［𢿢（乱），安（焉）］又（有）正臣。（《老子丙》简 2、3）

(44) 往而不害，安（焉）坪（平）大（太）。（《老子丙》简 4）

例（42）“安”，帛书甲本作“案”，帛书乙本作“安”，河上公本无“安”字，王弼本作“信不足焉，有不信焉”，王念孙《读书杂志》注王弼本《老子》云：“无下焉者是也，信不足为句，焉有不信为句。焉，于是也。言信不足，于是有不信也。”①例（43）“安”，帛书甲本用“案”，帛书乙本用“安”，河上公本和王弼本无“安”字，傅奕本作“焉”。“安”作“于是”解，符合道家老子贬抑儒家仁义的思想。老子认为大道高于仁义，只有大道废才有仁义出现。王引之《经传释词》卷二：“安，犹于是也，乃也，则也。安或作案，或作焉，其义一也。”② 杨伯峻云：“焉作连词，用在复句下一个分句开头，可译成“于是就”“就”“才”。”③ 引《国语·晋语二》“尽逐群公子，乃立奚齐，焉始为令，国无公族焉。”为证。“安”作连词用法见于《老子丙》。据《史记》记载，《老子》作者老聃为楚国苦县厉乡仁里人，约生活于公元前 571—前 471 年。苦县当时属于楚国。这说明“安”作连词的用法是当时楚地语言。

然后

连接在时间和事理上具有承接关系的两个小句。“然后”写作“肰句”。41 例。

(45) 能为𨿽（一），肰（然）句（后）能为君子，［君子］𣂼（慎）亓（其）𦍩（独）也。（《五行》简 16）

(46) 能遲（差）沱（池）其羿（羽），肰（然）句（后）能至哀。（《五行》简 17）

(47) 𠇷（必）正亓（其）身，肰（然）句（后）正世，𦔻（圣）

---

① 王念孙．读书杂志．南京：江苏古籍出版社，1985：1009．

② 黄侃、杨树达批曰：“此‘安’‘案’‘焉’皆‘于’之借。”王引之．经传释词．长沙：岳麓书社，1982：33．

③ 杨伯峻，等．文言常用虚词．长沙：湖南人民出版社，1981：284．

道备歖(矣)。(《唐虞之道》简3、4)

况

位于后一小句连接具有递进关系的两个小句。1例。

(48)龟沓(筮)猷(犹)弗智(知),而皇(况)于人虐(乎)?(《缁衣》简31)

连接递进关系的"况"与"犹"互文,形成框式结构"犹……况……",相当于"尚且……何况……"。该用法在楚地文献中少见。

或

连接具有选择关系的两项或多项成分,位于每一项成分前面。31例。

(49)乐,或生或教者也。(《语丛一》简36)

(50)凡眚(性),或䡾(动)之,或逆之,或交之,或万(砺)之,或出之,或羕(养)之,或长之。(《性自命出》简9、10)

(51)古(故)为正(政)者,或仑(论)之,或羕(养)之,或䌛(由)宔(中)出,或埶(设)之外。(《尊德义》简30)

"或"连接选择有一个特点,就是连续用多个"或"字,构成"或……或……或"形式,所选择的成分可以是动词或动词性词组。

然而

位于后一小句句首,连接两个具有转折关系的小句。9例。

(52)斱(慎),仁之方也,肰(然)而丌(其)华(过)不亚(恶)。(《性自命出》简49)

(53)臣是古(故)不敢㠯(以)古會(答)。肰(然)而古亦又(有)大道安(焉),必共(恭)僉(俭)㠯(以)导(得)之,而喬(骄)大(泰)㠯(以)遊(失)之。(《上博简四·曹沫之阵》简7、8)

唯(虽)

位于前一小句,连接两个具有让步关系的小句。16例。"虽"字写作"唯"。

(54) 唯（虽）又（有）眚（性），心弗取不出。(《老子甲》简18、19)

(55) 凡人唯（虽）又（有）眚（性），心亡（无）奠（定）志，扗（待）勿（物）而句（后）复（作），扗（待）兑（悦）而句（后）行，扗（待）习而句（后）奠（定）。(《性自命出》简1、2)

如

连接两个假设关系小句，“如”处于前一小句。字写作“女”。12例。①

(56) 道𢁉(恒)亡（无）名，僕（朴）唯（虽）妻（细），天陞（地）弗敢臣，厍（侯）王女（如）能兽（守）之，万勿（物）牆（将）自賓(宾)。(《老子甲》简18、19)

(57) 女（如）不能戠(识) 豸（貌），则百勿（物）具(具) 遊（失)。(《上博简七・凡物流行（乙)》简15)

(58) 女（如）牆（将）有败，䧺（雄）是为割（害)②。(《语丛四》简16)

苟

连接具有假设关系的两个成分，所连接小句无主语，直接放在谓词性词语前，字写作“句”。18例。

(59) 子曰：句（苟）又（有）车，必见其鼓（盖)；句（苟）又（有）衣，必见其㡀（黻)；人句（苟）又（有）言，必䎽（闻）亓（其）圣（声)；句（苟）又（有）行，必见其成。(《郭店简・缁衣》简40正、40背)

(60) 句（苟）以亓(其) 青（情)，唯（虽）怂(过) 不亚（恶)；不以亓（其）青（情)，唯（虽）难不贵。句（苟）又（有）亓（其）青（情)，唯（虽）未之为，䜣（斯）人訐(信) 之㠯(矣)。

---

① 君子女（如）谷（欲）求人衍(道) 口☐。(《六德》6) 此简文无下句，“如”的功能还不能确定，疑为假设连词。

② 陈伟（2002：239）读为“介”，有佐助、依凭义。

(《性自命出》简50、51)

“苟”多与“则”搭配，构成“苟……则……”框式结构。如：

(61) 句（苟）毋（无）大害，少枉（枉）内（入）之可也，巳（已）昊（则）勿复言也。(《性自命出》简61)

(62) 战与型（刑）人，君子之述（坠）悳（德）也。是古（故）走（上）苟身服之，则民必有甚安（焉）者。(《成之闻之》简6、7)

“苟”直接放在谓词性词语前，保留副词特征。

所以……以……（1），故（172），是以（16），是故（58），此以（6），因而（3），这一组词用在原因与结果复句中，位于后一小句句首表示结果作用，“故”字写作“古”。

(63) 江海（海）所以为百浴（谷）王，以其能为百浴（谷）下，是以能为百浴（谷）王。(《老子甲》简2、3)

(64) 夫乐［杀不可］以旻（得）志于天下。古（故）吉事上左，上䣞（将）军居右，言以䘮（丧）豊（礼）居之也。(《老子丙》简9、10)

(65) 唯（虽）戭（勇）力䎽（闻）于邦不女（如）材，金玉涅（盈）室不女（如）悬（谋），众（强）甚多不（如）（时），古（故）悬（谋）为可贵。(《语丛四》简24、25)

(66) 型（形）于审（中），发于色，亓（其）䊮（荡）也固㑥（矣），民（孰）弗（信）？是以上之亙（恒）务，在訐（信）于众。(《成之闻之》简25)

(67) 圣人谷（欲）不谷（欲），不贵难旻（得）之货；孝（教）不孝（教），逯（复）众之所㘒（过）。是古（故）圣人能专（辅）万勿（物）之自肰（然），而弗能为，衍（道）亙（恒）亡（无）为也。(《老子甲》简11—14)

(68)《大禹（禹）》曰：“余才（兹）厇（宅）天心。”害（盖）此言也，言余之此而厇（宅）于天心也。是古（故）君子箬（簟）箬（席）之上䛐（让）而爰（援）學（幼）；朝廷之立（位），䛐（让）而凥（居）戋（贱），所厇（宅）不远㑥（矣）。(《成之闻之》简33、34)

(69) 及其尃(博)长而厚(厚)大也,则圣人不可由与墠之。此以民皆又(有)眚(性)而圣人不可莫也。(《成之闻之》简 27、28)①

(70) 大材埶(设)者(诸)大官,少(小)材埶(设)者(诸)少(小)官,因而它(施)彔(禄)安(焉)。(《六德》简 13、14)

而后

位于在时间与事理上相承的复句后一小句句首,表示承接,"后"字写作"句"。16 例。如:

(71) 又(有)命又(有)𡕒(文)又(有)名,而句(后)又(有)䋊(伦)。(《语丛一》简 4、5)

若

"若"表假设,有"如果"之意,1 例。出现在《上博简》第 7 册中。如:

(72) 㝔(寡)君曰:"孤居𠈇(保)系绔之中,亦唯君是望。君而或言,若是,此则社禝(稷)……两君之忍(顺)之,则君之志也。两君之弗忍(顺),敢不丧?道(导)吕(以)告吴,青(请)城(成)于楚。"(《上博简七·吴命》简 2、3)

例(72)中,"若"作连词,表假设,有"如果"之意,与下文"则"相对应。楚简中"若"很少用作假设连词。

二 楚简连词的特点

2.1 楚简连词小结

战国楚地出土文献中,连词共有 22 个,主要还是单音词,占了 14 个,有而、以、与、则、且、及、安、或、如、苟、若、虽、故、况。复音词少见,只有 8 个,有"所以……以……、是以、此以、是故、然后、

① 战国时期"是以"处于虚化成词的早期,有的结构还宜看作短语。如:𡥈(教)此以遊(失),民此以𢙐(烦)。(《郭店简·缁衣》简 18)

然而、因而、而后”。从用法上说，联合连词9个，主从连词13个，主从连词略多于联合连词。在联合连词中，并列连词有“与、而、以、且、及”5个；承接连词有“而、以、则、安、然而、然后、而后”7个；递进连词有“况”；选择连词有“或”。在主从连词中，让步连词有“而、虽”2个；假设连词有“如、苟、而、若”4个；条件连词有“则、而”2个；因果连词有“所以……以……、故、此以、是以、是故、因而”6个；目的连词有“而、以”2个；修饰连词有“而、以”2个。可见看出，“而、以、则”3个词功能齐备，用法多样，其他词用法单一。“而、以、且、及”4个词可以用在单句中连接词和词组，其他词则用在复句中连接小句。

连词在句子中位置单一。在单句中，连词连接的词只能是名词、动词和形容词，多为单音节成分。连接名词时，该结构作主语或宾语；连接动词和形容词时，该结构作谓语。连词所连接成分一般只能是一类，很少有多类。在复句中，大多数连词位于后一小句，用作后置连词，只有“虽、如、苟、若”用作前置连词。一部分后置连词只能出现在隐含主语的情况下，既可以当作连词也可以当作副词，虚化还没有彻底完成，处在副词向连词发展的道路上。框式连词很少，运用框式连词来表示逻辑关系的情况尚处于萌芽阶段。

2.2　与秦简比较看战国楚地连词的特点

秦简主要以6种秦地简帛文献为代表①，通过比较，我们发现战国楚

---

①　秦地简帛文献共6种，约65 400字。1.《睡虎地11号墓秦简》，38 000字，据睡虎地秦墓竹简整理小组编《睡虎地秦墓竹简》（文物出版社，1990年）。2.《龙岗秦简》，2 500字，据《云梦龙岗秦简》（刘信芳、梁柱编著，科学出版社，1997年）。3.《放马滩秦简》14 000字。4.《周家台秦简》7 000字，据中华书局2001年出版的《关沮秦汉墓简牍》中《周家台三〇号秦墓简牍》。5. 散见秦简三种：《青川木牍》150字、《睡虎地4号墓秦牍》600字、《岳山秦牍》700字。6.《岳麓书院藏秦简》，2 500字，六大类：（1）《日志》；（2）《为吏之道》；（3）《梦书》；（4）《数书》；（5）《奏谳书》；（6）《律令杂抄》。需要注意的是，其中的《日书》是日候时占人事吉凶的历书，与当地民俗关系密切，不能简单地看作秦地语料；《为吏之道》内容纷杂，既有秦律，也有魏律，也不算是纯粹的秦地语料。有关内容可参考张显成《秦简逐字索引》（四川大学出版社，2010年）。顺便提出，龙山里耳秦简，3 500字，属于秦代，但属于楚地语言，不纳入秦地文献。

地出土文献连词有如下特点：

A. 楚地和秦地连词系统基本形成，并且基本一致，联合连词和主从连词都使用成熟。两者不同点主要表现在以下四个方面：a. 楚地因果连词普遍使用，词项多达 6 个，而秦地少见，只有 2 个。b. 楚地连词并用现象突出，有“则……则……”“则……是以/故……”“虽……而……”“或……或……或……”“所以……以……是以……”等形式，连接并列、因果、让步或转折等关系成分。秦地只有“则……则……”“虽……而……”两种形式。c. 楚地连词一词多功能现象突出，而秦地多词单功能的特征明显。d. 并列连词“与”“及”和假设连词“如”“若”在楚、秦两地的分布存在差异：楚地多用“与”和“如”，而秦地多用“及”和“若”。

B. 并列连词“与”和“及”在楚、秦两地都有使用，但在数量上存在差异。

之前，大西克也（1998）提出，并列连词“及”是秦语特有的，“与”是楚语特有的。但事实上，我们发现它们在楚语和秦语里都有使用，只是在数量上存在差异。秦语中“及”字多见，“与”字少见，而楚语中“及”字少见，“与”字多见。造成这一现象有多方面的原因，其主要有二：a. 秦统一之前，共时地域之别所致，秦地为雅言，用“及”作并列连词，楚地为南方方言，用“与”作并列连词，因为黄河之隔所致。秦统一中国后，秦的影响扩大，语言融合，使得“及”在楚地发展，“及”在秦地使用。b. 与二者历时语法化进程有关。“与”语法化晚于“及”，最先“及”已经在先秦作并列连词，春秋战国“与”逐渐替代“及”，于是“与”在楚地广泛使用。假设连词“如”和“若”在秦地和楚地分布也存在差异，其原因与并列连词“与”和“及”类似。

C. 顺接连词“安”只在楚地使用，秦地没有。这反映了楚地语言特点。

2.3 与传世文献比较看战国楚地连词的特点

传世文献主要以《吕氏春秋》和《晏子春秋》两部文献为代表①，通

---

① 姚振武.《晏子春秋》词类研究. 开封：河南大学出版社，2005；殷国光.《吕氏春秋》词类研究：增订本. 北京：商务印书馆，2008.

过比较，发现战国楚地出土文献连词有如下特点：

A. 连词使用不如传世文献丰富。战国楚地出土文献中，连词共有22个，单音词14个，复音词8个；联合连词9个，主从连词13个；而《吕氏春秋》中，连词共有35个，其中联合连词19个，主从连词16个；单音连词30个，复音连词5个。拿《吕氏春秋》和《晏子春秋》两部文献比较，这个数量远远不如传世文献。

B. 假设连词“若”，选择连词“与”“与其”“其”“亡其”，条件连词“无”“无有”，这些连词在战国楚地没有出现或很少出现。但表示因果的“所以……以……是以……”形式和表示选择的“或……或……或……”形式在战国楚地多有使用，这一类形式特殊，富有特色，而在《吕氏春秋》和《晏子春秋》这类传世文献中少有出现。

C. 战国楚地出土文献中连词“而”用法非常成熟。用于连接顺接和逆接关系的成分，所连接的成分关系有并列、转折、顺承、修饰。其用法与传世文献基本接近。

“而”字有两个问题需要讨论，第一，“而”所连接的成分，第二，“而”字的功能。“而”连接词语一般是谓词性谓语，但有时“而”前面也会有名词出现，此时，这个名词也当看作体词性谓语。这种情况在出土文献中极少出现。如：

(1) 人而亡亙（恒），不可为卜箁（筮）也。（《郭店简·缁衣》简45）

例（1）释为：如果作为人而没有恒心，这样的人不可以做占卦之事。“而”在体词性谓语“人”和谓词性谓语“亡恒”之间，连接具有转折关系的成分。《论语·子路》中有“人而无恒”句，王力《古代汉语》、杨伯峻《论语译注》都把“而”看作假设连词，其实这是一种误解。表假设属于该复句的语法功能，不属于“而”字的功能，“而”只是一种连接功能。如：

(2) 景公饮酒乐，公曰：“古而无死，其乐若何？”晏子对曰：“古而无死，则古之乐也，君何得焉？”（《晏子春秋·外篇晏子谏》）

(3) 景公出游于公阜，北面望睹齐国曰："呜呼！使古而无死，何如?"晏子曰："昔者上帝以人之殁为善，仁者息焉，不仁者伏焉。若使古而无死，丁公、太公将有齐国，桓、襄、文、武将皆相之，君将戴笠衣褐，执铫耨以蹲行畎亩之中，孰暇患死！"(《晏子春秋·内篇晏子谏》)

关于"而"的功能特点，目前一部分学者（如杨树达）认为，"而"的功能表示并列、顺承、递进、转折、假设等。我们认为，并列、顺承、递进、转折、假设等功能都是语境所决定的，不是"而"所决定的。"而"只有一种基本职能，就是把并列、顺承、递进、转折、假设等不同关系的结构连接起来。看起来好像"而"有并列、转折、假设、因果等作用，似乎显得"而"有各种不同的功能，其实"而"并没有这些功能，它只有一种语法功能——连接。

2.4 与甲骨文和金文比较看战国楚地连词的特点

甲骨文和金文主要以《甲骨文校释总集》和《殷周金文集成释文》两种语料为代表①，通过比较，发现战国楚地出土文献连词有如下特点：

A. 连词使用的句法环境更广泛，可以在单句和复句中出现。在单句中，战国楚地连词所连接的词有名词、动词和形容词。连接名词时，该结构作主语或宾语；连接动词和形容词时，该结构作谓语。在复句中，战国楚地连词大多数位于后一小句，用作后置连词，只有极少数用作前置连词。框式连词用法很少，运用框式连词来表示各种逻辑关系的情况尚处于萌芽阶段。

B. 战国楚地出土文献连词系统趋于成熟，这主要表现在词项数量增多、语法功能扩大和出现的句法环境扩展三个方面。据管燮初（1953）研究，甲骨文出现少数连词，有：惠、于、有、罪、自、氏、从、以，共8个，用于连接名词和数词。金文连词有所增加，有：叀、復、隹、罪、征、乃、迺、则、乍、肆、既、其、彶、又、有、用、逌、雩、于、以、

① 曹锦炎，沈建华. 甲骨文校释总集. 上海：上海辞书出版社，2006；中国社会科学院考古研究所. 殷周金文集成释文. 香港：香港中文大学中国文化研究所，2001.

古、故、爰、宂。用于连接并列和偏正关系的句子成分和分句，并列关系所连接的成分有名词、动词、形容词、数词、体词，偏正关系所连接的有相承、递进、条件、让步、因果。① 楚地文献中连词词项数量增多了，语法功能扩大了，句法环境扩展了。

C. 一部分后置连词虚化还不彻底，处在副词或介词向连词发展的道路上。如连接顺承的“安”，连接因果的“以”。

本书从连词语法意义、连接对象、在句中的位置、连词连用及搭配使用等方面进行了描写，我们的目的是探求战国楚地出土文献连词特征，这就要求我们做更多的工作，从共时和历时角度，通过对比方法去做进一步研究。一是把战国楚地出土文献与同期秦地出土文献做对比，二是把战国楚地出土文献与同期传世文献做对比，三是把战国楚地出土文献与甲骨文金文做对比，并做出分析和研究。只有这样战国楚地出土文献连词的特征才能显现出来。也只有这样，战国楚地出土文献语言特色和语言风格才能反映出来。

三　析连词“意微”

3.1　“意”的训释

上海博物馆藏出土战国楚竹书（七）《武王践阼》简1：

(1) 武王问于师尚父，曰：“不知黄帝、颛顼、尧、舜之道在乎？意敚（微）丧不可得而睹乎？”师尚父曰：“在丹书。”（《上博简七·武王践阼》简1）

整理者陈佩芬注：“‘意’谓‘推测’。‘敚’与‘微’通。《说文通训定声》：‘微假借为敚。’‘微丧’，衰亡。”②

《武王践阼》也见于传世文献《大戴礼记》，内容相同，文字有异。

① 管燮初. 殷墟甲骨刻辞语法研究. 北京：科学出版社，1953：41-48；管燮初. 西周金文语法研究. 北京：商务印书馆，1981：190.

② 陈佩芬. 《武王践阼》释文考释//马承源. 上海博物馆藏战国楚竹书（七）. 上海：上海古籍出版社，2008：152.

《大戴礼记》内容为：

(2) 召师尚父而问焉，曰："黄帝、颛顼之道存乎？意亦忽不可得见与？"(《大戴礼记·武王践阼》)

孔颖达在《学记》正义、王聘珍在《大戴礼记解诂》中都把"意"释为"意念"，《解诂》引孔氏《学记》疏云："言意恒念之，但其道超忽已远，亦恍惚不可得见与？"① 这是旧训诂学的释义方法，据字形强为之解，意在明经。

陈佩芬把"意"释为"推测"义，没有脱离旧训诂学。因为现代语言学词汇训释需要把词汇训释与文字、语法联系起来，才属于现代语言学的词汇研究。从文字角度看，"意"借作"抑"；从语法角度看，凡有"推测"义的"意"，当有动词和副词两种用法，陈佩芬没有把两种用法区分开来。用作动词的"意"，一般充当谓语。而作推测副词的"意"，则一般视为借字"抑"。如：

(3) 意仁义其非人之情乎！彼仁人何其多忧也？(《庄子·骈拇》)

春秋战国时期，"意"副词和连词用法都属于"抑"的用法，"意"只是"抑"的音近异形，"意"与"抑"音近而借用是普遍现象。所以王念孙《读书杂志》云："'意'与'抑'同。"据此，此例中"意"用作副词，读作"抑"，表示揣测义，相当于"大概""也许"。复旦大学出土文献与古文字研究研究生读书会认为，例 (1) 中"意"读为"抑"，表示"或者""抑或"。并引孙诒让说"与抑同"。"意"普遍读为"抑"，这是词汇历史语言社会性的表现。

而直到现代研究，大多还把作副词"抑"与副词"意"看作两个词。② 如：

---

① 王聘珍. 大戴礼记解诂. 北京：中华书局，1983：103. 张玉金说，孔颖达《学记》正义、王聘珍《大戴礼记解诂》均在"意"后断句，把"意"看作实词，训为"意念"，这都是错误的。张玉金.《大戴礼记·武王践阼》新证. 华南师范大学学报（社会科学版），2012(2)：114-121.

② 胡敕瑞说，现代学者普遍忽略了"抑"与"意"相通的事实，在不少著作中，多把它们看成两个不同的选择连词。胡敕瑞. 将然、选择与意愿：上古汉语将然时与选择问句标记. 古汉语研究，2016 (2)：22.

(4) 夏，旱，公孙卿曰："黄帝时封则天旱，乾封三年。"上乃下诏曰："天旱，意乾封乎？其令天下尊祠灵星焉。"(《史记·封禅书》)①

(5) 孟尝君为从，公孙弘谓孟尝君曰："君不若使人西观秦王，意者秦王帝王之主也，君恐不得为臣，何暇从以难之？意者秦王不肖主也，君从以难之未晚也。"(《吕氏春秋·不侵篇》)

(6) 咎犯闻之不喜而哭，意不欲寡人反国邪？(《韩非子·外储说左上》)

(7) 知不足邪？意知而不能行邪？(《庄子·盗跖》)

(8) 仲子所居之室，伯夷之所筑与？抑亦盗跖之所筑与？(《孟子·滕文公下》)

杨伯峻《古汉语虚词》第 273 页立"抑"字条，又在第 275 页立"意"字条。对于例 (4) (5) 中的"意"，杨伯峻说："'意'可作传疑副词，表示不肯定，也作'意者'。"把作副词和连词的"意"与"抑"看作两个词。中国社会科学院语言研究所古代汉语研究室编《古代汉语虚词词典》第 727 页立"抑"字条，又在第 729～730 页立"意"字条。对于例 (6) 中的"意"，该词典说："'意'，副词，表示对动作行为或情况的揣测，可译为'大概'、'也许'。"② 也是把作副词和连词的"意"与"抑"看作两个词。例 (7) (8) 中的"意"和"抑"，吕叔湘说："所用关系词有'意'、'抑'。"③ 此类观点，无疑都把"意"与"抑"看作两个词。

其实，上面例中"意"都应看作"抑"。虚词"意"在春秋战国时期常借作"抑"，当作副词和连词时，"意"就是"抑"的同词异形。胡敕瑞 (2016) 它们音近而通，具有借用关系。"意"是本字，"抑"是借字。作

---

① 杨伯峻引文作：公孙卿曰："黄帝时，封则天旱。"乾封三年，上乃下诏曰："天旱，意乾封乎？"杨伯峻. 古汉语虚词. 北京：中华书局，1981：275.

② 中国社会科学院语言研究所古代汉语研究室. 古代汉语虚词词典. 北京：商务印书馆，1999：729-730.

③ 吕叔湘. 中国文法要略//吕叔湘全集：第一卷. 沈阳：辽宁教育出版社，2002：286.

副词和连词的“抑”源于“意”的虚化和语法化，人们在使用中把作副词、连词的“意”都看作“抑”字，这就是“抑”和“意”的社会性表现。①

3.2 “微”的隶定和训释

“𢼸”的楚文“𢼸”，有的学者将其隶为“𢼸”，有的则将其隶为“几”。关于该字的释读，目前观点众多，但都未得到学界一致认可。下面，罗列学界对于楚文“𢼸”隶定和释读的各种观点：

第一种观点，把楚文“𢼸”隶作“𢼸”，有多种不同的释读：

a. 何有祖支持整理者看法，把“𢼸丧”读为“微丧”，指衰微、衰亡。② 但是“微丧”这一词汇形式在当时很少使用。

b. 陈伟把“𢼸丧”读为“微茫”，指隐约暗昧之意。③

c. 高佑仁把“𢼸丧”读为“微亡”，指式微灭亡之意。④

d. 陈治军把“𢼸丧”读作“迷茫”或者“恍惚”。⑤

e. 宋华强认为简文“𢼸丧”即“微忽”，指事物微细难辨。⑥

上面所释读“微丧”“微茫”“微亡”“微忽”均非当时常用词，而是偏僻词，很少使用。有的词在春秋战国时期还从未出现过。

第二种观点，把楚文“𢼸”隶作“几”，也有多种不同的释读：

a. 读书会把“𢼸”改读为“几”，借为“岂”，与后文连读为“岂丧”，指差不多。⑦

b. 廖名春把“𢼸”改读“几”，当读如字，意近于“无”，与后文连

---

① 关于副词、连词“抑”的语法化演变，可参见龙国富. 假借与语境吸收：论汉语虚词“抑”的语法化. 语文研究，2016（4）：47-52.

② 何有祖. 上博简《武王践阼》初读.（2007-12-04）. 简帛网.

③ 陈伟. 读《武王践阼》小札.（2008-12-31）. 简帛网.

④ 高佑仁. 也谈《武王践阼》简1之“微丧”.（2009-01-13）. 复旦大学出土文献与古文字研究中心网.

⑤ 陈治军. 上博七《武王践阼》“迷茫”试读.（2013-01-01）. 复旦大学出土文献与古文字研究中心网.

⑥ 宋华强.《武王践阼》“微忽”试解.（2009-07-07）. 简帛网.

⑦ 复旦大学出土文献与古文字研究研究生读书会.《上博七·武王践阼》校读.（2008-12-30）. 复旦大学出土文献与古文字研究中心网.

读为“几丧”，指差不多完了。① 刘洪涛也有类似的观点，他说“散”为“几”，“丧”读为“没”，“几丧”即差不多没了。②

c. 林清源改释“散”为“几”，与前文连读为“意几”，读作“抑岂”，作连词，如同“抑亦”。③ 这一类观点把楚文“散”隶为“几”，不符合实际。

上面所释读“岂丧”“几丧”也都很少使用，是偏僻词。古汉语中“抑岂”与“抑亦”是两个不同的词汇，“抑亦”即“抑”，而“抑岂”是两个虚语素，“抑”可以作揣测副词，“岂”可以作反诘副词，或都作反诘副词。如《左传·成公二年》：“夫齐，甥舅之国也，而大师之后也，宁不亦淫从其欲以怒叔父，抑岂不可谏诲?”

第三种观点，季旭昇认为楚文“”隶定难以确定，或作“散”，或作“几”。④

我们认为，楚文“”当隶作“散”，而不当隶作“几”。

先看“散”的字形：

“散”最早见于甲骨文，如“”（甲骨文《陈》23），“”（甲骨文《京都》2146）。⑤ 字从攴完声。典籍通作“微”。《诗·邶风·柏舟》：“日居月诸，胡迭而微。”“散”，左偏旁“”，何琳仪释作“完”，象人戴羽毛饰物之形。⑥ 金文与甲骨文同，如“”（周早如尊），“”（周晚牧师父簋）。战国文字承袭金文，楚文“完”字作偏旁时上部形体开口可以向左，也可以向右。如“”（春秋石鼓马荐），“”（《上博简三·周易》简24）和“”（《上博简四·曹沫之阵》简24）。依何琳仪，上从羽下从人，上部偏旁共四画，开口可以向左，也可以向右。⑦ 那么，当开口向右

① 廖名春. 上海博物馆藏楚简《武王践阼》篇管窥//新出楚简试论. 台北：台湾古籍出版有限公司，2001：261.

② 刘洪涛. 用简本校读传本《武王践阼》.（2009-03-03）. 简帛网.

③ 林清源. 博简《武王践阼》“几”、“微”二字考辨.（2009-10-13）. 简帛网.

④ 季旭昇. 上博七刍议.（2009-01-01）. 复旦大学出土文献与古文字研究中心网站.

⑤ 高明. 古文字类编. 增订本. 北京：中华书局，1998：422.

⑥ 何琳仪. 战国古文字典. 北京：中华书局，1998：1305. 黄德宽也说，“完”甲骨文作“”，象人戴羽饰形。黄德宽. 古文字谱系疏证. 北京：商务印书馆，2007：3188.

⑦ 何琳仪. 战国古文字典. 北京：中华书局，1998：1305.

时，它们就与楚文“□”字左形相同，“□”字左从岂右从攴，宜当隶作“敳”。

再看“几”的字形：

“几”最早见于金文，如“□”（周中簋父壶），“□”（周晚□伯簋）。① 字从人从□，□亦声，指人在机滕之上。②《说文·丝部》：“几，微、殆也。从丝（丝）、戍。戍，兵守也。”“微、殆”为“几”的引申用法。战国文字承传金文。③ 楚文“几”字，或从人从□，如“□”（《上博简二·民之父母》简1），“□”（《上博简四·曹沫之阵》简21）。或从人从□，如“□”（《上博简四·曹沫之阵》简42）。可见，楚文“几”字从“□”中的“丝”省形或从“□”中的“丝”形，与楚文“□”字从“岂”的上部形体字形有别。

从“敳”“几”的字形演变看，楚文“□”字当隶作“敳”，读为“微”，不宜隶作“几”。

3.3 从“意微”的训释看简帛文献词汇释读

3.3.1 语言具有社会性，这是普通语言学的基本原理。历史语言同样具有社会性，这是历史语言学的基本原理。这种社会性在历史词汇中的表现有两个方面：

A. 语言是某特定历史时期人们交往时一种稳定的社会工具，历史词汇应该是当时社会中的常用词和常用义，而不是偏僻词和偏僻义。

B. 语言是某特定历史社会群体所交际的载体，历史词汇具有时代特征，新词新义的产生是时代的产物，是当时特定历史社会语言交际需要的产物。④

以上关于“微”的释读，出现“微丧”“微茫”“微亡”“微忽”“岂丧”“几丧”“抑岂”等诸词汇。从语言社会性看，这些词汇并不是当时社会普遍存在的常用词常用义，也不是当时新词新义。其实，“微”不是与

① 高明．古文字类编．增订本．北京：中华书局，1998：848．

② 黄德宽．古文字谱系疏证．北京：商务印书馆，2007：2923．

③ 何琳仪．战国古文字典．北京：中华书局，1998：1184．

④ 索绪尔．普通语言学教程．高名凯，译．北京：商务印书馆，1980．

后文"丧"连读，而是与前文"意"连读为"意微"，读为"抑无"。"抑无"是春秋战国时期固定结构，为常用词，其表揣测和选择是常用义。林清源意识到"意"与后文"微"连读，但是把"微"隶为"几"，不符合实际，又读为"岂"，认为"抑岂"就是"抑亦"，这也不符合语言社会性原则。因为，简文"[illegible]"不隶作"几"，又加之"抑岂"在当时不是一个词，而是两个词。

3.3.2 我们认为"微"当与"意"连读，作"意微"一词，读作"抑无"，作连词，表示选择。其理由：

A. "意"与"抑""微"与"无"语音相通。"意"，影母职部；"抑"，影母质部，声母为双声，韵部为职质旁转。"微"，明母微部；"无"，明母鱼部，声母为双声，韵部为微鱼旁转。①

B. "微"与"无"通用普遍。如：

(1) 晏子被元端，立于门曰："诸侯得微有故乎？国家得微有事乎？君何为非时而夜辱？"(《晏子春秋·内篇杂上第十二》)

文廷式云："微，犹无也，下文司马穰苴语同。"吴则虞案：《说苑》"事"作"故"。"得微"即"得无"，副词，表示疑问语气。"诸侯得微有故乎？国家得微有事乎"之大意为：诸侯能够做到没有变故吗？国家能够不发生变故吗？② 又如：

(2) 穰苴介胄操戟立于门曰："诸侯得微有兵乎？大臣得微有叛者乎？君何为非时而夜辱？"(《晏子春秋·内篇杂上第十二》)

文廷式云："微，犹无也。"苏舆云："《治要》'叛者'作'兵'，下有'大臣得微有不服乎'一句。"③ 又如：

(3) 今民生长于齐不盗，入楚则盗，得无楚之水土使民善盗耶？"(《晏子春秋·内篇杂下第十》)

---

① 黄侃合脂微为一部，王力分为二部。王力认为直到南北朝时期脂微还是分立的。王力. 汉语语音史//王力文集：第10卷. 济南：山东教育出版社，1990：47.

② 吴则虞.《晏子春秋》集释. 北京：中华书局，1982：319.

③ 同②，320.

吴则虞案：《艺文类聚》“善”作“为”。书钞作“水土使之为盗耶”。《白帖》九十九作“岂非楚之水土使然乎”。[1] “得无”，《白帖》作“岂非”。姚振武认为，在《晏子春秋》中，“得微”和“得无”通用，表示疑问或者反问。“微”和“无”的声母相同，韵部也相近。[2]

(4) 式微式微，胡不归？微君之故，胡为乎中露？（《诗·邶风·式微》）

(5) 微我，晋不战矣。（《国语·周语中》）

(6) 庄王曰：“君之不令臣交易为言，是以使寡人得见君之玉面而微至乎此。”（《公羊传·宣公十二年》）

例（4）中的“微”，王引之《经传释词》：“微，无也。”例（5）中的“微”，毛传、韦注并曰：“微，无也。”例（6）中的“微”，王引之《经传释词》：“微，无也……言寡人得见君面，徒以君之不令臣为恶言，激怒使然耳。而其实贰而伐之，服而舍之，无或至于灭国迁君若此之甚也。”何休注曰：“微，喻小也。积小言语以致于此。”王引之《经义述闻》云：“何注失之。”

C. “意亡”通“抑无”。如：

(7) 为其上中天之利，而中中鬼之利，而下中人之利，故誉之与？意亡非为其上中天之利，而中中鬼之利，而下中人之利，故誉之与？（《墨子·非攻下》）

王引之《经传释词》：“意与抑同，亡与无同，皆语词也。”再如：

(8) 然今夫有命者，不识昔也三代之圣善人与？意亡昔三代之暴不肖人与？（《墨子·非命下》）

苏舆云：“意与抑义同。‘亡’字疑衍，或有误。”吴毓江校注：“意亡，抑也，转语词。”[3] 我们支持吴毓江“意亡”读“抑”的观点，不支持苏舆“亡”为衍文或误文的观点。

---

① 吴则虞.《晏子春秋》集释. 北京：中华书局，1982：395.

② 姚振武.《晏子春秋》词类研究. 开封：河南大学出版社，2005：178.

③ 吴毓江. 墨子校注. 北京：中华书局，1993：222.

D. “意亦”通“抑亦”，即指“抑”。如：

(9) 不知天将以为虐乎？使翦丧吴国而封大异姓乎？其抑亦将卒以祚吴乎？其终不远矣。(《左传·昭公三十年》)

(10) 将以穷无穷，逐无极与？意亦有所止之乎？(《荀子·修身》)

王引之《经传释词》：“抑亦，或作‘意亦’，或作‘噫亦’，或作‘亿亦’，声义并同，词之转也。”“意亦”同“意无”，读为“抑”。

E. “意者”通“抑者”，即指“抑”。如：

(11) 意者君乘驳马而洀桓，迎日而驰乎？(《管子·小问》)

(12) 其抑者从横之事复起于今乎？(《汉书·叙传》)

王引之《经传释词》曰：“意者，亦疑词也。或作‘抑者’。意者’之言‘或者’也。”“意者”同“意无”，读为“抑”。

F. 传世文献“意亦”与出土文献“意微”相对应。如：

(13) 不知黄帝、颛顼、尧、舜之道在乎？意微丧不可得而睹乎？(出土本《上博简七·武王践阼》简1、2)

(14) 黄帝、颛顼之道存乎？意亦忽不可得见与？(传世本《大戴礼记·武王践阼》)

例(14)中的“意亦”，王引之《经传释词》：“‘意亦’并与‘抑亦’同，词之转也。”又，《经义述闻》：“《大戴礼记·武王践阼》：‘意亦忽不可得见与？’王引之按‘意与抑同’。‘意亦’同‘抑亦’，‘亦’无义。”“意亦”，出土文献作“意微”，都用作“抑”。显然，“意无/意亦/意者”与“抑无/抑亦/抑者”同，都作“抑”。

3.3.3　关于“抑无”的语法意义。清代学者虽然发现了词汇和语音的关系，“意无”即“抑无”，但是还没有现代语义学观念，只意识到“抑无”是虚词，或说“抑无，词之转”，或说“抑无，词也”，不知道词汇和语法的关系。我们认为，“抑无”作连词，表示选择关系。其理由：

A. 词汇与语义关系上，“意微”连接前后两个具有对比意义的内容。

例（13）出土本中，前后两个小句具有对比关系。前一小句是说："黄帝、颛项、尧、舜之道在"，后一小句是说："黄帝、颛项、尧、舜之道丧不可得而睹"。两个小句的内容具有鲜明的对比性，可以用于表选择。例（14）传世本为："黄帝、颛项之道存乎？意亦忽不可得见与?"同样，这也是一个具有对比性的复句。其主旨在于"黄帝、颛项之道到底是存在还是不存在"。二者具有可对比的项，可以用于选择疑问。

B. 词汇与语法关系上，"意微"前后内容有对比性，且前后有选择关系的疑问语气词。出土本中有由选择关联语气词所组成的复句结构"……乎，……乎"。传世本中，也有由选择关联语气词"乎"和"与"所组成的复句结构"……乎，……与"。这类成对出现的语气词是上古汉语构成选择复句的重要标志。乂，"意微"在这种句法环境中语义虚化，其处于两个小句之间，容易受选择句法关系的影响，吸收选择意义。

综上所述，出土文献《武王践阼》中"意微"即"意无"，读作"抑无"，与传世文献"意亦/意者"用法相同，作连词，表示选择关系。

3.4 余论

语言具有社会性，这是普通语言学基本原则。同样历史语言也具有历史社会性，这是历史语言学基本原则。我们研究简帛文献的历史词汇，需要有一个语言社会性的观念，把词汇放到当时历史语言背景中去。就本书来说，作副词和连词时，"意"是"抑"的同词异形，"意无""意亦""意者"分别是"抑无""抑亦""抑者"的同词异形，在春秋战国时期是常用词汇。它们的用法都同"抑"，在句法中主要作副词，表示揣测，作连词，表示选择，这些是当时的常用义。这类常用词和常用义就是历史语言的社会性表现，在解释历史词汇时需要我们遵守。

可见，从语言社会性来看，简帛文献词汇所表达的，应该都是当时社会的常用词和常用义，而不是偏僻词和偏僻义；简帛文献中所产生的新词新义也应该都是当时社会所产生的，是当时特定历史语言交际需要的产物。我们在训释简帛文献词汇时，除非有了绝对可靠的证据，否则宁可依照常用词和常用义，不可依照偏僻词和偏僻义。依照偏僻词和偏僻义，曲解的危险性是很大的。① 古代训诂学家为了明经解经，有时刻意求新，引用古代字书和古注中的偏僻词和偏僻义，而曲为之解，这是不足为训的。我们不能再走旧训诂学的老路，要着眼于历史词汇的历史观和语言社会性原则，这是现代历史语言学和历史词汇学的理论方法。我们既需要从文献出发，又需要具有现代历史语言学和历史词汇学理论，把理论与出土文献的释读结合起来，并在研究中总结和发展历史语言学和历史词汇学理论。

四　析连词“意亡”和“殹亡”

4.1 研究现状

随着出土文献大量挖掘，出土文献词汇考释的任务摆在我们面前。目前出土文献词汇的释义取得了可喜成绩，但是也有释义值得进一步商榷。存有一个明显的现象是：不关注语言的社会性，采用旧训诂学方式对古代固定词汇进行分割，采用增字或减字的方法强为之解，以促成文意的勉强训释。如对“意亡”和“殹亡”的解释。

4.1.1　“意亡”

先看下面例句：

(1) 隹（惟）杍（梓）敝不义，逊（芃）于商，卑（俾）行量亡（无）乏。明$_{=}$（明明）才（在）向（上），隹（惟）容内（纳）棶（棘），意亡，勿甬（用）不忎（惎），思（使）卑脜（柔）和川（顺），眚（生）民不芓（灾），褱（怀）允。(《清华简一·程寤》简7、8)

《清华简一·程寤》篇是失传已久的《逸周书·程寤》的新发现，具有重要学术价值。其主旨叙及周文王之妻太姒梦见商庭生棘，太子发（即后来的周武王）取周庭梓树于其间，象征周即将代商。②

---

① 王力. 训诂学上的一些问题//王力文集：第19卷. 济南：山东教育出版社，1990：182-202；蒋绍愚. 王力先生的汉语历史词汇学研究. 北京大学学报（哲学社会科学版），2010（5）：125-131.

② 李学勤. 清华大学藏战国楚竹简（壹）. 上海：中西书局，2011：135.

整理者（2011：138）注：“敝，《左传》僖公十年注：‘败也。’迒，读为‘芃’，《诗·棫朴》：‘木盛貌。’量，训为界限，句谓所行之处无有困乏。在向，‘向’疑为‘尚’之误，读为‘上’。惟容内棘，‘内’即‘纳’，喻对小人亦予包容。‘意’读为‘億’，《左传》襄公二十五年注：‘意，度也。’億亡，度其将亡。惎，字原作‘忑’，疑为‘惎’。《说文》：‘毒也。’《说文通训定声》云：‘憎恶也。’或疑‘恶’字之省。芽，读为‘烖’（災），《尔雅·释诂》：‘危也。’怀，《说文》：‘念思也。’允，《尔雅·释诂》：‘信也。’”①

根据整理者和黄怀信释读，此例大意为：周之梓材不应败敝而茂盛于商，使周能量材而用无有困乏。明察之人能明察于上，包容周庭之朋比小人，料想其将灭亡，不任用之。要让他们谦卑柔和、和谐恭顺，百姓不受灾殃，内心诚实。② 关于“意亡”的解读，整理者理解为“度其将亡”。这里的问题是增加了“其”，有增字强解之嫌。

李锐（2011）对这段文字有不同解读，断句为：

(2) 惟梓敝不义，芃于商，俾行量无乏。明明在尚，惟容纳棘，意亡勿用不？使卑柔和顺，生民不灾，怀允。(《清华简一·程寤》简7、8)

李锐把“容”读为“欲”（引袁莹说），把“意亡”读为“抑无”，将“隹（惟）容（欲）内（纳）梂（棘），意亡勿甬（用）不”看作选择问句。他说，“意亡”，《墨子·非攻下》：“为其上中天之利，而中中鬼之利，而下中人之利，故誉之与？意亡非为其上中天之利，而中中鬼之利，而下中人之利，故誉之与？”王引之《经传释词》：“意与抑同，亡与无同，皆语词也。”③ 李锐根据王引之《经传释词》观点，把“意亡”读为“抑无”，这是科学的。但是他把“抑无”看作选择连词；同时把简文误读为

① 此处“億”不改简体是为了体现字形上谐声。李学勤．清华大学藏战国楚竹简（壹）．上海：中西书局，2011：138.

② 李学勤．清华大学藏战国楚竹简（壹）．上海：中西书局，2011：138；黄怀信．清华简《程寤》解读//鲁东大学学报（哲学社会科学版），2011（4）.

③ 李锐．《程寤》试读．(2011-03-24)．孔子2000网；吴毓江．墨子校注．北京：中华书局，1993：222.

“惟容纳棘，意亡勿用不”。这两点我们不赞成，因为丢失了“惎”，“不”字不应该与前文连读。有失字强解之疑。

子居（2011年6月）又有不同看法，他释读为：

(3) 惟梓敝，不义芃于商，俾行量亡正。明明在上，唯容纳棘，意亡。勿用不惎，使卑柔和顺，生民不菑，怀允。（《清华简一·程寤》简7、8）

其理解的大意为：因为梓材凋敝，使得如荆棘一般的不义之徒在商庭蔓延。即使其行为、商度皆无所正。天见甚明，因商庭所行既皆非正，故上天使其唯能容纳荆棘生长，意在使其灭亡。先教而后用，使臣卑柔和顺，百姓不受灾殃，至诚守信。子居把“意”释读为“用意”，“亡”释如字，灭亡之意。不妥。

4.1.2　“殹亡”

(4) 公剀（岂）不饱（饱）杺（粱）飤（食）肉才（哉）殹（也），亡（无）女（如）庻（庶）民可（何）？（《上博简二·鲁邦大旱》简6）

上例引《上博简二·鲁邦大旱》，此篇属于佚文，记载鲁哀公十五年发生大旱，哀公向孔子请教御旱之策。孔子主张御旱之良策是加强刑德之治，体现孔子利用天灾加强国治的思想。① 关于“殹亡”有以下三种不同释读：

第一，“殹”读为“也”，句末语气词，“亡”往下断。整理者马承源注：殹，读“也”，断在前一句末尾，“亡”读“无”，断在后一句，为“无如庶民何”。句谓大旱之年王公们照样饱粱食肉，庶民则无可奈何。② 马先生把“殹”和“亡”分开，“殹”释为语气词，与语气词“哉”连读。该释读存在两个问题：一是出土楚地文献中“殹”不作相当于句末语气词“也”的用法；二是古“哉也”语气词连用的在楚简中少见，不符合语言的社会性。

---

① 马承源．上海博物馆藏战国楚竹书（二）．上海：上海古籍出版社，2002：203.

② 同①，210.

第二，“殹”读为“繄”，语首助词，“亡”往下断。何琳仪认为“殹”读作“繄”，连下句。“繄”是语首助词，用法同“唯”。① 李学勤也认为，“殹”字应从何琳仪教授说，“亡（无）如”犹云“无奈”，可参看《礼记·哀公问》“无如后罪何”郑注。②

第三，“殹”读为“抑”，表示反诘，相当于“岂”，“亡”往下断。此为廖名春说。③

4.2 析连词“意亡”和“殹亡”

我们认为，上文例（1）“意亡”是固定结构，读为“抑无”，应该连后读作“意无不用不惎”，“抑无”作连词，表示轻度转折，相当于“而”。惎，张衡《西京赋》：“天启其心，人惎之谋。”“惎”有启发、教导义。④ 此例大意为：周之梓材败敝不义之徒而茂盛于商，周能量材而用，无有困乏。周武王能明察于上，包容接纳商之朋比小人，而不任用没有受过教化的人。要让臣谦柔和顺，不祸害百姓，这样才能取信于民。⑤例（4）中“饱粱食肉”是两个动宾结构，指吃着好饭好菜。“饱”和“食”作动词，相当于“吃饱食足”。此句大意：如果不举行旱祭，王公们照样能饱粱食肉，而百姓怎么办呢？“殹亡”也是固定结构，读为“抑无”，作转折连词，表示轻度转折，相当于“而”。我们为什么要把“意亡”和“殹亡”读为表转折的连词“抑无”呢？

第一，从语言历史性看。

汉语历史词汇研究首先要有历史观，需要把某阶段的词汇当作语言历史系统演变中一个共时现象，这个共时阶段的词汇离不开它历史演变的环节。这个词汇历史观包括两层意思：第一层意思是需要对每一个词所处某一历史阶段的意义进行研究；第二层意思是研究每个阶段的词汇需要把它放到整个词汇历史中去。

---

① 何琳仪．沪简二册选释．（2003-01-14）．简帛研究网．

② 李学勤．上博楚简《鲁邦大旱》解义．孔子研究，2004（1）：6．

③ 廖名春．上博藏楚简《鲁邦大旱》校补．古籍整理研究学刊，2004（1）．

④ 子居．清华简《程寤》解析．（2011-06-30）．简帛研究网．

⑤ 申超．清华简《程寤》主旨试探．管子学刊，2013（1）：96-100．

研究《程寤》中的“意亡”需要了解其历史状况。“意”字产生于西周，最初是名词，表示“志意、志向”，其在春秋战国发展很快，作动词表示“意愿、料想”，作名词有“意思、志趣”义。作副词和连词时，与“抑”音通而借用，字形多用“抑”，少用“意”。《左传》中作副词、连词用法共19例，全用借字“抑”，本字“意”不出现。如：

(1) 邓侯曰：“人将不食吾余。”对曰：“若不从三臣，抑社稷实不血食，而君焉取余?”(《左传·庄公六年》)

(2) 夫齐，甥舅之国也，而大师之后也，宁不亦淫从其欲以怒叔父，抑岂不可谏诲?(《左传·成公二年》)

作副词时表示揣测，例(1)大意为，邓侯说：“如果这样做，人们会唾弃我而不吃我剩下的东西的。”三位外甥回答说：“如果不听我们三个人的话，也许土地和五谷的神明就得不到祭享，君王到哪里去取得祭神的剩余?”(杨伯峻译)清吴昌莹《经词衍释》卷三：“抑，犹将也。”“抑”“将”都作揣测副词。作连词时表示选择和转折。例(2)大意为：齐国和周室是甥舅之国，而且是姜太公的后代，叔父攻打齐国，也许是齐国放纵了私欲以激怒了叔父，或是齐国已经不可谏诤和教诲了。(杨伯峻译)“抑”表选择。“意”语义的历史演变为：意愿义发展为料想义，作谓语，由此虚化为表揣测的副词，再由此进一步虚化为表选择的连词。春秋战国时期大量使用，字形少数用“意”，绝大多数用“抑”，秦汉文献中统一为“抑”。

在“意”演变过程中，春秋战国阶段“意”主要用法是借为“抑”，有单音节形式，也有双音形式“意亡”，都广泛作副词和连词。如：

(3) 为其上中天之利，而中中鬼之利，而下中人之利，故誉之与?意亡非为其上中天之利，而中中鬼之利，而下中人之利，故誉之与?(《墨子·非攻下》)

(4) 然今夫有命者，不识昔也三代之圣善人与?意亡昔三代之暴不肖人与?(《墨子·非命下》)

双音节除了“意亡”以外，还有“意亦、意者”，都作“抑”。

第二，从语言社会性看。

语言社会性原则是语言学的重要原则。历史词汇学研究中，王力先生在谈及治学经验时就曾经提出，在历史词汇注释中，要注意语言社会性。因为语言是社会的产物，每一个人说话交流都需遵守社会语言的规律。没有社会就没有语言，语言是社会约定俗成的规则。这也是一个普通语言学原理，我们研究语言，就要注意语言社会性。①他说，必须正确了解古人语言，我们所做的解释才是正确的，否则即使把句子讲通了，也可能只是注释人自己的意思，而不是古人原意。②

历史词汇的社会性主要表现为两个方面③：

A. 一定历史各个阶段都是用常用词汇和常用词义，而不用或很少用偏僻生词和生义。王力先生说：从语言的社会性来看，任何历史时期，语言的词汇所表达的都是经常的意义，而不是偏僻的意义。在注释古书时，除非有了绝对可靠的证据，我们宁可依照常义，不可依照偏僻义。依照偏僻义，曲解的危险是很大的。还有一种情况，连偏僻义也谈不上，那就是某字书中说某字有某义，但是在古人的著作中无从证实。

B. 词汇和社会以及文化的关系。词汇语义的历史是社会、文化的一部分。今天不会产生像畜牧时代那样关于畜牧的丰富词汇和词义。④

“意”，在先秦可以是单音节作名词、动词以及通用为“抑”作副词和连词，作副词和连词时也可以用双音节“意亡、意亦、意者”，也都通作“抑无、抑亦、抑者”，可见表 6-1。

从表中统计的使用情况看，春秋战国时期，“意”常见的用法是动词、名词和假借作“抑”。“抑”作副词和连词也是常见用法，其常见文字形体有：单音节“抑”“意”“殹”和双音节“意亡”“殹亡”“抑亡”“意亦”“抑亦”等。“意亡勿用不惎”中的“意亡”就是“抑亡”，这是当时最常

---

① 王力. 我的治学经验//王力文集：第二十集. 济南：山东教育出版社，1990.

② 王力. 训诂学上的一些问题//王力文集：第十九集. 济南：山东教育出版社，1990.

③ 这两点为蒋绍愚根据王力著作所作的归纳。蒋绍愚. 王力先生的汉语历史词汇学研究. 北京大学学报（哲学社会科学版），2010（5）：125-131.

④ 王力. 训诂学上的一些问题//王力文集（第十九集）. 济南：山东教育出版社，1990：182-202.

见的惯用结构，而此“意亡”不能拆开。

表6-1　　　　春秋战国时期“意”用法的分布情况

作品	词项							
	名词	动词	副词		连词		其他	
	意	意	意/抑	意无/抑无①	意/抑	意无/抑无	意	意无
左传	0	0	0/4	0/0	0/14	0/0	0	0
论语	1	0	0	0	0/4	0/2	0	0
孟子	1	1	0	0	0/2	0/3	0	0
管子	25	2	0	1/0	0	0	0	0
吕氏春秋	31	11	0	7/0	0	0	0	0
战国策	30	5	0	6/0	0	1/0	0	0
荀子	11	3	1/0	3/0	0	1/0	0	0
庄子	9	3	2/1	2/0	3/0	2/0	5	0
韩非子	23	1	2/0	1/0	0	0	0	0
墨子	7	3	11/1	9/0	8/0	7/0	0	0
国语	33	2	0/7	0	0/6	0	0	0
大戴礼	17	3	0	0	0	1/0	0	0
史记	60	23	2/0	7/0	0/2	0/0	0	0

第三，从词汇与语法和语音的关系看。

语言是一个系统，现代语义学提出语义须兼顾语音和语法，词汇与语音、语法是密切相关的。词汇在词典中时是独立的，而一旦用在了句子中，就有了语法的存在。② 清代以前训诂学不考虑语音和语法的关系，清代学者知道训诂与语音密切，但是对语法的作用关注不够。词汇考释同样需要考虑语法。由于词汇解释是针对语段中的词汇，语段是由语法规则组合起来的，所以考释词汇须通语法。

“推测、料想”义动词有两个语法规则：作及物动词时，推测某事件或情况，后面需要带名词宾语、主谓结构，如例（5）（6）；作不及物动词

① 也包括“意者、意亦”和“抑者、抑亦”。

② 王力.《中国语法理论》导言//王力文集（第一集）.济南：山东教育出版社，1990.

时，不带任何成分，如例（7）。

（5）臣意王之计，欲少出师，而悉韩、魏之兵则不义矣。（《战国策·秦策三》）

（6）天之无烈风淫雨，意中国有圣人耶？（《说苑·辨物》）

（7）臣闻之，君子善谋，而小人善意。（《管子·小问》）

在前文4.1.1节例（1）所讨论的“意亡勿用不基”中，整理者把“意亡”释读为“度其将亡”，把“意”看作动词，作“料想”义。而“意亡”的“意”后面接动词“亡”（灭亡），不符合这两个语法规则，以致在释读时整理者把“亡”改为“其亡”，增加小主语，使其成为主谓结构。但是“料想”义的“意”带主谓结构时不能省略主语。由此看来，把“意”解释为“料想”义动词这一释读难以合语法。

子居把“意亡”释读为“用意在于使其灭亡”，把“意”看作名词，表示用意之意，作主语，但是“用意”这个义项是偏僻义，春秋战国时期很少使用，只有“志向、愿望”是常用义。把“意”释为“用意”不符合语言社会性原则。另外，子居把“亡”看作使动用法，翻译为“使其灭亡”。“亡”是不及物动词，而古汉语不及物动词使动用法的规则是：它一般带宾语，使宾语所表示的人或事物产生这个动作行为。当然，偶尔也有省略宾语的现象，这是承前省略，从上下文可以补出来。根据子居，“意亡”上下文为“上天使商庭唯能容纳荆棘生长，意在使其灭亡”。依上下文，“亡”的使动宾语词是“荆棘”，可是这不符合文章主旨。可见，把“意亡”释为“使其灭亡”也难以立足。

我们把“意亡勿用不基”中的“意亡”和4.1.2节例（4）“殹亡如庶民何”中的“殹亡”读为“抑无”，作连词，表示轻度的转折，相当于“而”。“意”作副词和连词时当假借为“抑”，或双音节“意无”“意者”“意亦”“殹无”也当为“抑”，“抑”字这一假借用法是春秋战国时期的常见用法，我们对表6-1中的用法进行统计，有123次，体现出它的社会功用性。“意亡”处于两个小句“唯容纳棘，意亡勿用不基”之间，表示转折的语法关系。“殹亡”处于两个小句“公岂不饱粱食肉，殹亡如庶民何”之间，表示转折的语法关系。

4.3　虚词“意”就是“抑”

中国社会科学院语言研究所古代汉语研究室编《古代汉语虚词词典》（商务印书馆，1999年版，729页）说：意，可作副词，表示对动作行为或情况的揣测，可译为“大概”“也许”等。如：

（1）咎犯闻之不喜而哭，意不欲寡人反国邪？（《韩非子·外储说左上》）

作连词，用于抉择复句后一分句之前，可译为“还是”。如：

（2）吾不识孝子之为亲度者，亦欲人爱利其亲与，意欲人之恶贼其亲与？（《墨子·兼爱下》）

其实，这里作副词和连词的“意”应该归入“抑”的用法，因为“意”与“抑”同音，假借作“抑”，“意”只是“抑”的另一异体。这是一词二形，不宜算作两个词。

《古代汉语虚词词典》（729～730页）又说：意亦，复合虚词，由连词“意”和副词“亦”构成，“亦”表示意思上的转折。① “意亦”连词，用于抉择复句的后一分句之首，表示选择，可译为“还是”等。如：

（3）诚病乎，意亦思乎？（《战国策·秦策二》）

意者，复合虚词，由副词“意”和助词“者”构成，“意”表示测度，“者”起指称所测度的内容的作用。“意者”副词，用于谓语前或句首，表示对情况的主观测度，可译为“或许”“恐怕”“想来是”等。如：

（4）若夫弊车驽马以朝，意者非臣之罪乎？（《晏子春秋·内篇·杂下》）

自古有不知“亡”之义而误读者，如《墨子·非命下》篇曰：“不识昔也三代之圣善人与？意亡昔三代之暴不肖人与？”苏舆云：“意与抑义

① 此处“意亦”中的“亦”不表意思上的转折，而是表选择，“意”与“亦”是同义连用。

同。‘亡’字疑衍，或有误。”① 其实，这里作副词和连词的“意亦”“意者”“意亡”都应该分别归入“抑亦”“抑者”“抑无”的用法，而“抑亦”“抑者”“抑无”的用法是“抑”的双音节形式，其用法与“抑”相同。吴毓江校注：“意亡，抑也，转语词。”② 因为“意”“意亦”“意者”“意亡”都分别是“抑”“抑亦”“抑者”“抑无”的异体。这是一词异形现象，不宜算作多个词。

综上所述，在古汉语中“意亡”读为“抑无”，还有“意亦、意者”也分别读为“抑亦、抑者”。如《墨子·非命下》：“意亡昔三代之暴不肖人也?”孙诒让《间诂》：“意与抑同。意亡，语词。”而这些双音形式都是“抑”的用法。为什么这些形式都是“抑”的用法呢?根据我们的研究③，这是因为“意”与“抑”通假，“意”是本字，“抑”是借字，本字“意”作副词和连词的用法都用借字“抑”替代。

参考文献

陈伟. 郭店竹书别释. 武汉：湖北教育出版社，2002.

陈佩芬.《武王践阼》释文考释//马承源. 上海博物馆藏战国楚竹书(七). 上海：上海古籍出版社，2008：152.

大西克也. 并列连词“及”“与”在出土文献中的分布及上古汉语方言语法//第二届先秦语法国际研讨会论文集. 北京：语文出版社，1998.

丁四新. 郭店墓竹简思想研究. 上海：东方出版社，2000.

复旦大学出土文献与古文字研究中心研究生读书会.《上博七·武王践阼》校读.(2008-12-30). 复旦大学出土文献与古文字研究中心网.

高国庆.《郭店楚墓竹简》连词研究. 北京：中国人民大学硕士学位论文，2008.

何琳仪. 战国古文字典. 北京：中华书局，1998：1305.

黄德宽. 古文字谱系疏证. 北京：商务印书馆，2007：2923.

①② 吴毓江. 墨子校注. 北京：中华书局，1993：222.

③ 胡敕瑞. 将然、选择与意愿：上古汉语将然时与选择问句标记. 古汉语研究，2016(2)：17-27；龙国富. 假借与语境吸收：论汉语虚词“抑”的语法化. 语文研究，2016(4)：47-52.

吉仕梅.《睡虎地秦墓竹简》连词考察. 乐山师范学院报，2003 (2).

季旭昇. 上博七刍议. (2009-01-01). 复旦大学出土文献与古文字研究中心网站.

李零. 郭店楚简校读记. 北京：北京大学出版社，2002.

李明晓. 战国楚简语法研究. 武汉：武汉大学出版社，2010.

廖名春. 郭店楚简老子校释. 北京：清华大学出版社，2002.

刘钊. 郭店楚简校释. 福州：福建人民出版社，2003.

吕叔湘. 中国文法要略//吕叔湘全集：第一卷. 沈阳：辽宁教育出版社，2002：286.

太田辰夫. 中国语历史文法. 蒋绍愚，徐昌华译，北京：北京大学出版社，2003.

王力. 汉语语法史. 北京：商务印书馆，1989.

王力. 训诂学上的一些问题//王力文集：第 19 卷. 济南：山东教育出版社，1990：182-202.

蒋绍愚. 王力先生的汉语历史词汇学研究//北京大学学报（哲学社会科学版），2010 (5)：125-131.

魏得胜.《睡虎地秦墓竹简》语法研究. 北京：首都师范大学出版社，2000.

吴毓江. 墨子校注. 北京：中华书局，1993：222.

吴则虞.《晏子春秋》集释. 北京：中华书局，1982：319.

杨伯峻. 古汉语虚词. 北京：中华书局，1981：275.

杨伯峻，何乐士. 古汉语语法及其发展. 北京：语文出版社，2001.

姚振武.《晏子春秋》词类研究. 开封：河南大学出版社，2005：178.

殷国光.《吕氏春秋》词类研究. 增订本. 北京：商务印书馆，2008.

中国社会科学院语言研究所古代汉语研究室. 古代汉语虚词词典. 北京：商务印书馆，1999：729-730.

张玉金. 甲骨卜辞语法研究. 广州：广东高等教育出版社，2003.

张玉金. 出土战国虚词研究. 北京：人民出版社，2011.

周守晋. 出土战国出土文献语法研究. 北京：北京大学出版社，2005.

索绪尔. 普通语言学教程. 高名凯，译. 北京：商务印书馆，1980.

第七章　《鲍叔牙与隰朋之谏》篇释译

一　《鲍叔牙与隰朋之谏》篇释读

本篇简文原释题名《竞建内之》和《鲍叔牙与隰朋之谏》两篇，这里依据陈剑（2006）、禤建聪（2006）、郭永秉（2006）、李学勤（2006）等学者研究，合二为一。由于其内容都是通过桓公与鲍叔牙及隰朋对话讲述桓公善于纳谏、改革弊制；二者形制大小一致，各简上下两端平齐，长度相同，字距基本相等，天头和地脚均留白，满简书写，皆书于竹黄，所缺简文长度基本相同，字体笔迹基本一致，书体工整，所以把两篇合为一篇，名《鲍叔牙与隰朋之谏》。全篇共 18 枚简，675 字。关于简序编排，《竞建内之》10 简中，整理者把简 8、简 9、简 10 相连，是对的。后据大家研究，简 5 在内容上能接上简 1，简 2 宜接在简 6 之后，简 7 可以与简 2 相连，简 4 能接在简 7 之后，简 3 适合放在简 4 和简 8 之间，那么此篇简的排序当为 1—5—6—2—7—4—3—8—9—10。① 《鲍叔牙与隰朋之谏》8 简中，整理者把简 4 与简 7 相连，是对的。后据大家研究，简 3 在内容上能接上简 7，简 1 宜接在简 3 之后，简 8 可以与简 2 相联，那么此篇简的排序当为 4—5—6—7—3—1—2—8。② 《竞建内之》和《鲍叔牙与隰朋

---

① 林志鹏. 上博楚竹书《竞建内之》重编新解.（2006-02-25）. 简帛网.

② 陈剑. 谈《上博（五）》的竹简分篇、拼合与编联问题.（2006-02-19）. 简帛网；林志鹏. 战国竹书《鲍叔牙与隰朋之谏》译注//简帛研究二〇〇八. 桂林：广西师范大学出版社，2010：1-18.

之谏》两篇简文编连顺序为：竞 1—竞 5—竞 6—竞 2—竞 7—竞 4—竞 3—竞 8—竞 9—竞 10—鲍 4—鲍 5—鲍 6—鲍 7—鲍 3—鲍 1—鲍 2—鲍 8。①

本篇释读和语译，基于学界已有考释，认为可确定者，则径引一家之说；不能确定者，则列诸家之说，并予以佐证，以供将来研究者参考。

1.1　“王峚”释读

1.1.1　引言

上海博物馆藏战国楚竹书（五）《鲍叔牙与隰朋之谏》中《竞建内之》简 1②：

王峚（逐），级（隰）[illegible]（朋）与[illegible]（鲍）[illegible]（叔）[illegible]（牙）从。

整理者注：“王”疑周第十五代王，为桓王子，名佗，谥庄。“峚”（注：楷作“坴”）读为“逐”，同属室部（注：屋部），音通。《说文・辵部》：“逐，追也。”“王逐”，王有迫然祸至之感。③

关于画线部分应该隶定的字及其释读，各位学者看法不一，多数学者认为简文最前端有残缺。目前研究还没有形成定论，归纳起来主要有以下六种不同观点：

（1）原考释陈佩芬（2005：166）释读为“王逐”，认为不存在有残缺的地方。④

（2）陈剑（2006）认为简文缺二字，读为“□□坴”。⑤

（3）陈伟（2006）认为简文缺三字，释作“公□，二睦”。⑥

（4）李学勤（2006：91）认为缺二字，读作“□□坴”，第一字补作“公”，第二字应该是关于齐桓公行事。⑦

---

① 林志鹏. 战国竹书《鲍叔牙与隰朋之谏》译注//简帛研究二〇〇八. 桂林：广西师范大学出版社，2010：1-18.

② 整理者把《竞建内之》和《鲍叔牙与隰朋之谏》分开为两篇，根据学者们研究把《竞建内之》归入《鲍叔牙与隰朋之谏》一篇。

③④ 陈佩芬.《竞建内之》释文与考释//马承源. 上海博物馆藏战国楚竹书（五），上海：上海古籍出版社，2005：166.

⑤ 陈剑. 谈《上博（五）》的竹简分篇、拼合与编联问题.（2006-02-19）. 简帛网.

⑥ 陈伟.《鲍叔牙与隰朋之谏》零释（续）.（2006-03-05）. 简帛网.

⑦ 李学勤. 试释楚简《鲍叔牙与隰朋之谏》. 文物，2006（9）：91.

(5) 季旭昇 (2007: 13) 认为“垄”不能读“逐”,其前只能补二字。①

(6) 林志鹏 (2010: 3) 认为“垄”读“社”,其前残缺四字,全句读作“日食,公之社”。②

六种不同观点中,问题主要集中在三个方面:一是阙文的字数问题;二是阙文的补字问题;三是“垄”的释读问题。

1.1.2 关于“垄”前面阙文的字数问题

我们先通过对比《竞建内之》全篇中此简与其他简的长度,来讨论其残阙的字数。参见下页《竞建内之》10 枚简排列在一起的图(引自《上海博物馆藏战国楚竹书(五)》第 3 页)。

图中排在第 2 (从右向左数,下同) 的“竞建内之”简除外,共有 10 枚简。第 1 简长 38 厘米,共有 32 字,其余 9 简中,除第 5 简残阙以外,完整的简文共有 8 枚简,其长度和字数分别为:第 2 简:42.5 厘米,36 字;第 3 简:42.8 厘米,35 字;第 4 简:43.3 厘米,33 字;第 6 简:41.6 厘米,36 字;第 7 简:42.8 厘米,34 字;第 8 简:42.8 厘米,36 字;第 9 简:42.8 厘米,35 字。第 10 简:42.8 厘米,33 字。根据简文平均用字数量计算,完整简平均为 42.7 厘米长、35 个字,平均 1.2 厘米为一字。

从简长度看,第 1 简是全篇的首句,现有 38 厘米,与 42.7 厘米的平均值还差 4.7 厘米,从平均 1.2 厘米为一字的长度看,还需要补 3 个字。

从简字数看,此简文已经有“垄,隰朋与鲍叔牙从。日既,公问二大夫:日之食也,曷为?鲍叔牙答曰:星变。子曰:为齐”,共 32 字(计合文),平均简数为 35 字,也就是需要补 3 个字。由此,可以看出,“垄”字前需要补 3 个字。

1.1.3 关于阙文补字问题

A.“垄”字前面第一字宜补为“王”。

---

① 季旭昇.上博五《鲍叔牙与隰朋之谏》试读//丁四新.楚地简帛思想研究(三).武汉:湖北教育出版社,2007:13.

② 林志鹏.战国竹书《鲍叔牙与隰朋之谏》译注//简帛研究二〇〇八.桂林:广西师范大学出版社,2010:3.

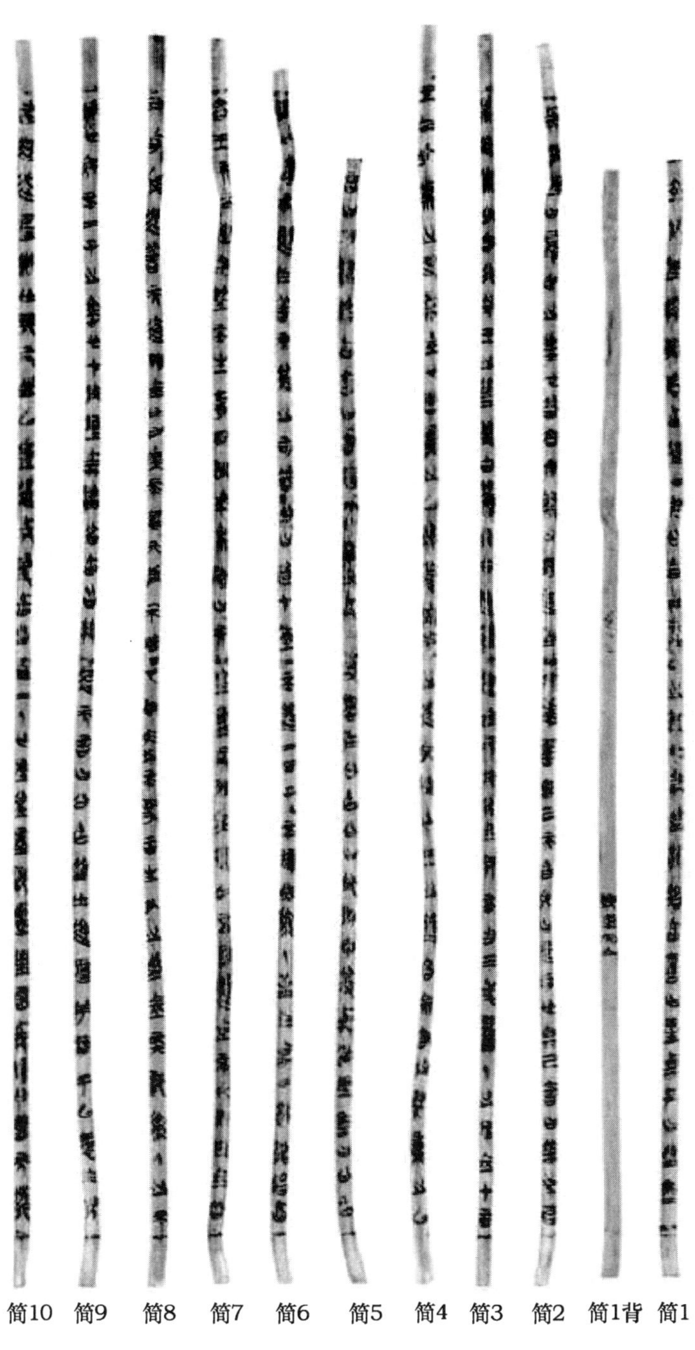

楚简《竞建内之》

残缺的字下端还剩留一横画，且后文内容是“隰朋与鲍叔牙从”，自古臣从于王后，全篇都是齐桓公讨论如何应对日食之事，那么应该是王行事。齐桓公可以称“王”，阙字宜补作“王”。

B. “王坴”前面残阙二字宜补作“日食”。

从全文结构布局看，“日食”是个抽象概念名词，它主要有日全食、日偏食及日环食三种。文章中提到“日既”即日全食，属日食的一种，是个具体概念名词，指太阳完全被月亮掩盖。所以开篇提出“日食”这一抽象概念名词，而在文章中间具体讨论“日既”这一具体异象，符合文章逻辑表达。所以该篇布局宜开篇首先提出“日食”这一抽象的异象概念，然后，文章中间具体叙述齐桓公向鲍叔牙和隰朋询问如何解决出现“日既”这一具体异象的办法。

从前后文意看，阙文“日食”后面的内容是“王坴，隰朋与鲍叔牙从”，文句大意相当于“齐国出现日食，齐桓公急促地往前赶，隰朋与鲍叔牙随其后”。补上“日食”，句意完整，表达逻辑性强。

1.1.4　关于“坴”字释读问题

整理者读作“逐”，但段玉裁《说文解字注》：“‘坴’，大徐本作‘逐’，误也。”我们认为，“坴”宜读为“速”。理由如下：

A. 徐锴有说。《说文·土部》：“坴，土块坴坴也。”徐铉本“坴”读若“逐”，徐锴本“坴”读若“速”。段玉裁注：大徐本“坴”作“逐”误，小徐本“坴”作“速”是，与读七宿切的“鼀”意同。

B. 二字音通。“坴”为来纽沃部字，“速”为心纽屋部字，声母来母字经常与溪、心等母存在谐声关系。如来母字“立”“笠”与溪母“泣”、心母“飒”谐声。韵母沃、屋为邻韵，旁转相通。

C. 语义通顺。《说文·辵部》：“速，疾也。从辵，朿声。遬，籀文从欶。警，古文从欶从言。”王筠释例：“速”从辵，指行之速；“警”从言，指言之速。且“速”带有急促之意。朱骏声《说文通训定声》：“速假借为促。”《说文·人部》：“促，迫也。”《庄子·庚桑楚》：“夫外韄者不可繁而捉，将内揵；内韄者，不可缪而捉，将外揵。”陆德明释文：“崔作‘促’，云‘迫促也。’”根据上下语意，由于出现日食，王慌忙往前赶，二臣隰朋与鲍叔牙紧随其后。“王坴”读为“王速”，正好表达“齐桓公急迫地往前赶，隰朋与鲍叔牙紧随其后”之意，两个小句语义通顺，表达逻辑严密。

由于“坴”读为“速”用法少见，一时难以让人发现。这里用例表明“坴”可以读为“速”。目前在传世文献中还暂时没有发现“坴”读为“速”的用法，楚文此用例证明了徐锴本“坴”读若“速”的正确性，填补了“坴”字这一用法的空白，反映出土楚简在汉语历史词汇史研究中具有重要的价值。

1.2 “日既”释读

《鲍叔牙与隰朋之谏》中《竞建内之》简1：

> 日既，公昏（问）二夫₌（大夫）：“日之飤（食）也，曷（曷）为?”

关于“日既”的释读，整理者注：“《左传·隐公元年》：‘既而悔之’，杜预注：‘既，事毕。’”①

李学勤（2006：91）认为是“日食既”，当脱一“食”字，以《春秋·桓公三年》：“日有食之既”为证。② 案：不脱“食”字，李先生所引《春秋》“日有食之，既”就相当于“日食既”或“日既”，杜预注：“既，尽也。”再如：《汉书·谷永传》：“是以日食再既，以昭其辜。”《金史·天文志》：“（世宗大定）十九年正月甲戌，月食，既。”

“日食再既”“月食既”都是指日全食，指太阳全被月遮蔽。古代日全食可以说“日既”。如《论衡》：“或说：‘日食者，月掩之也，日在上，月在下，障于〔月〕之形也。日月合相袭，月在上日在下者，不能掩日。日在上，月在日下，障于日，月光掩日光，故谓之食也，障于月也，若阴云蔽日月不见矣。其端合者，相食是也。其合相当如袭〔璧〕者，日既是也。’”

“既”可以指日月食尽，或日全食，或月全食。《史记·周本纪》：“周

---

① 陈佩芬.《竞建内之》释文与考释//马承源. 上海博物馆藏战国楚竹书（五）. 上海：上海古籍出版社，2005：167.

② 李学勤. 试释楚简《鲍叔牙与隰朋之谏》. 文物，2006（9）：91.

既不祀。”司马贞索隐：“日食尽曰既。”一般而言，“日既”就是“日尽”，但析言之，也有差别：日既指白天的日全食，日尽指晚上的日全食，只是晚上的日全食肉眼难以看到。《汉书·京房传》：“臣前白九年不改，必有星亡之异。”颜师古引孟康曰：“昼食为既，夜食为尽，而星亡为星不见也。”古有“日月食尽”指君主之位、“日月食不尽”指臣子之位的说法。《汉书·天文志》：“古人有言曰：‘天下太平，五星循度，亡有逆行。日不食朔，月不食望。’夏氏《日月传》曰：‘日月食尽，主位也；不尽，臣位也。’星传曰：‘日者德也，月者刑也，故曰日食修德，月食修刑。’”本篇简文鲍叔牙和隰朋二臣托“日既”这一日全食异象，用于暗指齐桓公修德不够。

为什么“既”有“尽”有“全”之义？“既”甲骨文作“（粹496）”，李孝定《甲骨文字集释》：“契文象人食已，顾左右而将去之也，引申之义为尽。”“尽”表范围有“悉、皆”之意。《集韵·准韵》：“尽，悉也。”《左传·昭公二年》：“周礼尽在鲁矣。”《助字辨略》卷三：“尽，皆也，悉也。”

1.3 “肰则可敚𢍁”释读

《鲍叔牙与隰朋之谏》中《竞建内之》简5：

> 公曰：“肰（然）则可敚𢍁（欤）？”

整理者注：“敚”，经传通作“夺”字。《说文·攴部》：“敚，强取也。《周书》：‘敚攘矫虔’。从攴，兑声。”段玉裁注：“此是争敚正字，后人假夺为敚，夺行而敚废。”①

目前楚文“敚”有三种不同的释读：

（1）原释陈佩芬（2005）把“敚”释为“夺”，夺取之意。

（2）陈剑（2006）改读“夺”为“说”。②

（3）林志鹏（2006）释“敚”为“攻说”之“说”。李学勤（2006）

---

① 陈佩芬.《竞建内之》释文与考释//马承源. 上海博物馆藏战国楚竹书（五）. 上海：上海古籍出版社，2005：171-172.

② 陈剑. 谈《上博（五）》的竹简分篇、拼合与编联问题.（2006-02-19）. 简帛网.

也释为“说”，即祷辞中“说”。①

“敓”，楚文中广泛使用，有三种用法：

A. 表示喜悦之意，如：

《上博简一·孔子诗论》简 14“以琴瑟之敓（悦）”、简 24“敓（悦）其人，必好其所为”。

B. 表示夺取之意，如：

《上博简一·缁衣》简 19“此以生不可敓（夺）志，死不可敓（夺）名”。

C. 表示祷辞之意，如：

《包山简·卜筮祭祷记录》简 198“以其故敓（说）之”，又同文见简 200、简 223、简 229 等。

《望山 1 号墓简》简 8“以其故敓（说）之”。

用作祭祷的字，除“敓”以外，楚文中还作“祱”，常用于楚简。如：

《包山简·卜筮祭祷记录》简 198“以其故祱（说）之”，又同文见简 218。

《包山简·卜筮祭祷记录》简 198“迻应会之祱（说）”。

《包山简·卜筮祭祷记录》简 234、235“许吉占之：吉，无咎，无祱（祟）”。

或在“敓”形体下面加上义符“示”作“𥛚”。常用于楚简。如：

《天星》简 3206“又𥛚以其故敓之”，又同文见简 2406、简 4906。

《包山简·卜筮祭祷记录》简 307“以其故𥛚之”，又同文见简 219。

《包山简·卜筮祭祷记录》简 231“以其故𥛚之。田（思）攻祱……”。

此“祱”或“𥛚”，有祭祀之意。《广雅·释天》：“祱，祭也。”原考释借为“说”，“说”即《周礼》中的“六祈”之一，指祈祷之事。这是对的。《石刻篆文编》3.6 上魏体石经《论语·学而》作：“不亦祱乎”。《上博简二·鲁邦大旱》简 2：“庶民知祱之事鬼也”。传世本《尚书·金縢》：“乃得周公所自以为功，代武王之说。”出土《金縢》简 10 作：“王得周公之所自以为功，以代武王之敓。”从“兑”的字谐声，“敓”定母月部，

---

① 林志鹏. 上博楚竹书《竞建内之》重编新解. (2006-02-25). 简帛网；李学勤. 试释楚简《鲍叔牙与隰朋之谏》. 文物，2006 (9)：91.

“说”书母月部，“祱”书母月部，声母中古舌上音照三归舌头音，韵部迭韵。“敚”“祱”“说”通用，都指祭祀时向神灵祈祷。《周礼·春官·大祝》：“掌六祈以同鬼神示，一曰类，二曰造，三曰禬，四曰禜，五曰攻，六曰说。”注疏云：“六祈，皆是祈祷之事。”又云：“谓为有灾变，号呼告神以求福。”《广雅·释天》：“祱，祭也。”王念孙疏证：“祱，本作餟。”《说文·食部》：“餟，小餟也。”“祱”为“餟”之异文。《集韵·寘韵》：“餟，小祭也。或从示。”祱祷即说祷。说祷有三个特点：（1）因鬼神作祟预兆会发生灾祸；（2）需要祭祀祈祷；（3）目的为了消除灾祸。这里是齐桓公问鲍叔牙与隰朋能否祷祝免除日食预兆之灾。

“敚”表示祷辞只见于楚文，不见于传世文献，可以丰富汉语词汇意义。

1.4 “甚才，虐不澫”释读

《鲍叔牙与隰朋之谏》中《竞建内之》简6：

> 公曰：“甚才（哉），虐（吾）不澫。”

整理者注：“澫”，读为“漫”，谓放纵。《史记·李斯传》：“流漫之志诎矣。”①

目前楚文“澫”有三种不同的释读：

（1）原释陈佩芬（2005）把“澫”释为“漫”，放纵之意。

（2）季旭昇（2006，2007）、陈伟（2006）、黄人二（2006）、林志鹏（2010）都主张释“澫”为“赖”，但释义各有不同。陈伟释“赖”为才干。引《史记·张释之冯唐列传》：“文帝曰：‘吏不当若是耶？尉无赖！’”裴骃集解引张晏曰：“才无可恃。”黄人二、季旭昇把“赖”训为“善”，林志鹏把“赖”训为“恃”。②

---

① 陈佩芬.《竞建内之》释文与考释//马承源.上海博物馆藏战国楚竹书（五）.上海：上海古籍出版社，2005：173.

② 季旭昇.上博五刍议（上）.（2006-02-18）.简帛网；陈伟.《鲍叔牙与隰朋之谏》零释（续）.（2006-03-05）.简帛网；黄人二.上博藏简第五册《竞建内之》和《鲍叔牙与隰朋之谏》试释.台湾大学中文系“战国学术研究计划”系列演讲，2006-10-18；林志鹏.战国竹书《鲍叔牙与隰朋之谏》译注//简帛研究二〇〇八.桂林：广西师范大学出版社，2010：3.

(3) 李学勤（2006）释"澫"为"励"，训为"勉励"。①

(4) 杨泽生（2006）释"澫"为"詈"，训为"责备"。②

我们以为宜取李学勤释，"澫"释为"励"。做如下申说：澫，从水万声，万，"虿"字初文。《说文·异部》："万，虫也。"郭沫若《释五十》："万与虿古本一字，乃假蝎之象形文为之。""虿"彻纽月部，"励"来纽月部，中古透、彻母字部分可以与来母字谐声，因为这部分字上古是清边音声母，与同样是清边音的来母发音部位相同，韵部迭韵，二者音近通用。这类谐声有假借的证据，《郭店简·性自命出》简11："万性者，义也。""万"通"厉"。③"澫"释"励"，指勉励之意。楚文"吾不励，二三子不谪怒寡人，至于使日食"，言我自己不勤于勉励，诸位大臣又不对我加以责怒，以致招来日食灾象。这是一个因果复句，前两句是桓公分析原因，下一句得出结果。原因有桓公自身不勤勉和下臣不劝责。此简6"甚哉，吾不励!"与"甚矣，汝之不惠!"（《愚公移山》）是同一句式，表强调语气的倒装句。

1.5 "星变子曰为齐"释读

1.5.1 引言

《鲍叔牙与隰朋之谏》中《竞建内之》简1、5：

(鲍)(叔)(牙)(答)曰："星变。"子曰："为齐……言曰多。"

整理者注："星变"断句，引《史记集解》和裴骃注，释为天有灾异之变。"子曰"断句，"子"字没有解释。④

关于这一段文字画线部分的解释，目前尚无定论，观点众多，归纳起来主要有六种不同解释：

---

① 李学勤. 试释楚简《鲍叔牙与隰朋之谏》. 文物，2006（9）：92.

② 杨泽生. 读上博简《竞建内之》短札两则.（2006-02-24）. 简帛网.

③ 殷国光，龙国富，赵彤. 汉语史纲要（修订本）. 北京：中国人民大学出版社，2016.

④ 陈佩芬.《竞建内之》释文与考释//马承源. 上海博物馆藏战国楚竹书（五）. 上海：上海古籍出版社，2005：167.

（1）李学勤（2006）读作："曰：'星变。'子曰：'为齐……'"，即星象在齐国发生灾变，李学勤先生说"子"是"公"的误写，指齐桓公。①

（2）陈剑（2006）读作："星弁子曰：'为齐。'"②

（3）陈伟（2006）、颜世铉（2007）、林志鹏（2010）读作："曰星（眚）史（弁—变），子（灾）曰为齐。""星"读为"眚"，"子"读为"灾"。③

（4）刘信芳（2006a）读作："曰：星变，子（兹）曰为齐……"。"子"读为"兹"。④

（5）萧圣中（2006）读作："曰：'星变子。'曰：'为齐异？'"第1、2简连读，成为"为齐异"。⑤

（6）季旭昇（2007：14）认为文句断读不能确定，姑且读作："曰：'星变子（灾）。'曰：'为齐？'""子"读为"灾"。⑥

这六种观点都存在有待商榷的地方。第一种观点认为"子"是"误写"的说法需要再考虑。第二、三种观点关于"星"和"子"的解释也还需要进一步讨论。第四种观点把"子"看作"兹"不一定可靠。第五种观点把竞简1与竞简2连编在一起，这一观点也有待商榷。第六种观点把"子"读作"灾"，不妥。前文语意是桓公向鲍叔牙询问"什么是日食"，根据语意，鲍叔牙需要回答桓公的这一问题。这一段话的大意应该是，鲍叔牙回答说："是天上星象发生的一种灾变。"君王说："莫非是针对齐国……"

1.5.2　"星""史"的释读

星：无须通"眚"，宜释本字，指天上的星象。所以第三种观点把"星"通作"眚"，有迂曲之解。

史：此处楚简作"（叓）"，根据文意应隶为"弁"，不隶为"史"。

---

① 李学勤. 试释楚简《鲍叔牙与隰朋之谏》. 文物，2006（9）.

② 陈剑. 谈《上博（五）》的竹简分篇、拼合与编联问题.（2006-02-19）. 简帛网. 颜世铉. "星变子"解读的补正.（2007-05-08）. 简帛研究网. 林志鹏. 战国竹书《鲍叔牙与隰朋之谏》译注//简帛研究二〇〇八. 桂林：广西师范大学出版社，2010：3.

③ 陈伟.《鲍叔牙与隰朋之谏》零释（续）.（2006-03-05）. 简帛网.

④ 刘信芳a. 上博藏五试解七则.（2006-03-01）. 简帛网.

⑤ 萧圣中. 上博竹书（五）札记三则.（2006-05-11）. 简帛网.

⑥ 季旭昇. 上博五《鲍叔牙与隰朋之谏》试读//丁四新. 楚地简帛思想研究（三）. 武汉：湖北教育出版社，2007：14.

因为楚简中用作“弁”与用作“吏（史）”的字同形。

用作“弁”的楚文：

《郭店简·性自命出》简32“其声弁（变）”中的“弁”作“”。

《郭店简·性自命出》简33“其心弁（变）”中的“弁”作“”。

《郭店简·性自命出》简43“用身之覍（弁）者”中的“弁”作“”。

《上博简一·孔子诗论》简8“小叀（弁）”中的“弁”作“”。

《上博简一·性情论》简36“用身之叀（弁）者”中的“弁”作“”。

《上博简五·季康子问于孔子》简14“先人之所叀（弁）”中的“弁”作“”。

用作“吏、史”的楚文：

《上博简五·季康子问于孔子》简14“丧三代之传叀（史）”中的“史”作“”。

《郭店简·性自命出》简8“而学或史（使）之也”中的“史”作“”。

《上博简六·景公疟》简2“吾无良祝、吏（史）也”中的“吏”作“”。

《上博简六·景公疟》简4“夫子吏（使）其私吏（史）听狱于晋邦”中的两个“吏”字都作“”。

楚简“吏”“史”“弁”三字同形，这里“”宜隶为“叀”，即古书中的“弁”，读为“变”。“弁”（并、元）通“变”（帮、元），并与帮同为唇音，二者谐声，如“玢、颁”（帮母）与“贫、盆”（并母）互谐。“星变”即天上星象的灾变。

1.5.3　“子”的释读

子：不读“灾”，宜读为“公”。李学勤的观点是对的，但他认为“子”是“公”字之误，其实不是。因为“子”可指天之子，用作“君”，《广雅·释诂一》：“子，君也。”这里指齐桓公。本篇中齐桓公多数情况称“公”，也有一处称“王”，一处称“子”。本篇“子曰”是臣鲍叔牙与隰朋对其君王齐桓公的称呼。古代诸侯之臣可以称呼其君王为子。如：

《诗·陈风·宛丘》：“子之汤兮，宛丘之上兮，洵有情兮，而无望兮。”孔颖达疏：“诸侯之臣亦呼君曰子。”

《公羊传·隐公四年》："公子翚谄乎隐公，谓隐公曰：'百姓安子，诸侯说子，盍终为君矣？'""子"即君王隐公。

《诗·唐风·山有枢》："子有衣裳，弗曳弗娄；子有车马，弗驰弗驱。"正义曰："子"者斥晋昭公，以明此"子"止斥幽公。

为什么"子"有"君"之意？"子"本为幼子。《说文·子部》云："孶，古文子，从巛，象发。"古文"子"的本义当是幼儿，象小儿头上有发及两胫之形。引申之，当有子孙后代之意。如：

《荀子·正论》："圣王之子也，有天下之后也，埶籍之所在也，天下之宗室也。"杨倞注："子，子孙也。"

春秋时期实行分封制，周王的子孙和"侯、伯、子、男"，都享有爵位和土地。《仪礼·丧服》篇："君，至尊也。"郑玄笺："天子、诸侯及卿、大夫有地者皆曰君。"唐贾公彦疏："以其有地则有臣故也。"这里指出了称君的两个条件：一是据有土地；二是属有臣子。战国时期盛行封君制，"君"是伯、子、男等卿大夫的一种新爵号，则"子"有君王之称也。如"楚子"。《广雅·释诂一》："子，君也。"《尔雅》："王、公、侯，君也。公、侯而下则为伯、子、男及卿大夫之有地者，老服云：'公、士、大夫之众臣为其君，传曰：君，谓有地者也。'"

1.6 "不谛忞"释读

1.6.1 引言

《鲍叔牙与隰朋之谏》中《竞建内之》简6：

> 二厽（三）子。不谛忞（恕），募（寡）人至于𠭊（辩）日飤（食）。

整理者注："谛"，《说文·言部》："审也。从言帝声。""忞"，"恕"字古文。《说文·心部》："恕，仁也。从心，如声。忞，古文省。"《礼记·中庸》："忠恕违道不远"，孔颖达疏："恕，忖也，忖度其义于人。"①

① 陈佩芬.《竞建内之》释文与考释//马承源. 上海博物馆藏战国楚竹书（五）. 上海：上海古籍出版社，2005：172，173.

楚文“谛忞”，目前的研究还没有形成定论，主要有以下六种不同的观点：

(1) 原考释者陈佩芬（2005：173）把“谛”读作“审”，“忞”读为“恕”。“不谛恕”指二臣不细察不仁恕。①

(2) 李学勤（2006）把“谛”读作“谪”，“忞”读为“恕”，仁恕之意。此简断读为“二三子不谛，恕寡人，至于变日食”，指群臣不加责怪，仁恕于寡人，以致招来日食天谴。②

(3) 陈剑（2006）把“谛”读作“谪”，“忞”为“安（焉）”之误，作语气词，按上文“不满”二字断读为“不满二三子。不谛焉？寡人至于使日食”。③

(4) 陈伟（2006）把“谛”读为“责”，“忞”读为“怒”，断读为“二三子不责恕寡人，至于使日食”。季旭昇（2007）从之。④

(5) 李守奎（2006）把“谛”读作“审”，“忞”读为“诲”。“不谛诲”指二臣不详审地教诲。⑤

(6) 高佑仁（2006）把“谛”读作“谪”，“忞”读为“怒”，断读为“二三子不谪怒寡人，至于使日食”。⑥

1.6.2 “谛”的释读

关于“谛”“忞”的释读和句子断句的问题，我们赞成第六种观点。现就有关问题作如下申述：

关于“谛”读“谪”的问题，主要可以从字形、语音、语义、语法等方面证明。

A. 字形方面，此简“谛”的楚文作“(諦)”，从言帝声。“谪”异

① 陈佩芬.《竞建内之》释文与考释//马承源. 上海博物馆藏战国楚竹书（五）. 上海：上海古籍出版社，2005：173.

② 李学勤. 试释楚简《鲍叔牙与隰朋之谏》. 文物，2006（9）：91，92.

③ 陈剑. 谈《上博（五）》的竹简分篇、拼合与编联问题.（2006-02-19）. 简帛网.

④ 陈伟.《竞建内之》《鲍叔牙与隰朋之谏》零释.（2006-02-22）. 简帛网；《鲍叔牙与隰朋之谏》零释（续）.（2006-03-05）. 简帛网；季旭昇. 上博五《鲍叔牙与隰朋之谏》试读//丁四新. 楚地简帛思想研究（三）. 武汉：湖北教育出版社，2007：15.

⑤ 李守奎.《鲍叔牙与隰朋之谏》补释//丁四新. 楚地简帛思想研究（三）. 武汉：湖北教育出版社，2007：26-45.

⑥ 高佑仁. 读《〈竞建内之〉简六之“谪怒”》.（2006-08-06）. 简帛网.

体为“讁”，从言啻声。《说文·言部》：“讁（谪），罚也。从言啻声。”邵瑛《群经正字》：“讁今经典作谪。”出土文献中“帝”与“啻”可以通用。如：

《清华简五·汤在啻门》简5：“正月乙□，汤在啻门，问于小臣。”

整理者注：“疑‘啻’即‘帝’字，与同简‘亥’作‘□’同类。”依此，“啻门”就是“帝门”，汤都亳邑之门。那么“谛”即“讁”。

又“啻”通“敌”“适”“谪”等。如：

《上博简四·曹沫之阵》简14、15：“小邦居大邦之间，啻邦交地不可以先作怨。”此例中“啻”，整理者注作“敌”。

《上博简八·兰赋》简5：“蒉薜之方起，夫亦啻其歲也。”此例中“啻”，整理者读作“适”。

《新蔡葛陵1号墓楚简》甲三356：“为之啻。”此例中“啻”，整理者读作“谪”。

“商”旁与“帝”旁形体相通。《古文四声韵》中“谪”作“□”（古《老子》），从言帝声，即异体“谛”。“敵”作“□”（古《老子》），从欠帝声，从欠从帝的字为“敵”的异体。“适”作“□”（义云章），从辵帝声，即异体“逓”。那么“諦”也应该为“谪”的异体。

B. 语音方面，陈伟（2006）把“谛”读为“责”①，语义是通的，但语音上二者有舌音和齿音之隔。因为“责”在精纽，“谛”在端纽，不在同一发音部位。“谪”（端、锡）与“谛”（端、支），声纽同母，韵部阴入对转相通。

偏旁“商”的字与偏旁“帝”的字通。如（高亨《古字通假会典》，第464页）：

《诗·小雅·渐渐之石》：“有豕白蹢。”《晋书·吐谷浑传》引“蹢”作“蹄”。《尔雅·释兽》：“四貐皆白豥。”《诗·小雅·渐渐之石》郑笺：“‘貐’作‘蹄’。”

C. 语义方面，“谪”与下文“怒”语义相同。“谪”，《广雅·释诂一》：“谪，责也。”《诗·邶风·北门》：“我入自外，室人交遍谪我。”毛

① 陈伟.《竞建内之》《鲍叔牙与隰朋之谏》零释.（2006-02-22）.简帛网.

传："谪，责也。""怒"，《广雅・释诂一》："怒，责也。"《诗・小雅・巧言》："君子如怒，乱庶遄沮。"郑笺："君子见谗人如怒责之，则此乱庶几可疾止也。"这里"谪"与"怒"同义并用，都指责怪之意。

D. 语法方面，古汉语"连动共宾"（两个同义连用的动词共带一个宾语）现象非常普遍，"谛"和"怒"两个动词同义连用，后面带共有宾语。这一语法现象是古代汉语最常见的表达格式。

1.6.3　"忞"的释读

关于"忞"的释读，从训诂方面考虑，"忞"既可以作"恕"，也可以读为"怒"，所以出现上面李学勤读"恕"、陈伟读"怒"两种不同的观点。《说文・心部》载有古文"忞"为"恕"省，而在楚简中"忞"多数情况读"怒"，少数情况读"恕"。

"忞"（或作"誋"）用作"恕"的用例如：

《上博简一・性情论》简 33"**誋**，义之方也；义，敬之方也。"

"**誋**"作"恕"。读"恕"的"忞"最早见于战国中山圆壶"欣詻战忞"，何琳仪（1998：560）说："忞，从心，女声，恕之省文。"《说文・心部》："恕，仁也。忞，古文省。"段玉裁注："孔子曰：能近取譬，可谓仁之方也矣。孟子曰：强恕而行，求仁莫近焉，是则为仁不外于恕。析言之则有别，浑言之则不别也。仁者，亲也。"

"忞"（或作"**𢙐**""妄"）用作"怒"的用例如：

《上博简六・天子建州（甲本）》简 6"一喜一忞"。

《上博简一・性情论》简 1"喜**𢙐**哀悲之气"。

《上博简二・从政》简乙 3"妄则胜"。

上面例子中的"忞""**𢙐**""妄"都作"怒"。读"怒"的"忞"最早见于战国中山方壶"忞"，何琳仪（1998：560）说："中山方壶'忞'读'怒'。""怒"字见于诅楚文"张矜悟怒"。

这里"忞"应该读"怒"，责怒之意。如上所述，"谪"也是责怒之意，"谪怒"是同义连文，指严责之意。根据语境，"谪"与"怒"二者同义连用，都是及物动词，需要有主语且带宾语，因此断句当为"二三子不谛（谪）忞（怒）寡人，至于使日食"，句意为你们不责怒我，以致招来日食天谴。

1.7 “鸈鸣于偩前”释读

《鲍叔牙与隰朋之谏》中《竞建内之》简2：

昔高宗祭，又（有）鸈（雉）鸣（雊）于偩前，詈（譔）祖（祖）己而昏（问）安（焉），曰：“是可（何）也？”①

整理者注：“高宗祭事，《尚书·高宗肜日序》载：高宗祭成汤，有飞雉升鼎耳而雊，祖己训诸王，作《高宗肜日》、《高宗之训》。孔颖达疏：‘高宗祭其太祖成汤于肜祭之日，有飞雉来升祭之鼎耳而雊鸣，其臣祖己以为王有失德而致此祥，遂以道义训王，劝王改修德政。史叙其事，作《高宗肜日》、《高宗之训》二篇。’‘鸈’，同‘雉’。‘雉雊’，雄鸡鸣也。《说苑·辨物》：‘昔者高宗感于雊雉之变，修身自改，而享丰昌之福也。’‘偩’，字待考。”②

楚文“鸣”，《夏小正》作“呴”，云：“呴也者，鼓其翼也。”“鸣”“呴”二字都是“雊”。

楚文“偩”，整理者存疑，学术界不少学者进行研究，目前存在两种不同的观点：

（1）陈剑（2006）、刘乐贤（2006）、季旭昇（2007）将其读为“彝”，古礼器。③

（2）李学勤（2006）将其读为“尸”，指祭祀时扮作已故之人的人。④

案：我们以为楚文“偩”当读为“尸”。

首先，自古以来就有以雉鸣为物候之观念，并将雉非时而鸣视为异象。

（1）商代甲骨文中，有将雉鸣视为灾异的记载。如：“……乃兹有咎，其有来艰……允有来艰……三日乙卯有异……[illegible]庚申亦有异，有

①② 陈佩芬.《竞建内之》释文与考释//马承源. 上海博物馆藏战国楚竹书（五）. 上海：上海古籍出版社，2005：169.“詈”，学术界研究改读为“[illegible]”，读为“诏”。

③ 陈剑. 谈《上博（五）》的竹简分篇、拼合与编联问题.（2006-02-19）. 简帛网；刘乐贤. 读上博五《竞建内之》札记.（2006-02-20）. 简帛网；季旭昇. 上博五《鲍叔牙与隰朋之谏》试读//丁四新. 楚地简帛思想研究（三）. 武汉：湖北教育出版社，2007：11-25.

④ 李学勤. 试释楚简《鲍叔牙与隰朋之谏》. 文物，2006（9）：90-97.

鸣雉……𢼂圉羌戎。”（《甲骨拼合集》《合》522 正＋《合》7150 正）①

（2）春秋时期《夏小正》经文《正月》云：“雉震呴。”传云：“震也者，鸣也。呴也者，鼓其翼也。正月必雷，雷不必闻，惟雉为必闻。何以谓之雷？则雉震呴，相识以雷。”“呴”即“雊”。《说文·隹部》：“雊，雄雉鸣也。雷始动，雉鸣而雊其颈。”段玉裁注依《太平御览》《艺文类聚》《小弁正义》正。《夏小正·正月》作：“雷震雉雊。雊也者，鸣鼓其翼也。”《书·高宗肜日》：“高宗肜日，越有雊雉。”后来《尚书大传》《史记·殷本纪》直到唐孔颖达《尚书注疏》都说高宗既祭成汤，肜祭之日，于是有雊鸣之雉，在于鼎耳。这里有汉代经说的影响，不一定符合《高宗肜日》的原意。所以如果仅依汉代之经说，把“𡊄”释为“彝”，显然观点也难以成立。

（3）汉代《淮南子·要略》：“齐景公内好声色，外好狗马，猎射亡归，好色无辨。作为路寝之台，族铸大钟，撞之庭下，郊雉皆呴。”高诱注：“钟声如雷震，雉皆应之。”

其次，高宗祭祀先祖，祀必有尸。早期祭祀中，死者落葬后第一次祭祀，除却各种祭祀品，还需要有一个生者来代替死者享用祭祀品，这些代替死者的受祭者，被称为“尸”。这种以“尸”代祭的方法在夏、商、周三代十分盛行。《诗·小雅·楚茨》：“鼓钟送尸，神保聿归。”郑玄笺：“尸，节神者也。”《仪礼·特牲馈食礼》：“主人再拜，尸答拜。”《仪礼·士虞礼》：“祝迎尸。一人衰绖奉篚，哭从尸。”郑玄笺：“尸，主也。孝子之祭，不见亲之形象，心无所系，立尸而主意焉。”“尸”通过占卜确定人选，一般由臣下或死者晚辈充任。《公羊传·宣公八年》：“祭之明日也。”汉何休注：“祭必有尸者，节神也。礼，天子以卿为尸，诸侯以大夫为尸，卿大夫以下以孙为尸。夏立尸，殷坐尸，周旅酬六尸。”战国以后，“尸”逐渐被“神主”所替代。唐李华《卜论》：“夫祭有尸，自虞夏商周不变，战国荡古汉，祭无尸。”由此可见，当如李学勤之观点，“𡊄”读为“尸”。“𡊄”从土俟声，夷（以、脂）与尸（书、脂）通用，因为照三书母在上

① 黄天树. 甲骨拼合集. 北京：学苑出版社，2010：491，492.

古是清闪音，与以母是同一发音部位。“夷”用作尸用例，如《周礼·天官·凌人》：“大丧，共夷盘水。”郑玄笺：“夷之言尸也，实冰于夷盘中，置之尸床之下，所以寒尸。尸之盘曰夷盘，床曰夷床，衾曰夷衾，移尸曰夷于堂，皆依尸而为言者也。”“夷”后作“侇”。《礼记·丧大记》：“男女奉尸夷于堂。”陆德明释文：“夷，尸也，陈也。本或作侇。”“僺”，读为“尸”。

1.8　“⿱用口⿱畐攵之吕寖涽”释读

《鲍叔牙与隰朋之谏》中《竞建内之》简4：

> 含（今）此祭之尋（得）福者也，⿱用口（庸）⿱畐攵（鬻）之㠯（以）寖（浸）涽（汲）。①

整理者注：“‘周量之’，下句又有‘量之’，为人名。‘寖涽’，‘寖’，水名，‘涽’，读为‘汲’，汲汲为不休息貌。‘寖汲’是汲汲不休的寖水旁。”②

对上面画线这一段文字的理解，学术界存在三种不同观点：

（1）李学勤（2006）理解为：“即以雉作鼎实而浸之以肉汁”③。

（2）季旭昇（2007）理解为：“度量祭祀决定所需供给之祭品”④。

（3）林志鹏（2010）理解为：“以雉来祭而禳之”⑤。

我们赞同李学勤之观点。楚简“[illegible]（⿱用口）”，从口从用，读为“庸”，立即之意。⑥ 这一用法传世文献常见，如：

---

① 陈佩芬.《竞建内之》释文与考释//马承源.上海博物馆藏战国楚竹书（五）.上海：上海古籍出版社，2005：170.“⿱用口”，整理者读为“周”。“⿱畐攵”，整理者读为“量”。这里据学者们的研究改为“庸鬻”。

② 陈佩芬.《竞建内之》释文与考释//马承源.上海博物馆藏战国楚竹书（五）.上海：上海古籍出版社，2005：171.

③ 李学勤.试释楚简《鲍叔牙与隰朋之谏》.文物，2006（9）：90-97.

④ 季旭昇.上博五《鲍叔牙与隰朋之谏》试读//丁四新.楚地简帛思想研究（三）.武汉：湖北教育出版社，2007：11-25.

⑤ 林志鹏.战国竹书《鲍叔牙与隰朋之谏》译注//简帛研究二〇〇八.桂林：广西师范大学出版社，2010：1-18.

⑥ 李学勤.试释楚简《鲍叔牙与隰朋之谏》.文物，2006（9）：90-97.

《书·酒诰》："勿庸杀之，姑惟教之。"

《左传·昭公十二年》："子大叔使其除徒执用以立，而无庸毁。"

裴学海《古书虚字集释》："庸，犹即也。"王引之《经传释词》补训："庸，遽也。"

楚文"㬈"，从日从火束声，读作"鬻"。"鬻"也作"餗"，从食束声。"餗"与"㬈"谐声相通。① 《说文·鬲部》把"㬈"作"鼎实"义解。"鼎实"，指鼎中所盛之物。语出《易·鼎》："九二，鼎有实。"《鲍叔牙与隰朋之谏》下文简竞 4 有"高宗命傅说㬈(鬻）之以祭"，指把雉作为鼎实供祭祀。前后呼应。

楚文"寖"，古字。《说文·水部》篆体作"濅"，段玉裁注隶作"浸"。《周礼·夏官·职方氏》："其川三江，其浸五湖。"陆德明释文："浸，本又作寖。"

楚文"胥"，从肉汲声，见纽缉声，作"湆"。② "湆"（溪纽缉声）同"湇"，从肉泣声。"胥"与"湆"通用，羹汁之意。《集韵·缉韵》："脑，《博雅》：'羹谓之脑。'或作湇。"古籍多作"湆"。由此，"⿱昌㬈之以寖胥"庸鬻之以浸湇，释为立即把雉作为鼎中之物并浸之以羹汁。

1.9 "癹故䈞，行故𢓎，癹𢓎者死，弗行者死"释读

《鲍叔牙与隰朋之谏》中《竞建内之》简 3：

> 癹（废）古（故）䈞（作），行古（故）𢓎（作），癹（废）𢓎（作）者死，弗行者死。③

整理者注："'癹'，《说文通训定声》：'废，假借为发。'《论语·微子》：'废中权'，陆德明《经典释文》：'废，郑作发，动貌。''䈞'，读为'虘'。《说文·虍部》：'虘，虎不柔不信也。从虍，且声。'段玉裁注：'刚暴矫诈。''䈞'，假借为'作'，为也。《礼记·中庸》：'苟无其德，

①② 李学勤．试释楚简《鲍叔牙与隰朋之谏》．文物，2006（9）：90-97.

③ 陈佩芬．《竞建内之》释文与考释//马承源．上海博物馆藏战国楚竹书（五）．上海：上海古籍出版社，2005：169.

不敢作礼乐焉。’”①

关于楚文“癹”的释读，学界目前存在以下两种观点：

（1）原释陈佩芬（2006）和李学勤（2006）认为两个“癹”都读作“废”。②

（2）季旭昇（2006）认为前一个“癹”读作“发”，后一个“癹”读作“瀌”。③

案：前一个“癹”读作“发”。朱骏声《说文通训定声》：“癹，以发为之。”后一个“癹”读作“废”，弃置之意。可见于包山楚简、望山1号墓楚简和郭店《老子》。传世文献中，也有“发”通“废”的用例出现。朱骏声《说文通训定声》：“发，假借为废。”《庄子·列御寇》：“先生既来，曾不发乐乎。”陆德明释文：“发，司马本作废，云‘置也’。”郭庆藩集释：“发，废，古同声通用字……《荀子·礼论》：‘大昏之未发齐也。’《史记·礼书》‘发’作‘废’。”《墨子·非命上》：“废以为刑政。”中篇作“发而为刑政”。下篇作“发而为政乎国”。孙诒让《间诂》云：“废读为发。”从文法上看，“发”的宾语是“[illegible]”。据我们考证，“[illegible]”当释读为“虑”，谋划之意。“发故虑”当译作“谋先祖之所谋”。

楚文“[illegible]”，原释陈佩芬（2006）隶为“[illegible]”，从竹从心虘声。季旭昇（2006）隶为“篪”，从竹虑声。下面，我们先就“虑”与“虘”的形旁予以对比。

作“虑”的字，如：

《上博简一·缁衣》简17：“故言则[illegible]（虑）其所终”。句中“虑”楚文作“[illegible]”，虘从虍旁省形。

《上博简五·三德》简15：“[illegible]（虑）事不成”。句中“虑”楚文作“[illegible]”，从虘。

《上博简三·彭祖》简6：“远[illegible]（虑）用素”。句中“虑”作“[illegible]”，从[illegible]。

---

① 陈佩芬.《竞建内之》释文与考释//马承源.上海博物馆藏战国楚竹书（五）.上海：上海古籍出版社，2005：170.

② 同①，171；季旭昇.上博五刍议（上）.（2006-02-18）.简帛网.

③ 季旭昇.上博五刍议（上）.（2006-02-18）.简帛网.

《上博简五·姑成家父》简 7：“远慮（虑）图后”。句中“虑”作“慮”，从膚。

上述诸例表明，楚文“虑”作“慮”，不从思，但从虘，或从膚，皆为鱼部字。

作“虘”旁的字，如：

《上博简一·缁衣》简 14：“吾大夫恭虘（且）俭”。句中“且”，楚文作“虘”，虘从虍旁省形。

《上博简一·孔子诗论》简 23：“。《兔蒫（罝）》”。句中“罝”，楚文作“罝”，从虘。

《上博简四·曹沫之阵》简 56：“曰城，曰固，曰蒫（阻）”。句中“阻”，楚文作“蒫”，从虘。

上述诸例表明，楚文“虑”，或从虘旁、或从膚旁，与“蒫”“蒫”的虘旁同形。其实，“虑”作虘旁和膚旁只有楚文才有出现，这当是楚国文字的独有特色。

“發故慮”中的“慮”，原释陈佩芬（2005）将其读为“虘”。李学勤（2006）将其读为“错”。季旭昇（2007）读为“虑”。案：季旭昇之解读更为贴切。不过，“虑”不当指思虑之意，而是意指谋略。“发故虑”，意即谋先祖之所谋。

“作”，楚文可作五种形体，有“乍”“𠇍”“倿”“迮”“复”。“发故虑，行故作，废作者死，弗行者死”，意即，谋先祖之所谋，行先祖之所行，而对于废先祖之所行者和不行先祖之所行者都应处死。

1.10　“[illegible]人之伓者七百里”释读

《鲍叔牙与隰朋之谏》中《竞建内之》简 3、8：

> 不出三年，[illegible]人之伓（倍）者七百［里］，此能从善而迲（去）𥘵（过）者。①

① 陈佩芬.《竞建内之》释文与考释//马承源. 上海博物馆藏战国楚竹书（五）. 上海：上海古籍出版社，2005：169.

此简画线部分整理者注："'糴'，应为地名，字上部'糴'是一种谷米名。'伓'，读为'倍'。《管子·法法》：'倍法而治'。刘绩补注：'倍，古背字同。'《上海博物馆藏战国楚竹书（一）·缁衣》：'倍以结之，则民不伓。'今本《礼记·缁衣》：'不伓'作'不倍'。《正字通》：'倍，俗亦作背。'《集韵》：'背，违也。''七百里'，'里'字属下简首字。《礼记·明堂位》：'成王以周公为有勳劳于天下，是以封周公于曲阜，地方七百里，革车千乘。'郑玄注：'曲阜，鲁地，上公之封，地方五百里，加鲁以四等之附庸，方百里者二十地，并五五二十五，积四十九开方之得七百里。'此为鲁之封域。"①

关于这一句的理解，学界有三种不同看法：

（1）李天虹（2006）、陈伟（2006）释"[illegible]"为"狄"，疑指古北方少数民族族名。释"伓"为"附"或"服"，"狄人之附近者七百邦"，意即：狄人来归附的有七百个部落之多。但此义难以理解，且与逻辑不太相符。②

（2）李学勤（2006）释"[illegible]"为"逃"，释"伓"为"倍"，意指"逃人之倍者七百里"。③

（3）季旭昇（2007）认为，"狄"宜看作"逖"。④

案：楚文"[illegible]"直接释为"逖"。其理由，"[illegible]"从邑籴声，定纽药部，与"逖"（透、锡）通用，声母同一部位，韵母旁转。"逖人"指远方之人。楚文"伓"释为"附"，因为"伓"从人不声，并纽之部，与"附"（并、侯）通用，声母同一部位，韵母旁转。意义上，"逖人之附者"指归附的远方之人。"七百"二字后面缀连第8简，该简首字是"邦"。邦，即邦县，一邦县为四百里范围。《周礼·天官·大宰》："五曰邦县之赋。"郑玄笺："邦县，四百里。"这里"七百邦"指该范围中的百姓，"逖人之附

---

① 陈佩芬.《竞建内之》释文与考释//马承源.上海博物馆藏战国楚竹书（五）.上海：上海古籍出版社，2005：170.

② 陈伟.《竞建内之》《鲍叔牙与隰朋之谏》零释.（2006-02-22）.简帛网；李天虹.上博五《竟》、《鲍》篇校读四则.（2006-02-19）.简帛网.

③ 李学勤.试释楚简《鲍叔牙与隰朋之谏》.文物，2006（9）：90-97.

④ 季旭昇.上博五《鲍叔牙与隰朋之谏》试读//丁四新.楚地简帛思想研究（三）.武汉：湖北教育出版社，2007：11-25.

者七百邦”句大意指归附的远方之人达七百邦县之多。

1.11 “追达畋𦅮无𦔻庑”释读

《鲍叔牙与隰朋之谏》中《竞建内之》简9、10：

> 公身为亡（无）道，进芋（华）明（孟）子㠯（以）驰于倪（郳）廷，迨（追）达（犬）畋（猎）𦅮（乡），亡（无）𦔻（旗），庑（度），或（又）㠯（以）豎（竖）谌（刁）㝵（与）𢧢（易）𠀠（牙）为相。①

整理者注：“‘追达畋𦅮’读为‘追犬猎乡’。‘追’，《尔雅·释言》：‘追，及也。’‘达’，从辵，犬声，假借为‘犬’。‘畎’，狩猎。《诗·魏风·伐檀》‘不狩不猎，胡瞻尔庭有县貆兮。’狩猎是以鹰，犬或猎六捕取鸟兽。‘追犬猎乡’，到离城邑很远的可以狩猎的广袤之地。‘亡𦔻，庑’，读为‘无旗，度’。‘旗’，是一种表识。《礼记·月令》‘以为旗章’，郑玄注：‘旗章，旌旗及章识也。’‘度’，《集韵》：‘古作庑。’《左传·昭公三年》‘公室无度’，杜预注：‘无法度也。’《左传·昭公四年》‘度，不可改’，杜预注：‘度，法也。’”②

对这一段文字画线部分的释读，学界主要有两种不同观点：

(1) 李学勤（2006）将其读为“追逐畋，乡无旗宅”，意即：等到猎事活动进行之时，乡野中由于没有虞旗和猎者的住处，导致田猎无法进行。③

(2) 季旭昇（2007）将其理解为“驱逐畋弋，无期度”，意即，驱逐于田猎弋射，不知节制。④

案：楚文“𨑡”，原释陈佩芬（2005）隶为“追”，李学勤（2006）

① 陈佩芬.《竞建内之》释文与考释//马承源. 上海博物馆藏战国楚竹书（五）. 上海：上海古籍出版社，2005：169.“进”，后来学界改读为“雍（拥）”.

② 陈佩芬.《竞建内之》释文与考释//马承源. 上海博物馆藏战国楚竹书（五）. 上海：上海古籍出版社，2005：176，177.

③ 李学勤. 试释楚简《鲍叔牙与隰朋之谏》. 文物，2006（9）：90-97.

④ 季旭昇. 上博五《鲍叔牙与隰朋之谏》试读//丁四新. 楚地简帛思想研究（三）. 武汉：湖北教育出版社，2007：11-25.

采纳原释观点，并将其读为“及”。①季旭昇（2006）改隶为“迿”。②细审简文，季旭昇的观点正确。理由是，楚文从“句”的字由从口从彐组成。如：

《上博简五·鲍叔牙与隰朋之谏》简2：“迿（考）治以使”“忘其迿（考）治也”“寡人将迿（考）治”。句中的“迿”，楚文都作“”。

《上博简五·三德》简21：“枸株覆车”。句中的“枸”，楚文作“”。

《上博简五·季康子问于孔子》简10、11：“夙兴夜寐宲佝”。句中的“佝”，楚文作“”。

从“台”的字由从台从彐组成，如：

《上博简五·鲍叔牙与隰朋之谏》简2：“考佁（治）以使”“忘其考佁（治）也”“寡人将考佁（治）”。句中的“佁”，楚文都作“”。

《上博简二·子羔》简1：“故能紿（治）天下”。句中的“给”，楚文作“（紿）”。

《上博简二·从政》简乙1：“緟戒先忒，则自己台（始）”。句中的“台”，楚文作“（台）”。

从甲骨文、金文开始，偏旁“台”就比偏旁“句”多一笔画。如带偏旁“台”的“始”字，金文作“”（商乙未鼎），金文作“”（周晚颂簋），偏旁“台”从彐从吕（台），到楚文仍然沿用从彐从台。“句”，甲骨文作“”（一期前8.4.8），金文作“”（周晚瓒比盨），楚简仍然继承之。楚简“”与《上博简五·鲍叔牙与隰朋之谏》简2“”相同，属于从辵句声的字。“迿”（见纽侯部）在这里读为“驱”（溪纽侯部），“迿”与“驱”通用。马王堆汉墓帛书《战国纵横家书·谓燕王章》简文219：“天下服听，因迿韩、魏以伐齐。”句中的“迿”作“”。“迿”，在传世文献《战国策·燕策》《史记·苏秦列传》中均作“驱”。

楚文作“达”，从辵犬声，与“逐”（从辵豖声）同。“犬”和“豖”二形旁可以互相替代。《说文·辵部》：“逐，追也。”商承祚《殷墟文字类

① 李学勤. 试释楚简《鲍叔牙与隰朋之谏》. 文物，2006（9）：90-97.

② 季旭昇. 上博五刍议（上）.（2006-02-18）. 简帛网.

编》："逐字从豕，或从犬、或从兔、或从鹿、或从止，象兽走圹而人追之。"吴振武（1998）研究发现，《汗简》犬部"逐"字写作"迖"。《古玺汇编》楚玺人名"追逐"作"[illegible]迖"。上海博物馆藏铭文《陈曼瑚传》："齐陈曼不敢迖康，肇勤经德，作皇考献叔[illegible]盘，永保用。"句中"迖康"作"逐康"，即追求安乐。① 此铭文"迖"作"[illegible]"。"逐"和"迖"是不同形体的一个词。我们认为，一个词之所以有不同的形体，是因为造字之初，"逐"字或从犬、或从豕、或从兔、或从鹿，它们表示"追逐"这一概念，而不是一个字的会形之意。如《甲骨文合集》："逐"从犬作"[illegible]"（无名组26879），从豕作"[illegible]"（宾组10245）、从兔作"[illegible]"（《怀》宾组152）、从鹿作"[illegible]"（《前》一期6.46.3）（徐中舒《甲骨文字典》第158页）。这四个不同的汉字符号，代表表示追逐的同一个概念。金文中，"迖"作"[illegible]"（《周中迖簋》）、"逐"作"[illegible]"（《周中逐鼎》）。这两个不同的汉字符号，代表的也是追逐同一概念。楚文中，"迖"作"[illegible]"（《上博简五·竞建内之》简10）、"逐"作"[illegible]"（《上博简二·从政甲》简3）。这两个不同汉字符号，也当代表追逐同一概念。在当时没有统一文字的情况下，从犬、从豕、从兔、从鹿理当会出现四个不同造字，并能表示追逐之同一个概念。在使用过程中，只出现"迖""逐"两个不同汉字，用以代表"追逐"这一概念。直到后来，才统一为"逐"，用以代表"追逐"这一概念。它们虽然字形不同，但是音义相同。从这个例子，不难看出，对一个词或两个词的判断，字形并不重要，重要的是字音和字义。如果音义相同，即使字形不同，那也当是同一个词；如果音同义不同，那必然是两个同音词；如果义同音不同，那当是两个同义词。②

楚文"[illegible]"字的隶定和解释没有定论，存在下面几种不同的观点：

（1）原释陈佩芬（2005）隶为"[illegible]"，读为"乡"，李学勤（2006）从之，理解为乡野之意。③

（2）陈剑（2006）隶为"[illegible]"，刘国胜（2006）认为，右旁从"飤"，

---

① 吴振武. 陈曼瑚"逐"字新证//吉林大学古籍整理研究所建所十五周年纪念文集. 长春：吉林大学出版社，1998：46-47.

② 蒋绍愚. 古汉语词汇纲要. 北京：北京大学出版社，1989：29-30.

③ 李学勤. 试释楚简《鲍叔牙与隰朋之谏》. 文物，2006（9）：90-97.

为“饰”的异体，读为“弋”，季旭昇（2007）从之，把“[illegible]”读为“饰/弋”。①

（3）何有祖（2006）把右旁隶为“即”，林志鹏（2010）从之，读为“弋”。②

案：从上面诸观点看，楚文“[illegible]”右边形旁有隶“郎”“飤”“即”三种，下面我们逐个辨别楚文中这三种形旁。

“乡”从偏旁“郎”，如：

《上博简二·容成氏》简47、48：“文王乃起师以乡（向）丰、镐”。句中的“乡”，楚文作“[illegible]（卿）”，右边从卩。楚文“卿”与“乡”同形。

《长台关简》简1—032：“今卿大夫”。句中的“卿”楚文作“[illegible]”，右边从卩。

“即”作“卽”，如：

《郭店简·性自命出》简20：“所以文即（节）也”。句中的“即”，楚文作“[illegible]（卽）”，从食省为皀、从卩。

《望山2号墓简》简50：“二即”中的“即”，楚文作“[illegible]（卽）”，从食省为皀、从卩。

“即”同“卽”，从食省为皀、从卩。《玉篇·皀部》：“卽，今作即。”《字彙·卩部》：“即，俗卽字。”古籍多作“卽”，楚文中或作“卽”，“卩”楚文不作“人”，那么“卽”与楚文“[illegible]”（右旁从皀从人）字形不相通。

“食”，或作“飤”，或作“飤”，如：

《包山简》简245：“不甘飤（食）”。句中的“飤”，楚文作“[illegible]”，从食省为皀，从人。

《郭店简·成之闻之》简13：“农夫务飤（食）不强耕，粮弗足矣”。

---

① 陈剑．谈《上博（五）》的竹简分篇、拼合与编联问题．（2006-02-19）．简帛网；刘国胜．上博（五）零札（六则）．（2006-03-31）．简帛网；季旭昇．上博五《鲍叔牙与隰朋之谏》试读//丁四新．楚地简帛思想研究（三）．武汉：湖北教育出版社，2007：11-25.

② 何有祖．上博五楚竹书《竞建内之》札记五则．（2006-02-18）．简帛网；林志鹏．战国竹书《鲍叔牙与隰朋之谏》译注//简帛研究二〇〇八．桂林：广西师范大学出版社，2010：1-18.

句中的“臥”，楚文作“[illegible]”，从食省为皀，从人。

《包山简》简208：“一白犬，酒飤（食）”。句中的“飤”，楚文作“[illegible]”，从食，从人。

《郭店简·语丛四》简11：“飤（食）韭恶知终其世”。句中的“飤”，楚文作“[illegible]”，从食，从人。

楚文从皀从人的“臥”，与楚文“[illegible]”右旁字形一致。并且同篇的“鲍5”简“[illegible]（从皀从人）”、“鲍6”简“[illegible]（从皀从人）”、“鲍7”简“[illegible]（从皀从人）”，与楚文“[illegible]”右旁字形一致。“[illegible]”从纟从皀从人，当隶为“䊵”，读为“飤（食）”。

“食”与“弋”古相通。因为“食”是船纽职部字，“弋”是以纽职部字，中古照三船母，在上古读舌尖音，中古以母字常与定、船等塞音声母谐声。如“沿”（以母）与“船”（船母）谐声，允（以母）与“吮”（船母）谐声。“食”与“弋”声母相通，加上韵部叠韵，则“食”与“弋”二字当然互通。

综观以上三种观点，第一种看作“乡”的观点和第三种看作“即”的观点并不科学。第二种隶作“䊵”的观点正确，但把“飤”看作“饰”的异体字，则显得过于勉强。

楚文“[illegible]”，原释陈佩芬（2005：176）隶为“羿”，从羽丌声，季旭昇（2007：17）隶为“羿”，从羽从廾。① 案：当依原释隶为“羿”，这是楚文“旗”字异写，如《郭店简·成之闻之》简30：“槁木三年，不必为邦羿（旗）”中的“羿”楚文作“[illegible]”。或作“旂”（《曾侯乙墓简》）、“[illegible]”（《上博简二·容成氏》简21，《江陵天星观一号墓卜筮简》）。“旗”，于此读为“期”，《史记·弟子传》：“鲁巫马施字子旗。”《家语》作“子期”。“期”当为“旗”的假借。

庑：既读“宅”，又读“度”。《说文·宀部》“宅”古文作“庑”。《广韵·铎韵》“庑，古文度字”。《易》“乾坤凿度”庖氏先文作“凿庑”。这里楚文“庑”作“度”，指限度。

---

① 季旭昇．上博五《鲍叔牙与隰朋之谏》试读//丁四新．楚地简帛思想研究（三）．武汉：湖北教育出版社，2007：17.

凡以上考察发现，“追迖畋𢼄无羿庀”，即指驱逐田弋无期度，意即整日在田猎弋射中奔驰追逐，没有节制。

1.12 “九月除路，十月而徒梁成，一之日而车梁成”释读

《鲍叔牙与隰朋之谏》简1：

> 命九月敘（除）逄（路），十月而徒𣏟（梁）城（成），一之日而车𣏟（梁）城（成）。①

整理者注：“‘九月’，一年之中第九月。《诗·豳风·七月》：‘七月流火，九月授衣。’毛亨传：‘九月霜始降，妇功成。’……‘一之日’，《诗·豳风·七月》：‘一之日觱发，二之日栗烈。’毛亨传：‘一之日，十之余也。’郑玄笺：‘一之日，二之日，犹言一月之日，二月之日，故《传》辨之，言一之日者，乃是十分之余，谓数从一起而终于十。’”②

据董珊（2005、2006）和李学勤（2006）研究，“九月”“十月”是夏历，“九月除路，十月而徒梁成”较早见于《国语·周语中》：“《夏令》曰：‘九月除道，十月成梁。’”《孟子·离娄下》有“岁十一月徒杠成，十二月舆梁成”。阮元云：“凡夏正皆曰岁，凡曰岁终，曰正岁，岁十一月皆谓夏时也。凡言正月之吉，不曰岁谓周正也。”③ 夏历到秦汉成为制度。如四川青川郝家坪出土秦牍《为田律》和湖北江陵张家山出土汉律《二年律令》中的时间都是夏正历。“一之日车梁成”，套用周历，则当指周正一月；套用夏历，则指十一月。较早见于《诗·豳风·七月》：“一之日觱发，二之日栗烈。”毛传：“一之日，十之余也。一之日，周正月也……二之日，殷正月也。”“一之日”即指夏正十月之余一月的日子，即夏正十一月，“二之日”即夏正十月之余二月的日子，即

---

① 陈佩芬.《鲍叔牙与隰朋之谏》释文与考释//马承源. 上海博物馆藏战国楚竹书（五）. 上海：上海古籍出版社，2005：182.

② 陈佩芬.《竞建内之》释文与考释//马承源. 上海博物馆藏战国楚竹书（五）. 上海：上海古籍出版社，2005：182.

③ 董珊. 弌日解. 古代文明研究通讯，2005（25）；董珊. 阮校《孟子》与《鲍》简对读.（2006-02-20）. 简帛网.

夏正十二月。

1.13 “雩坜墜至䋣 逡”释读

《鲍叔牙与隰朋之谏》简 8：

是戢（岁）也，晋人戬（伐）齐。既至齐墜（地），晋邦又（有）䜌（乱），师乃遈（归）；雩（雩）坜（旁）墜（地）至䋣（杞），逡（复）。①

关于画线部分文字释读，整理者注：“‘雩坜墜至䋣’，读为‘雩旁地至杞’，为祭祀之点。《集韵》：‘坜。地畔也。’ ‘䋣’即‘梞’，读若‘杞’，杞柳也，柳之一种。‘逡’即‘復’字，从辵与从彳同。《谷梁传·文公八年》：‘未复而曰复’，范甯《集解》：‘复者，事毕之辞。’《谷梁传·宣公八年》：‘复者，事毕也。’”②

这一段画线部分文字解释，学界有四种不同观点：

（1）原释陈佩芬（2005：190）释作“雩坜地至杞。复”，“雩”求雨之祭，“坜地至杞”为祭祀地点，复，事毕。

（2）陈剑（2006）释作“雩（与）坪（平）。地至□复”，谓至某地之国土，由晋军占领而复归于齐国，□字形待考。③

（3）何有祖（2006）认为，“䋣”当隶为从漆从止，读为“漆”，地名。侯乃峰（2006）认为，“䋣”当隶为“𣗳”，读为“㮶”，释为“雨平地至膝”，指大雨积水水深至膝。林志鹏（2010：7）支持此观点。④

（4）李学勤（2006：94）释为“粤平地至膝”，指地自长至膝，“粤”为句首语气词。⑤

---

① 陈佩芬.《竞建内之》释文与考释//马承源. 上海博物馆藏战国楚竹书（五）. 上海：上海古籍出版社，2005：189，190.

② 同①，190.

③ 陈剑. 谈《上博（五）》的竹简分篇、拼合与编联问题.（2006-02-19）. 简帛网.

④ 何有祖. 上博五《鲍叔牙与隰朋之谏》试读.（2006-02-19）. 简帛网；侯乃峰. 上博（五）几个固定词语和句式补说.（2006-03-18）. 简帛网；林志鹏. 战国竹书《鲍叔牙与隰朋之谏》译注//简帛研究二〇〇八. 桂林：广西师范大学出版社，2010：1-18.

⑤ 李学勤. 试释楚简《鲍叔牙与隰朋之谏》. 文物，2006（9）：90-97.

塝墬：关于楚简“□”的隶字，学界有两种观点：

（1）原释陈佩芬（2005）隶为“塝”。①

（2）陈剑（2006）隶为“坪”。②

案，“□”当隶为“坪”，读为“滂”。这是因为，“□”是从土、用形与平形结合，上加一横笔。它是从凡从方的甲骨文“□”（四期《英》634）演变而来，金文凡形讹变为用形，与平形结合，且上加一或二横笔，方形与土形重叠省去平形的撇画。如“□”（平夜君鼎）。楚文承传金文，从土、用形与平形结合，方形与土形重叠省去平形的撇画，或上加一或二横笔或不加。如“□”（《上博简二·子羔》简1：“坪万邦”）。这里“坪”通“滂”。《山海经》：“日月逡生，九州岛不塝。”商承祚（1964：16）认为，“塝”读作“滂”。③“九州岛不塝”又作“九州岛不坪”。④ 墬：楚文作“□”，当隶为“陻”，楚之“地”字，或为异体“坨”（《郭店简·语丛四》简22），这里假借为“沱”，因为“陻”从土陀声，与“沱”双声叠韵。“坪陻”读为“滂沱”。

楚文“□”，原释陈佩芬（2005）隶为“□”，陈剑（2006）隶为“□”，陈剑隶字正确。楚简“□”字形右上角从卩，右下角从止，何有祖（2006）释为“漆”，即“厀（膝）”。何有祖释读正确。“□”与“厀”同字，前者有饰笔“止”，“厀”此处作“膝”，膝盖之意。

复：还复原貌。这里指至膝洪水消退。《尔雅·释言》：“复，返也。”《说文·彳部》：“复，往来也。”段玉裁注：“辵部曰：‘返、还也。’还、复也。皆训往而仍来。”林志鹏（2010：7）释此处“复”为大水及时消退。

以上分析表明，“雩坪墬至□復”当隶为“雩坪地至厀，复”，意指大雨滂沱，洪水猛涨至膝，幸好之后洪水及时消退”。“雩”读为“雨”。

① 陈佩芬.《竞建内之》释文与考释//马承源. 上海博物馆藏战国楚竹书（五）. 上海：上海古籍出版社，2005：190.

② 陈剑. 谈《上博（五）》的竹简分篇、拼合与编联问题.（2006-02-19）. 简帛网.

③ 商承祚. 战国楚帛书述略. 文物，1964（9）：16.

④ 关于“坪”“塝”文字演变考释参见本书第一章第二节第13-17页，“坪”见于敍，“塝”见于中古。

古代大雨滂沱意指龙发威。如《全唐文》第07部卷六百八十："一雨滂沱，是龙之灵。"鲍叔牙和隰朋先用晋军来犯进谏桓公，接着用洪水的灾异进谏桓公，以及后面用"日璚""虹辉"的灾异进谏桓公，其目的是让桓公不要偏信谗言，而应该重用贤才治国理政。

1.14 "曰⿸㫃乍"释读

《鲍叔牙与隰朋之谏》简8：

复曰：⿸㫃乍（作）内（入）不为态（灾），公蠢（昆）亦不为𢦏（害）。①

画线部分的文字，整理者注："'⿸㫃乍'，从力从乍，读为'作'。'内'指朝廷内，又冠婚丧祭之事。《史记·汲郑列传》：'不得久留内，迁为东海太守。'《尚书·洪范》：'作内吉，作外凶。''态'，读为'灾'。"②

楚文""，整理者隶"曰：⿸㫃乍"，释为"说：作"，把二字断开，不妥。古"日"与"曰"字形截然有别："日"字不开口，如《上博简一·缁衣》简6：""。"曰"有开口，如《上博简二·民之父母》简5：""。此处楚文""不开口应为"日"。

关于"日⿸㫃乍"的解释主要有四种不同观点：

（1）陈剑（2006）释为"日差"，日有差忒。③

（2）李学勤（2006：95）释为"日璚"，天象灾异。④

（3）刘信芳（2006）释为"螟蚱"或"蟒蚱"。林志鹏（2010：7）从之。⑤

（4）黄人二（2006）释为"蚋蠓"，二者指虫灾。⑥

---

① 陈佩芬.《竞建内之》释文与考释//马承源.上海博物馆藏战国楚竹书（五）.上海：上海古籍出版社，2005：189，190.

② 同①，190.

③ 陈剑.谈《上博（五）》的竹简分篇、拼合与编联问题.（2006-02-19）.简帛网.

④ 李学勤.试释楚简《鲍叔牙与隰朋之谏》.文物，2006（9）：90-97.

⑤ 刘信芳.上博藏五试解七则.（2006-03-01）.简帛网；林志鹏.战国竹书《鲍叔牙与隰朋之谏》译注//简帛研究二〇〇八.桂林：广西师范大学出版社，2010：1-18.

⑥ 黄人二.上博藏简第五册《竞建内之》和《鲍叔牙与隰朋之谏》试释.台湾大学中文系"战国学术研究计划"系列演讲，2006-10-18.

案：该四种观点，在语义上都能讲通，但问题关键在于字的隶定是否正确。

“□”字从楚简“□”隶，学界对楚文“□”作如下三种隶定方式：

（1）何琳仪（1998）、陈佩芬（2005）、陈剑（2006）、刘信芳（2006）等隶为“□”，从力，柞声。

（2）黄人二（2006）隶为从力杧声，“亡”通“蠓”。

（3）高明、李守奎（2007）、李学勤（2006）隶为“□”，从力，“桀”省声。

再，《包山简》简141中的“□”，何琳仪（1998：579）将其隶定为从力柞声，人名。整理者也将其隶为“□”。

我们认为，楚文“□”应隶为“□”，从力，“桀”省声。其考证如下：

首先，对楚文“乍”偏旁的调查。如《上博简一·缁衣》简14有“□(复)”、《上博简五·鬼神之明》简6有“□(□)”、《包山简》简12有“□(□)”。

这类从“乍”的偏旁都有三横，此特征与只有两横的“□”字存在明显差异。

其次，对楚文“亡”偏旁的调查，如《上博简一·缁衣》简21有“□(亡)”、《上博简三·彭祖》简1有“□(忘)”、《上博简一·孔子诗论》简22有“□(望)”。

这类从“亡”的偏旁，上一横始终在右竖画的右边。此特征与此“□”字明显不同，“□”字延伸至右竖画的左边。

最后，对楚文“桀”偏旁的调查，如《包山简》简141有“□(桀)”，战国彙玺1388有“□(桀)”，《上博简二·容成氏》简35有“□(杰)”，《上博简四·曹沫之阵》简65有“□(杰)”，《上博简二·容成氏》简25有“□(滐)”。

这类从“桀“的偏旁与此“□”字基本一致。

从以上考证可知，楚文“□”当隶为“□”或“□”，“□”从力桀省声。古代天象中有“日璚”现象。“日璚”，日晕的一种，指太阳周围像玉玦状一样的云气（《集韵·宵韵》：“玦，或作璚。”），有时也像带状或环状。清张金吾《广释名·释天》:"日璚。璚者决也……形如背状,微小而钩则为璚。"《晋书·天文志》:"八曰序,谓气若山而在日上。或曰,冠珥背璚,重叠次序,在于日旁也……璚者如带,璚在日四方……日晕,有璚。"《新唐书·天文志》:"璚者如带,璚在日四方。"《明史·天文志》:"璚者如带,璚在日四方。"古人以为这种自然现象是一种凶兆。"日璚"即"日𣐺","璚"与"桀"都是见纽月部,双声叠韵通用。

综上所述,李学勤(2006:95)释作"日璚",当为可靠。①

1.15 "公蝹"释读

《鲍叔牙与隰朋之谏》简8:

复曰:𣐺(作)内(入)不为忞(灾),公蝹(昆)亦不为戠(害)。②

画线部分的文字,整理者注:"'蝹',从君从䖵。《说文通训定声》:'从二虫,会意,读若昆,经传皆以昆为之。昆,众也。'《大戴礼记·夏十正》:'昆小虫抵蚳',郑玄注:'昆者,众也。''公众',泛指一般人民而言。'戠',读为'害'。"③

关于"公蝹"的解释观点不一,主要有以下四种不同观点:

(1)整理者读作"公昆",指公众。

(2)陈剑(2006)释为"公蝹",指桓公患某种疾病。④

(3)李学勤(2006:95)、林志鹏(2008)释为"虹辉",指一种天象。⑤

(4)刘信芳(2006)释为"蚣蝩",指一种虫害。⑥

---

① 李学勤. 试释楚简《鲍叔牙与隰朋之谏》. 文物,2006(9):90-97.

②③ 陈佩芬.《鲍叔牙与隰朋之谏》释文与考释//马承源. 上海博物馆藏战国楚竹书(五). 上海:上海古籍出版社,2005:189,190.

④ 陈剑. 谈《上博(五)》的竹简分篇、拼合与编联问题.(2006-02-19). 简帛网.

⑤ 李学勤. 试释楚简《鲍叔牙与隰朋之谏》. 文物,2006(9):90-97;林志鹏. 战国竹书《鲍叔牙与隰朋之谏》译注//简帛研究二〇〇八. 桂林:广西师范大学出版社,2010:1-18.

⑥ 刘信芳. 上博藏五试解七则.(2006-03-01). 简帛网.

案：语义上，以上四种观点都能讲通。但如果结合前文“日璚”来考察，情况则不一样。

首先，结合“日璚”看“公蝹”。以“亦不为灾，亦不为害”为例，“灾”与“害”上下对文，同义对举。依此类推，“日璚”与“公蝹”相对应。“日璚”，指的是太阳周围的云气，古人把它看作一种灾象。同样，“公蝹”也是指天上灾象的一种。

其次，从论证手段看，这里指鲍叔牙和隰朋借用天上灾异现象谏劝桓公。前一段借用“日食”和“雉鸣”两种异象，此段借用天灾喻指人事，认为晋国进攻，是天上出现“日璚”与“公蝹”等异象的应验。在我国，自古就有天象灾异与天子政治好坏相关联的说法。如《新语·明诫》：“世衰道失，非天之所为也，乃君国者有以取之也。恶政生恶气，恶气生灾异……虹蜺之属，因政而见。治道失于下，则天文变于上。”

“蚣螽”，指地面虫灾。从语音上看，它与“公蝹”声韵都难以相通。“蝹”从二虫君声，见纽文韵；“螽”从二虫冬声，章纽冬韵，古代见纽是舌根音，章纽是舌尖音，二者发音部位各异，因而两声母难以相通；韵部主要在于元音不同，文韵主要元音读 ə，冬韵主要元音读 u，难以发生旁转。但如若隶作“公蝹”，则与“虹辉”互为通用。“公”（见、东）与“虹”（匣、东）相通，因为韵部都是东韵，声母见与匣也都是舌根音，与其谐声的字如“该、赅”与“亥、骇、核”。“蝹”（见、文）与“辉”（晓、文）相通，因为韵部都是文韵，声母见与晓都是舌根音，谐声的字如“讫”与“迄、汔”。“虹”指白虹弥天，《周礼·视祲》：“有十辉……七曰弥。”孙诒让引郑众说是“白虹弥天”。又《视祲》：“有十辉……九曰隮。”贾公彦疏云：“隮，虹也。《诗》云‘朝隮于西’。”“虹辉”也指日月周围的光气，古人把“虹辉”看作淫邪之气，属于一种灾象。《诗·鄘风·蝃蝀》：“蝃蝀在东，莫之敢指。”毛传：“蝃蝀，虹也。夫妇过礼则虹气盛，君子见戒而惧讳之，莫之敢指。”笺云：“虹，天气之戒，尚无敢指者，况淫奔之女，谁敢视之。”《周礼·视祲》贾公彦疏云：“王者于天日也。夜有梦，则昼视日旁之气，以占其吉凶。”

由上观之，李学勤（2006：95）将“公蝹”释为“虹辉”的观点是准确的。①

二 《鲍叔牙与隰朋之谏》篇语译

(1)［日食，王］坐（速），级（隰）儩（朋）与鞁（鲍）弔（叔）𤘽（牙）从。日既，公昏（问）二夫₌（大夫）："日之飤（食）也，害（曷）为？"鞁（鲍）弔（叔）𤘽（牙）拿（答）曰："星𡚬（弁—变）。"子曰："为齐竞1……言曰多。"鞁（鲍）弔（叔）𤘽（牙）拿（答）曰："害牆（将）来（来），牆（将）又（有）兵，又（有）𢝊（忧）于公身。"公曰："肰（然）则可敚（说）异（欤）？"汲（隰）儩（朋）拿（答）曰："公身竞5为亡（无）道，不遷（迁）于善而敚（说）之，可虐（乎）才（哉）？"公曰："甚才（哉），虗（吾）不濿（励），二厽（三）子不谛（谪）忞（怒）㝵（寡）人，至于𡚬（使）日飤（食）。"鞁（鲍）弔（叔）𤘽（牙）竞6异（与）汲（隰）儩（朋）曰："羣臣之辠（罪）也。昔高宗祭，又（有）𨾚（雉）𨾚（雊）于㑊（尸）前，䛬（诏）𥚃（祖）己而昏（问）安（焉），曰：'是可（何）也？'𥚃（祖）己拿（答）曰：'昔先君竞2②客（格）王："天不见（现）禹（害），墬（地）不生𡿧（孽），则诉（祈）者（诸）鬼神曰：天墬（地）盟（明）弃我矣，近臣不讦（谏），远者不方（谤），则攸（修）者（诸）向（乡）竞7里。"含（今）此祭之㝵（得）福者也，𤔲（庸）𩱽（鬻）之㠯（以）寖（浸）𣸣（湆），既祭之逡（后），安（焉）攸（修）先王之灋（法）。'高宗命伩（傅）𡩋（说）𩱽（鬻）之以竞4祭。既祭安（焉），命行先王之灋（法）。癹（废）古（故）𥮾（错），行古（故）迮（作），癹（废）迮（作）者死，弗行者死。不出三年，𨗨（逖）人之伓（附）者七百竞3邦，此能從善而迲（去）𥙷（過）者。"竞8A

---

① 李学勤．试释楚简《鲍叔牙与隰朋之谏》．文物，2006（9）：90－97．

② 李学勤（2006）的竹简编序是"竞2"简接"竞3"接"竞4"，季旭昇（2007）、林志鹏（2010）的竹简编序是"竞2"简接"竞7"简接"竞4"简接"竞3"。季、林二人的编序为是。因为"竞2"简后面需要一段有关祖己借用先君劝勉大王的故事来回答为何雉雊于尸前的答辞，"竞7"简正好是这方面的内容。然后，"竞4"简承"竞7"，祖己以古喻今，劝高宗修先王之法。接着"竞3"简是高宗命傅说行先王之法，并见成效。其文意完整，情节清晰，语言表达流畅。

【译文】

齐国出现了日食，齐桓公急促地往前走，隰朋和鲍叔牙两位大夫跟随其后。就这次日全食，齐桓公问二位大夫道：“日食是什么呢？”鲍叔牙回答说：“日食是天象，它的出现预示着灾祸即将降临。”齐桓公说：“这灾象莫非暗示齐国将有灾祸发生……？”鲍叔牙回答说：“齐王您说得对。这灾象暗示灾祸即将降临到我齐国。不仅会有敌国来犯，而且会有祸患殃及大王之身。”齐桓公又问道：“那么，可以通过祷祝方式禳除这灾祸吗？”隰朋回答说：“大王，您治理朝纲不行正道，且不修正自己过错，不施行善德。正因为如此，才导致齐国出现此灾象。到如今您不自我反省，却想通过祷祝方式禳除灾祸，这样怎么能行呢？”齐桓公说道：“你说得很对啊！都怪我平时懒于治理朝政，又加之所有大臣对我这种消极怠政行为不加以指责，所以导致今天日食灾象出现。”鲍叔牙和隰朋一起回答齐王说：“这都是臣子们犯下的过错。从前有一次殷高宗在举行祭祀时，有一只雉鸟飞到那祭祀时扮作已故之人的人面前啼叫不止。高宗召见祖己并询问道：‘这是什么征兆呢？’祖己回答说：‘往昔先君曾经这样勉励大王：“天上如果没有出现灾象，地上如果没有生出妖孽，那么就当祷告神明：是不是天地抛弃我了呢？为什么近臣不当面来斥责我的过失，远臣也不对我谤言相告呢？这只有靠我亲自去巡察乡村里巷了。”今天在此祭祀之时出现雉鸟鸣叫的异象，当是上天赐给我王的福分。您当用雉来作为鼎中之物，浸之以肉汁，用于祭祀。在祭祀结束之后，您当奉行先王之法。’高宗采纳了祖己的建议，命令傅说用这只雉做成鼎中之物，并用它来举行祭祀。在祭祀完毕之后，殷高宗颁布命令，要求上下推行先王之法。谋先祖之所谋，行先祖之所行，而对于废先祖之所行者和不行先祖之所行者都应处死。如此不到三年光景，远方之庶民纷纷投奔归附于殷，归附的远方之人达七百邦县之多。这就是君王修正过错施行善德的典型例子啊。”

(2) 公曰：“虐（吾）不智（知）亓（其）为不善也，含（今）内之不旻（得）百生（姓），外之为者（诸）矦（侯）[illegible]（笑），募（寡）人之不竞8B[illegible]（肖）也。几（岂）不二子之惪（忧）也才（哉）?”伋（隰）倗（朋）[illegible]（与）鞄（鲍）弔（叔）[illegible]（牙）皆拜，[illegible]（起）而言曰：“公身为亡（无）道，雍

（拥）芋（华）明（孟）子㠯（以）驰于倪（郳）竞9廷，䡐（驱）迖（逐）畋（田）饰（弋）亡（无）羿（期）庀（度），或（又）㠯（以）豎（竖）逭（刁）舁（与）𢒉（易）𤏲（牙）为相。二人也，傰（朋）尚（党），群兽（畴）遱（搂）傰（朋），取舁（与）厌（餍）公，𢑏（殽）而𧗽（粞）竞10之，不㠯（以）邦冡（家）为事，縦（纵）公之所欲。剸（士）民𤠚（猎）乐，篙（笃）遏（愒）伓（倍）忑（忨），皮（疲）敝（弊）齐邦。日城（逞）于縦（纵），弗覷（顾）前逡（后），百鲍4眚（姓）皆宛（怨）惪（恨），湿（奄）肰（然）酒（将）蔑（亡）。公弗诘豐（蠲），臣唯（虽）欲諫（讦），或（又）不㝵（得）见。公沽（胡）弗譞（察）？人之生（性）厽（三）：飤（食）、色、息（愒）。含（今）豎（竖）逭（刁）佖（匹）夫，而欲鲍5智（知）蠆（万）乘（乘）之邦而贵（溃）尹（朘），亓（其）为恣（灾）也深矣。傷（易）𤏲（牙）人之与（邪）偖（者），而飤（食）人，亓（其）为不悬（仁）厚矣。公弗愭（图），必害（害）公身。”鲍6A

【译文】

齐桓公说：“我自己做了不善之事却没有自知之明，以致我在国内得不到民众的拥戴，在国外遭受诸侯的讥笑。我所做的这些不善之事，这难道不就是你们二位所担忧的吗？”隰朋和鲍叔牙行完跪拜礼，站起身来说道：“齐王您行事的确是太没有道义了。您拥有华孟子的美色，在诸侯国郳的宫廷上不顾廉耻，行为放纵。您整日在田猎弋射中奔驰追逐，毫无节制。您起用竖刁和易牙这两个人，让他们做您的辅佐大臣。这两个人暗地里朋结党羽，与党羽之徒互相勾结、狼狈为奸，想方设法地满足您的淫欲，提升您的贪欲。朝廷内部鱼龙混杂，分不清好人和坏人。您不是好好打理朝政，治理国邦，而是任由您的欲望日益放纵。地位卑微的士者和平民百姓也都跟着沉湎于狩猎，把狩猎当作一种享乐。人心由此得不到满足，欲望由此成倍地增长。到如今，齐国的人力、物力都已经到了消耗殆尽、困乏不足的地步。朝野上下，日夜纵欲，贪婪不止。您不念及祖先的恩德，枉顾后世子孙的前程。百姓对齐怨恨交加，齐国已经到了濒临灭亡的地步了。

朝廷之祸患如此，而您却不加以铲除。纵使我们一心想着面谏于您，却也无法得到您给予我们面谏的机会。难道您不能明察吗？人之本性，不外乎三件事：饮食之事、男欢女爱之事和繁衍生息之事。如今竖刁这区区一介平民，却妄想操纵齐国朝政，将齐国引上灭亡之路。这竖刁给齐国带来的祸患无可估量啊！易牙是一邪恶之人，有着吃人的本性，他做了太多的不仁不义之事。如若齐王您没有图谋的话，您就必定被人所害了。”

（3）公曰：“肰（然）恳（则）奚鲍6B女（如）？”鞈（鲍）吾（叔）𤘽（牙）佮（答）曰：“齐邦至亚（恶）死而走（上）穆（穆）亓（其）型（刑），至欲飤（食）而上厚亓（其）畲（敛），至亚（恶）何（苛）而上（尚）不旹（时）叓（使）。”公乃身命祭又（有）𤔲（司），祭备（服）毋（无）紋（黼）。鲍7器必蠲（蠲）熙（洁），毋内（入）钱（残）器，犟（牺）生（牲）、珪璧必全女（如）秙（故），伽（加）之犟（以）敬。乃命又（有）𤔲（司）箸（书）集（作）①，浮（复）老㢸（弱）不型（刑）；亩纆端（短），田纆长，百粮（量）箽（钟）。命鲍3九月敍（除）逄（路），十月而徒秎（梁）城（成），一之日而车秎（梁）城（成）。乃命百又（有）𤔲（司）曰：“又（有）虽（夏）是（氏）觀（观）亓（其）容目（以）叓（使），返（及）亓（其）蒃（亡）也，皆为（伪）亓（其）容。殹（殷）人之所目（以）弋（代）之，觀（观）亓（其）容，圣（听）亓（其）鲍1言，撋（凡）亓（其）所目（以）蒃（亡），为（伪）亓（其）容，为（伪）亓（其）言。周人之所目（以）弋（代）之，觀（观）亓（其）容，圣（听）言，迿（考）佁（治）者〈以〉叓（使），撋（凡）亓（其）所目（以）衰蒃（亡），忘亓（其）迿（考）佁（治）也，二厽（三）子孛（免）之，寡（寡）人晒（将）迿（考）佁（治）。”鲍2

【译文】

齐桓公问：“既然是这样，那我当如何是好呢？”鲍叔牙回答说：“齐

① “作”为“籍”。

国子民对死亡极其憎恨，而在上者却对他们施以重刑；百姓希望能过上吃饱饭的日子，而在上者却对他们加以繁重赋税；百姓极其厌恶繁杂的劳役，而在上者却不懂得在农忙时节给予他们足够耕种的时间。”齐桓公于是亲自给主管祭祀的官员下达命令举行祭祀，祭祀时，所穿祭服不得绣有花纹，器具必须清洁干净，凡残缺破烂之器具一律不得使用。牺牲品和圭璧等祭祀品必须按类型和规格准备齐全，并且须摆放整齐。接着，齐桓公又下令命官员对户籍予以登记，免除老人和弱者的犯罪刑责；用短的绳索丈量亩，用长的绳索丈量田，采取百石取一钟的什一税法收税；又下达命令，于每年九月整修道路，十月修缮供人行走的桥梁，十一月修缮供车辆行走的桥梁。接着又向所有官员下达训令：“夏王由于在任用官吏时只注重容貌，所以导致直到灭亡时，官吏们都还在伪装自己的外表。殷人之所以能取代夏，是因为在任用官吏这方面，不仅要观其容貌，而且还要听其谈吐。殷灭亡的根源，归咎于官吏善于容貌的伪装和言辞的掩饰。周之所以能取代殷，是因为周王在任用官吏这方面，不但要观其容貌、听其谈吐，而且还要考察其治国理政的才能。总结周衰亡的原因，是周忽略了对官吏治国理政绩效的考核。你们各位都要勤勉治工作，我将亲自对你们的绩效进行考核。”

（4）是𢧵（岁）也，晋人戔（伐）齐。既至齐埅（地），晋邦又（有）𤔔（乱），师乃逯（归）；雩（雨）坪（平）埅（地）至厀（膝），𨓈（复）；日摅（瑀）亦不为𢗊（灾），公（虹）蟲（辉）亦不为𢧐（害）。鲍8

【译文】

这一年，晋人出兵来攻打齐国。眼看晋国的军队已经进驻齐国的属地。然而庆幸的是，晋国发生内乱，晋军只好班师回朝；大雨滂沱，洪水猛涨至膝。然而庆幸的是，洪水及时消退，地面恢复平状；齐地天象奇异，天空中出现日璃、虹辉。然而庆幸的是，没有给齐国带来灾难。

【《鲍叔牙与隰朋之谏》篇的史料价值】

第一，史学价值。本篇记载的是齐桓公采纳鲍叔牙与隰朋的进谏，黜退奸臣，重用贤才，治国理政的史实。史实的整理是在管仲死后不久，可见鲍叔牙和隰朋都当死于管仲之后。这一段史实为研究先秦史学提供了新的材料（李学勤，2006）。关于此历史事实整理成文的时间，传世文献中虽有记载，但却不尽相同。如在《史记·齐世家》《管子·戒》中，该时间是在隰朋死于管仲之后不久。在《庄子·徐无鬼》《吕氏春秋·贵公》《韩非子·十过》中，该时间是在鲍叔牙死于管仲之后不久。在《说苑·复恩》中，该时间是在鲍叔牙死于管仲之前。

第二，文献学和版本学价值。一者，《鲍叔牙与隰朋之谏》属于佚文，传世文献没有记载，这是先秦文献的必要补充。二者，能为古典文献学、版本学的研究提供可靠材料。据陈佩芬（2005：165，181）研究发现，本篇共有简 20 枚。其中，两枚记载篇题，18 枚记载内容。这 18 枚记载内容的简中，16 枚简文完整，缺简有 2 枚。完整的简长在 40.4～43.3 厘米。一般容纳 40 字左右。字间距存在大小差异。间距大的简只能容纳 32 字，间距小的简则能容纳 51 字。简的上下两端平齐，配有 3 首编绳，编绳之间的契口距基本一致，保持在 19.5～19.9 厘米，契口到上端书边和下端书边的间距相等，都为 1.8 厘米。天头地脚均留有空白，满简书写，皆书于竹黄。篇尾设有墨钩，以下留白，以示本文结束。

第三，语言学价值。本篇中一些文字能为古文字研究提供充分材料。如反映楚文字字形的多样。如：坠，楚文作“[illegible]”，当隶为“陉”，楚之“地”字，或为异体“坨”。有的文字反映的是楚文的特色字形。如“坪”，楚文作“[illegible]”，从土、用形与平形结合，上加一横笔。它很有自己的字形特点，但它又是从甲骨文和金文演变而来，源于从凡从方的甲骨文“[illegible]”（四期《英》634），也源于金文，凡形讹变为用形，与平形结合，且上加一或二横笔，方形与土形重叠省去平形的撇画。如“[illegible]”（平夜君鼎）。楚文承传金文，从土、用形与平形结合。

参考文献

陈剑. 谈《上博（五）》的竹简分篇、拼合与编联问题.（2006-02-19）. 简帛网.

陈剑. 也谈《竞建内之》简 7 的所谓“害”字.（2006-06-16）. 简

帛网.

陈佩芬.《竞建内之》释文与考释//马承源.上海博物馆藏战国楚竹书(五).上海:上海古籍出版社,2005:163-178.

陈佩芬.《鲍叔牙与隰朋之谏》释文与考释//马承源.上海博物馆藏战国楚竹书(五).上海:上海古籍出版社,2005:179-192.

陈伟.《竞建内之》《鲍叔牙与隰朋之谏》零释.(2006-02-22).简帛网.

陈伟.《鲍叔牙与隰朋之谏》零释(续).(2006-03-05).简帛网.

高明,涂白奎.古文字类编(增订本).上海:上海古籍出版社,2008.

董珊."弌"日解.古代文明研究通讯,2005(25).

董珊.阮校《孟子》与《鲍》简对读.(2006-02-20).简帛网.

郭永秉.《竞建》和《鲍叔牙》字体问题.(2006-03-05).简帛网.

何琳仪.战国故字典—战国文字声系.北京:中华书局,1998.

何有祖.上博五楚竹书《竞建内之》札记五则.(2006-02-18).简帛网.

何有祖.上博五鲍叔牙与《隰朋之谏》试读.(2006-02-19).简帛网.

侯乃峰.上博(五)几个固定词语和句式补说.(2006-03-18).简帛网.

黄人二.上博藏简第五册《竞建内之》和《鲍叔牙与隰朋之谏》试释.台湾大学中文系"战国学术研究计划"系列演讲,2006-10-18.

季旭昇.上博五刍议(上).(2006-02-18).简帛网.

季旭昇.上博五《鲍叔牙与隰朋之谏》试读//丁四新.楚地简帛思想研究(三).武汉:湖北教育出版社,2007:11-25.

李守奎.《鲍叔牙与隰朋之谏》补释//丁四新.楚地简帛思想研究(三).武汉:湖北教育出版社,2007:26-45.

李天虹.上博五《竞》、《鲍》篇校读四则.(2006-02-19).简帛网.

李天虹.再谈《鲍叔牙与隰朋之谏》中的"息"字.(2006-03-01).简帛网.

李学勤．试释楚简《鲍叔牙与隰朋之谏》．文物，2006（9）：90-97．

李学勤．《鲍叔牙与隰朋之谏》“禹”、“龙”释//诸子学刊：第一辑．上海：上海古籍出版社，2008．

林志鹏．上博楚竹书《竞建内之》重编新解．（2006-02-25）．简帛网．

林志鹏．战国竹书《鲍叔牙与隰朋之谏》译注//简帛研究二〇〇八．桂林：广西师范大学出版社，2010：1-18．

刘国胜．上博（五）零札（六则）．（2006-03-31）．简帛网．

刘乐贤．读上博五《竞建内之》札记．（2006-02-20）．简帛网．

刘乐贤．《“远者不方”补说》．（2006-02-20）．简帛网．

刘信芳．上博藏五试解七则．（2006-03-01）．简帛网．

刘信芳．上博藏五试解四则//新出楚简国际学术研讨会会议论文集：上博简卷，2006：146-147．

鲁家亮．读上博楚竹书（五）札记二则．（2006-02-18）．简帛网．

马承源．上海博物馆藏战国楚竹书（五）．上海：上海古籍出版社，2005．

彭浩．“钱器”小议．（2006-03-01）．简帛网．

彭浩．“乃命有司着祚浮老弱不刑”解．（2006-03-07）．简帛网．

沈培．小议上博简《鲍叔牙与隰朋之谏》中的虚词“凡”//出土文献与古文字研究：第一辑．上海：复旦大学出版社，2006．

苏建洲．上博（五）《竞建内之》“亥弋”字小考．（2006-07-23）．简帛网．

唐洪志．上博五札记（两则）．（2006-03-08）．简帛网．

王辉．《上博楚竹书（五）》读记．中国文字，新32期．

禤健聪．上博楚简（五）零札（一）．（2006-02-24）．简帛网．

萧圣中．上博竹书（五）札记三则．（2006-05-11）．简帛网．

颜世铉．“星变子”解读的补正．（2007-05-08）．简帛研究网．

殷国光，龙国富，赵彤．汉语史纲要．修订本．北京：中国人民大学出版社，2016．

张富海．上博简五《鲍叔牙与隰朋之谏》补释．（2006-05-10）．简帛网．

第八章　《从政》与《相邦之道》篇译注

一　《从政》篇译注

上海博物馆藏战国楚竹书（二）《从政》篇论述有关为政之道所应具备的道德行为准则。简文共 18 简 629 字。原考释张光裕先生将全篇分甲、乙两篇，后经陈剑、王中江考证且缀连排序，将甲、乙两篇合为一篇。原释文张光裕做了初步的考证，由于简文残缺严重，除少数可以连缀通读以外，多数简文排序和文意难以确定。后经陈剑、王中江、周凤五、孟逢生、杨朝明、陈美兰、苏建洲等学者的研究，文义基本能读。但是还有一些词法和句法的释读仍然没有明确的结果，同时文段的梳理也有待商榷之处。我们在吸取学界现有研究成果的基础上，结合语法规则，对全篇进行注释和翻译，以期达到疏通文义之目的。

(1) 䎽（闻）[1]之曰：昔三弋（代）之明王之又（有）天下者[2]，莫之舍也，而［终］取之[3]，民皆目（以）为义。夫是则獸（守）之目（以）信，𡥈(教)$_{甲1}$①之目（以）义，行之以目（以）豊（礼）也。其𤔔（乱）王，舍人邦豙（家）土埅(地)，而民或弗义[4]。…… ［齐之以］$_{甲2}$豊（礼），则募（寡）而为𢟪（仁）；𧦝（教）之目（以）型（刑）则述

① “甲$_1$”指《从政》篇甲篇第一简文，下同。

(遂)[5]。

【注释】

[1] 闻：楚文作“䎽”“䎲”“𦔻”“昏”四种，有自己独特的形式：字形从耳昏声，或从耳从宀 昏声，或从耳从采，或作昏。表义有问和闻二义。《说文·耳部》：“闻，古文作□。”该古文与楚简及中山王鼎金文同。这与甲骨文“闻”的字形（象人跽而谛听之形）不一样。形声字“闻”源自战国玺彙。

[2] 三代之明王之有天下者：三代之明王禹、汤、文、武拥有天下的时候。后一个“之”作助词，起取消句子独立性帮助构成时间状语的作用，“者”作特指代词，相当于“……的时候”。

[3] 莫之舍也，而终取之：没有谁是放弃天下，而是最终获取天下。舍：原释文读为“余”，陈伟《〈从政〉校读》读为“予”。我们认为当读作“舍”，放弃。何琳仪《战国古文字典》认为“余、舍一字分化”，读为“舍”(534页)。《玉篇·手部》：“舍，施也。”楚简作“舍”，隶为“舍”。《上博简五·弟子问》简11“余”作“□”，或加饰笔作：□(《上博简二·容成氏》简29)、□(《上博简五·苦成家父》简9)、□(《上博简三·彭祖》简3)。《上博简二·从政（甲本）》简14“舍”作“□”，加饰笔“口”的“舍”与“舍”同形。故此处宜为“舍”，无须通假“予”。莫之舍：没有谁是施舍土地放弃君位的。土地和君位都指天下，与下文“终取之”的“之”用法相同。简2中“舍人”的“舍”，用法与此同。

[4] 其乱王，舍人邦家土地，而民或弗义：到乱君出现的时候，他们把土地拱手让给他们亲近的人，放弃天下，天下人认为这是不合情理的。这一段与上面内容正反对照，反映两种不同君王执政所带来的不同结果。相关记载在古籍中常有见到。《墨子·鲁问》：“昔者三代之圣王禹、汤、文、武，百里之诸侯也，说忠行义，取天下；三代之暴王桀、纣、幽、厉，雠怨行暴，失天下。”

[5] 教之以刑则遂：用榜样来教导百姓，那么百姓就能安定。刑：楚简作“型”。《说文通训定声·鼎部》：“《说文》：‘型，铸器之法也。’经典俱借作刑。”刑，典范、榜样。《淮南子·缪称》：“金锡不消则不流刑。”

于省吾新证："刑，谓范也。"《孟子·梁惠王章句上》引《诗·大雅·思齐》："刑于寡妻。"杨伯峻注："刑同型，犹言示范。"遂：顺。《国语·周语下》："以遂八风"，韦昭注："遂，顺也。"《大戴礼记·千乘》："此国家之所以大遂也。"王聘珍解诂："遂，顺也。"顺：安定。《诗·大雅·公刘》："既顺乃宣，而无永叹。"朱熹集传："顺，安。"

【译文】

听说："往昔在三代之明王禹、汤、文、武拥有天下的时候，没有谁是舍弃天下不管的，相反，他们凭借自己的贤能和美德最终夺得天下，天下人都认为这是符合情理的。这些贤能的君王，以信守承诺而治天下，用符合正义的行为准则或道德规范来训导百姓，依靠各种礼节行走于天下。而在昏聩君王出现时，他们把国家的土地拱手让给他们亲近的人，将天下舍弃而置之不管，在天下人看来，这是不合情理的。……贤明的君王注重用礼来平定天下，于是百姓就能安其居乐其业且仁其爱；用好的榜样来训导百姓，那么天下就能安定。"

（2）䎽（闻）之曰："善=人=（善人，善人）也，是吕（以）导（得）掔（贤）士一=人=（一人，一人）譽（誉）[于]甲3四叟（邻）[1]；遊（失）掔（贤）士一人，方（谤）亦厚（后）是=（是，是）故君=（君子）訢（慎）言而不訢（慎）事。"[2]

【注释】

[1] 一人誉于四邻：一人被四邻称誉。从简片看，"誉"字后面缺一字。根据语法关系，缺字为"于"。因为主语"一人（他）"是受事，"四邻"是施事，"誉"用于被动语义时需要带被动介词"于"。《战国策·齐策》："单何以得罪于先生，故常见誉于朝？"

[2] 慎言而不慎事：思考如何举荐人才而不是思考如何行事。慎：楚文作"訢、慙、訢、新、新、言、昚（昚）"。从心、从言，斦省声，或加"幺"，或加"丨（针）"声。楚时"慎"从言斦声，秦汉时变为从心真声。还有从日从火的"昚"，即《说文》引"慎"的古文"昚（昚）"，见

《郭店简·语丛》简1。“慎”，思考。《方言》：“凡思之貌亦曰慎。”郭璞注：“慎，思也。”言：出来举荐。《墨子·经上》：“言，出举也。”事：行事。《荀子·致仕》：“然后士其刑赏而还与之。”杨倞注：“士当为事，行也。”

【译文】

听说：“善人就是善于举荐贤士的人，所以只要谁能够举荐贤士一人，他就必定会被四邻称誉；倘若谁错过了一位贤士的举荐，那随之而来的必定是诋毁和诽谤。由此看来，君子应重在谋划如何举荐人才而不是谋划如何行事。”

(3)［䎽（闻）之曰：］“……甲4毋𢍏(暴)、毋𥛚(虐)、毋惻（贼）、毋恰（贪）。[1]不攸（修）不武，胃（谓）之必城（成）则𢍏(暴)；不𦤎(教)而杀则𥛚(虐)；命（令）亡（无）𣅀(时)，事必又（有）羿（期）[2]则惻（贼）；为利桂(枉)甲15事则貪(贪)。”

【注释】

［1］毋暴、毋虐、毋贼、毋贪：不要轻慢，不要虐杀，不要贼害，不要贪枉。

暴：楚文作“𢍏”，原释张光裕读为“弃”，表示藏的意思。此字又见于《郭店简·性自命出》简64“怒俗盈而毋𢍏”，𢍏，周凤五读“暴”。毋𢍏，陈剑引周凤五的观点读“毋暴”。“暴”的意义，与性情有关的主要有“残暴、欺凌、轻侮、急躁”等，而根据后文“不修不武，谓之必成则暴”，即不修文德、不整武备而想强行让事情办好，这就是暴。又《论语·尧曰》：“不戒视成谓之暴。”杨伯峻译：“不加申诫便要成绩叫作暴。”符合此文意的为“轻慢”，即上轻下。《韩非子·八说》：“人主轻下曰暴。”可见此“暴”宜作轻慢解。

虐：楚文作“𥛚”，从示从唐，或作“唐”，此字楚文可读“乎、号、虐”。当读“虐”时，《说文·虍部》引古文“𧆛(唐)”源于楚文“唐”。关于“虐”的语义，参见《论语·尧曰》“不教而杀谓之虐”，可知“虐”即“虐杀”。

贪：楚文作“恰”，从心含声。结合下文“为利枉事则贪”和《论语·尧曰》：“欲而不贪……欲仁而得仁，又焉贪？”皇侃义疏云：“欲仁义者为廉，欲财色者为贪。”此处“贪”即贪枉。

［2］期：楚文作“羿”，从羽亓声，或作“旗、旂、羿”诸形，从㫃从羽亓声，或从㫃亓声，从羽亓声。楚文诸形为“旗”的早期形式，秦代出现“旗(旗)”字。

【译文】

听说：“……不要轻慢，不要虐杀，不要贼害，不要贪枉。不修文德、不整武备便想强行把事情办好，这就是轻慢；不教导百姓就将他们杀害，这就是虐杀；政令时有时无，必定造成国邦局势混乱，这就是贼害；贪图小利枉顾事实，这就是贪枉。”

（4）䎽（闻）之曰：“从正（政），庸（庸）五德，固（固）三折（誓），敘（除）十怨（怨）。五德：一曰愋（宽）[1]，二曰共（恭），三曰惠，四曰息（仁），五曰敬。君₌（君子）不愋（宽）则亡（无）甲5 目（以）颂（容）百眚（姓）；不共（恭）则亡（无）目（以）敘（除）辱；不惠则亡（无）目（以）聚民，不息（仁）甲6则亡（无）目（以）行正（政），不敬则事亡（无）城（成）。三折（誓）：寺（持）行，见（视）上，卒飤（食）…… ［十怨：一曰］ ……甲7 ［九］曰軋（犯）人之矛（务），十曰口惠而不繇（由），兴邦豪（家），紿（治）正（政）善（教），从命（令）则正（政）不裳（劳）；穽（掩）戒先寁（匿），则自异（己）司（始）；㬎（显）訪（嘉）懽（劝）[2]信，则悁（伪）乙1不章（彰）；毋占民贍（敛）则同；不肤（亏）灋（法）赢（盈）亚（恶），则民不怨（怨）。”

【注释】

［1］宽：楚文作“愋”，从心爰声，晓纽元部。张光裕考释为“宽”，溪纽元部。声同属牙音，叠韵，音近相通。宽，宽厚。

［2］劝：楚文作“懽”，从心从宀萑声，倡导。《周礼·春官·丧

祝》："掌大丧劝防之事。"郑玄注："劝犹倡，帅前引者。"

【译文】

听说："从政之道在于尊五德、固三誓、除十怨。所谓五德，一是宽，二是恭，三是惠，四是仁，五是敬。君子无宽恕之心就无法容得下百姓；无恭敬之心就无法雪耻去辱；不施恩惠就无法把百姓聚集在自己周围；不行仁爱就无法施行政道；不敬业就无法办成大事。三誓：一誓戒持行，二誓戒视上，三誓戒衣食……十怨：一是……九是冒犯别人，十是嘴上说要施恩惠于人而实际却无行动。兴邦治国，君主若能遵循天命行令就不会辛劳；想要按戒令，改掉坏习气，就得先有所收敛，就得从自己带头做起；如果能做到彰显美善，倡导诚信，诈伪就不会出现；如若不侵占百姓财货，百姓就会聚集在他周围；不违背先王政令，不扩大恶行，百姓就不会对他心生怨恨。"

(5) 䎽（闻）之曰："乙2……而不智（知）则奉（逢）𢦏（灾）[1]害。"

【注释】

[1] 灾：楚文作"𢦏"，或作"𢆶"，兹、才双声，属于楚文独特有字形。楚文也作"烖"，从火才声，此形继承甲骨文。楚文还有分别从示从心的异体"祽、忠"，还有"𡿧"，从水从川，像洪灾。此形在甲骨文"巛"基础上加水旁。

【译文】

听说："……如不了解实情，就会遭遇灾害。"

(6) 䎽（闻）之曰："从正（政）又（有）七几（机）：狱则兴；悁（威）则民不道（导）；洒（峻）则遊（失）众[1]；悟（猛）则亡新（亲）[2]；罚则民逃；好［型］（刑）甲8……则民复（作）䜌（乱）。凸（凡）此七者，正（政）之所=（之所）司（殆）也。"

【注释】

[1] 峻则失众：峻，楚文作“[illegible]”，何琳仪隶为“洒”。金锡全和陈美兰都读为“卤”，指“鲁莽”。黎广基读为“峻”，指行政峻急。我们赞同黎广基的观点。“洒”和“峻”都是心纽真部，双声叠韵通假。《说文·水部》：“洒，涤也。”段玉裁注：“按古有假洒为峻陗之峻者。如《诗》：‘新台有洒。’《尔雅》：‘望厓洒而高岸，夷上洒下漘。’毛诗：‘洒、高峻也。’”《诗·邶风·新台》：“新台有洒，河水浼浼。”陈奂传疏：“洒，即峻之假借。”“峻、陖、峭”都有急的意思。《广雅·释诂》：“峻、峭，急也。”王念孙疏证：“峻峭与陖峭同。”《盐铁论·周秦》：“赵高以峻文决罪于内，百官以峭法断割于外，死者相枕席，刑者相望，百姓侧目重足，不寒而栗。”“峻、峭，急也。”颜师古注《汉书》云：“《家语》云：‘孔腾，字子襄，畏秦法峻急，藏《尚书》、《孝经》、《论语》于夫子旧堂壁中。”“峻急”同义连文。“峻则失众”指为政峻急则失去民心。

[2] 猛则亡亲：猛，楚文作“[illegible]”，从心从口丙声，帮纽阳部。陈剑读为“猛”，明纽阳部，二字音近相通。“猛”指严厉。《左传》：“大叔为政，不忍猛而宽。郑国多盗，取人于萑苻之泽。大叔悔之，曰：‘吾早从夫子，不及此。’兴徒兵以攻萑苻之盗，尽杀之，盗少止。仲尼曰：‘善哉！政宽则民慢，慢则纠之以猛。猛则民残，残则施之以宽。宽以济猛，猛以济宽，政是以和。’”“猛”指为政严厉。

【译文】

听说：“从政有七种危险迹象之所在：君主滥施刑律责罚百姓，百姓就会反抗；君王滥用权威施压百姓，百姓就不会服从教导；施政峻急就会失去民心；过于严苛就会无人亲附；罚以劳役就会逃离；好用酷刑……百姓就会反抗。这七种危险迹象是执政的威胁所在。”

(7) 聑（闻）之曰：“志[illegible]（气）不旨，其事不……[1]甲9曰：从正（政）所矛（务）三：敬、誂（谦）[2]、信＝（信。信）则导（得）众，誂（谦）则远＝戾＝（远戾，远戾）所目（以）……甲10肰（然）句（后）能立道。”

【注释】

［1］志气不旨，其事不……：志，意也。《礼记·檀弓上》：“子盖言子之志于公乎?”郑玄注：“志，意也。”气：楚文作“⿱既火”，从火既声，《说文·米部》引“气”的或体“⿱既米”，此与楚文近似，只是此从米而楚文从火。楚文还有或体“⿹气火、⿱既女、⿰既气”，《字汇补·气部》：“⿹气火，古文气字。”此古文即指楚文。楚文又有“气”，“气”与“氣”为古今字，本指云气，后假借为人之意气。《说文·气部》：“气，云气也。”段玉裁注：“借为气，假于人之气。”这里“氣”“志”同义并用。旨：意。《礼记·王制》：“有旨无简。”孔颖达疏：“旨，意也。”“志气不旨，其事不……”由于全句残泐，语义不明，姑且译为“人如果没有意气，事情就不能成功”。

［2］谦：楚文作“誂”，从言兆声。陈美兰读为“谦”，从言兼声，作谦让讲，最早见于《尚书·大禹谟》：“满招损，谦受益。”

【译文】

听说：“人如果意气不足，事情就办不成功……处理政务必须做到三点：恭敬、谦让、守信。信守承诺就能获得人心，谦让就能远离罪戾，远离罪戾可用来……然后能够立德树道。”

(8) 餌（闻）之曰：⿰君子=（君子）之相⿰言就（就）也，不必才（在）近⿺辶日（昵），药（乐）……甲13又（有）所又（有）舍（余）而不敢𦘔（尽）之，又（有）所不足而不敢弗［勉］……甲14㠯（以）⿰车巳（犯）赓（续）①⿱⿰车巳心（犯），见不训（顺）行㠯（以）出之。

【注释】

［1］续：楚文作“⿱庚贝”，隶为“赓”。《说文·系部》：“续，连也。⿱庚贝［赓］，古文续，从庚贝。”段玉裁注：“庚贝者，贝更迭相联属也。”《书》：“乃赓载歌。”孔安国传：“赓，续也。”

【译文】

听说："君子之交，不必贪求亲近，快乐……有剩余则不能消耗殆尽，有不足则不能不勤勉精进。（遇见不合道义的事则）用刑律来惩治办事的人，遇到不合道义的行为则采取驱逐行为人的方式来处置。"

（9）䎽（闻）之曰：君=（君子）药（乐）则紿（治）正，𢝊（忧）则[□，怒则□，惧则□，耻则]甲16 逯（复）[1]，少（小）人药（乐）则[illegible]（疑），𢝊（忧）则䎽（昏），𦬶（怒）则𠢕（胜）[2]，思（惧）则伓（背），耻则軋（犯）。

【注释】

［1］乐则治正，忧则［□，怒则□，惧则□，耻则］复：此段"忧则"后残泐 9 字，因为它是与下文相对举，故可补出 6 字，还有 3 字一时难以补出，这里暂时根据下文补出翻译。即，君子幸遇乐，就能政治清正，遭遇忧虑却能做到不昏乱，遇到愤怒却能做到不争斗，遇到恐惧却仍不生背逆之心，遇到羞耻却能反过来检讨自己。

［2］怒则胜：人怒时则好胜或好斗。怒：楚文作"𦬶"，从艹女声，或作"𦳝"，从艹从心女声。或作"忞"，从心女声。《集韵・莫韵》："怒，古作忞。"此即源于楚文。"忞"，古既可释为"怒"又可释为"恕"。"恕"，魏三体石经《无逸》写作"[illegible]"，战国胤嗣壶写作"[illegible]"。《汉语大字典》把二字归入"怒"字头之下，值得商榷；《郭店简・语丛二》简 25、26："恶生于眚（性），忞（怒）生于恶，乘（胜）生于忞（怒）。"此楚文"[illegible]"，高明先生《古文字类编》（增订本，469 页）把它归入"恕"，宜再作考证。《说文・心部》："忞，恕古文。""努、怒、恕"三字同源，古无"努"字，只用"怒"，作"忞"时，"恕"与"怒"同形。《说文・心部》："怒，恚也。"《说文・心部》："恕，仁也。"

【译文】

听说："君子遇乐，就能政治清正，遭遇忧虑却仍能做到不昏乱，遇到愤怒却仍能做到不争不斗，遇到恐惧却仍无背逆之心，遇到羞耻却仍能反过来检讨自己；小人遇乐就会心生疑虑，遇忧虑就会头脑昏乱，遇愤怒就会争斗不休，遇恐惧就会心生背逆，遇羞耻就会犯下罪行。”

(10) 聑（闻）之曰：“从正（政）不紿（治）则亂（乱），紿（治）巳（已）至则……乙3［君子先］人则启道之，逡（后）人则奉相之。是㠯（以）曰君=（君子）难得而惕（易）叓（事）也，亓（其）叓（使）人器之。少（小）人先=（先人）则𡊅（绊）敔[1]之，［后人］甲17则𧍐（陷）毁之。[1]是㠯（以）曰：少（小）人惕（易）㝵（得）而难叓（事）也，亓（其）叓（使）人必求备安（焉）。”

【注释】

［1］小人先人则绊敔之，后人则陷毁之：绊：楚文作“𡊅”，张光裕说字不识待考，“𡊅敔”与后文“陷毁”对举，宜分别用同义或近义并列式。周凤五先生认为从弁声，读“绊”，指设障碍。敔：楚文或作“攼”。《说文·攴部》：“敔，禁也。”段玉裁注：“敔为禁御本字。”“敔”指阻止。“绊”与“敔”是近义相通用。陷：楚文作“𧍐”，周凤五认为读“暴”，“急”的意思，“急毁”是偏正结构。杨泽生认为从盍得声，读“陷”，“陷害”的意思，“陷”与“毁”近义并列，与“绊敔”对文互用。小人先人则绊敔之，后人则陷毁之，意即，小人领先于别人就设障碍阻止在他之后的人，落后于别人就设法陷害诋毁在他之前的人。

【译文】

听说：“主政不治就会出现动荡，治理得好就会得人心……君子领先于人，就会引导落后于他的人；君子落后于人，就会举荐在他之前的人。由此君子虽然难以得到却容易委之以重任，君子用人崇尚人尽其才。小人领先于别人就会设置障碍阻止在他之后的人；小人落后于别人，就会设法陷害和诋毁那些领先于他的人。由此小人虽然容易得到却难以任用，小人用人苛求完美。”

(11) 䎽（闻）之曰："行在异（己）而名在人，名难静（争）也。甲18 𦎫（庸）行不倦（倦），寺（持）善不猒（厌）[1]，唯（虽）殜（世）不𧧼（识），必或智（知）之。是古（故）甲12 君=（君子）𢏏（强）行，目（以）寺（待）名之至也。君=（君子）䎽（闻）善言目（以）攺（改）亓（其）乙5言。见善行，内（纳）亓（其）身（身）安（焉），可胃（谓）斈（学）矣。"

【注释】

[1] 庸行不倦，持善不厌："庸行"与"持善"互文，"庸"即持、用之义，"行"即善行、德行之义。庸：楚文作"𦎫"，何琳仪先生释为"用"。《说文·用部》："庸，用也。𩫖，用古文。"朱骏声《通训定声》："事可施行谓之用，行而有继谓之庸。"此古文即楚文字"𦎫"。《书·尧典》："畴时若咨登庸。"孔安国传："庸，用也。"行：德行。《墨子·大取》："义厚亲不称行而顾行。"孙诒让《间诂》："行，德行。"《论语·述而》："文、行、忠、信。"邢昺疏："行谓德行，在心为德，施之为行。"持：楚文作"寺"，曾侯乙钟也作"寺"，从口从攴之声，雅言不从口，作"寺（寺）"。"寺"字楚文中可读为"持、待、时、诗、侍"五字，这是楚文的特点。如下文"以寺（待）名之至"，上文简甲15"令无寺（时）"，《上博简二·民之父母》简8："将可教寺（诗）矣"，《上博简五·弟子问、君子为礼》简（弟14）："吾子皆能有寺（侍）乎"。而雅言中的"时"传承甲骨文，都从日作"𥃳"。"诗"传承甲骨文，都从言，"侍"都从人。

【译文】

听说："自己行事却将其归功于别人，这种名声是不容易得到的。君子行事，使尽全力却不觉得疲倦；君子行善，恒久坚持却不知道满足，即使世人一时看不明白，但必定有人会知道君子这样做的道理。因此君子殚精竭虑做事，就能等到名声的到来。君子听到善言就学着用善言去教化别人，看到善行就学着去行善，这就可以说是学习了。”

(12) 䎽（闻）之曰：“可言而不可行，君=（君子）不言；可行而不可言，君=（君子）不行甲11也。”

【译文】

听说：“对于可以说的话，但倘若是不能照着做的话，君子就不说；对于可以做的事，但倘若是不能说的事，君子就不做。”

(13) 䎽（闻）之曰：遣（愆）邷（敏）而共（恭）孙（逊），斈（教）[1]之𧗿（劝）[2]也。𢟪（温）良而忠敬，𢘅（仁）之宗［也］。……乙4［勇而］不武则志不𨕖（匿）；𢘅（仁）而不智（知）则［□不□］。[3]……乙6之人可也。

【注释】

[1] 教：楚文有多种形体：作“效、𢽸、斈、𧦝、𧥺”，从攴爻声、从子从攴爻声、从子爻声、从言从口爻声、从言爻声，前二字承传甲骨文和金文，后三字为楚文特色。《说文·教部》引古文“𧥺、效”，“𧥺”源于楚文，“效”源于甲骨文。《睡虎地秦简》产生“爻”讹变为“土”的“𢼂”。

[2] 劝：助。《广雅·释诂二》：“劝，助也。”王念孙疏证：“《书·盘庚》云：‘女诞劝忧。’《书·君奭》云：‘在昔上帝，割申劝宁王之德。’皆助之义也。”

[3] □不□：根据上下文义，可以把此三字释为“治不远”，指仁爱但如果缺乏理性，那么治国就不能长久。

【译文】

听说：“有过错及时纠正并且为人恭谨谦逊，这是施教的结果。待人处事温和善良，祭祀行礼忠诚恭敬，这是仁爱的根本。……勇猛彪悍但如果不遵循使用武力所应遵守的道义准则，那么内心就无法压制邪恶；仁爱但如果缺乏理性，那么治国就不能长久……的人可以做到的。”①

(14) 𦖞（闻）之曰：行𨼆（险）至（致）命，𩜂（饥）沧（寒）而毋𣪘（会），从事而毋誽（讻）[1]，君子不目（以）流言𣪠（伤）人。甲19

【注释】

[1] 饥寒而毋会，从事而毋讻：指饥寒之年不要举行朝会，行事之时不要争讼。会，朝会。讻，讼，争讼。依黄德宽（2004）释。

【译文】

听说：“冒着危险做事会导致性命难保，饥寒之年不要举行朝会，行事之时不要争论，君子不用诬蔑他人的言论来伤害他人。”

【《从政》篇的史料价值】

第一，有关政治学的史学价值。本篇论述为政所应具备的道德标准和行为准则，提出“尊五德、固三誓、除十怨”的重要治国措施。“尊五德”即所谓“宽、恭、惠、仁、敬”五种德行：有宽容之心能包容百姓；有恭敬之心能去除耻辱；施行恩惠能聚拢百姓；行仁爱政道长久；敬业能办成大事。“固三誓”即指誓戒持行，誓戒视君上和誓戒衣食。由于简文残缺，“除十怨”只有第九、十两条比较完整，即忌冒犯他人，忌嘴上言施惠却无实际行动。为政之道是儒家思想的内容之一。本篇首提“尊五德、固三誓、除十怨”等观点，并明确“五德”内容，体现儒家思想的“仁”为“五德”之一，而非儒家德行之总，这为研究先秦儒学提供了新的材料。有关“固三誓、除十怨”的规则和事项，可以充实孔子“为政”思想理论，同时，对当今治国理政思想研究具有重要借鉴意义。

第二，文献学版本学价值。《从政》属于佚文，传世文献不见，这是上古文献的最好补充。本篇简文共24枚，其中完整的简文有10枚，长约

① “仁而不知则……”本简下端残缺，这一句的翻译是根据本篇主题和前后语法结构而推想的，还需要得到证实。

42.6厘米，有编绳，可以据字体、简的大小、内容、墨迹等研究竹简版本，对古典文献学版本学研究有很大的参考价值。

第三，语言学价值。本篇中有一些楚文字反映《说文》中记载的古文，如“续”“闻”；有一些文字能反映汉字的古字；还有一些文字能反映文字的分化。此竹简中出现众多异体字和通假字，是古文字研究领域不可多得的好材料。

二 《相邦之道》篇译注

上海博物馆藏战国楚竹书（四）《相邦之道》篇论述欲为君相邦者，应在个人修养以及其他方面早做准备，以待将来报效家国。而为国相邦者应重视民务。明君为国，理应如此。这体现了儒家对王道观念的重视。全篇共4简107字。① 原考释张光裕先生依末简涉及相邦之道，故以此命名，并对简文做了初步的考证。由于简文多有残缺，简文排序和部分词意句意不明。后经裘锡圭、陈思婷、季旭昇、孟逢生、刘乐贤、浅野裕一等学者研究，释文和文意基本解决。当然也有的字词和语译值得商榷。我们吸取这些学者的研究成果，从语法角度对部分词语进行注释，对全文进行翻译，以期进一步疏通文义。

(1)“……先其欲，备（服）[1]其弜（强），牧其惓（惓）[2]，害（静）㠯（以）寺（待）；寺=（待时）出。古（故）此，事=（事事）[3]出政=（政，政）毋[4]忘所司（治）事。1……人，可胃（谓）㮊（相）邦矣。”

【注释】

[1] 备：指臣服。《礼记·祭统》：“上则顺于鬼神，外则顺于君长，内则以孝于亲。如此之谓备。”楚简常见“备”作“服”的用法。

[2] 牧其惓：体察百姓忧戚。牧，指体察。《鬼谷子·反应》：“见其情，随而牧之。”俞樾注：“牧，察。”班固《白虎通·封公侯》：“使大夫

① 张光裕.《相邦之道》释文考释//马承源.上海博物馆藏战国楚竹书（四）.上海：上海古籍出版社，2004：233.

往来牧诸侯，故谓之牧。”惓，指忧戚。《玉篇·心部》：“惓，闷也。”《说文·心部》：“闷，懑也。”又《心部》：“懑，烦也。”

［3］事事：前一“事”，指勤勉。《论语·颜渊》：“先事后得，非崇德与?”俞樾《群经平议·论语二》：“《尔雅·释诂》：‘事，勤也。’勤，劳也。然则‘先事’犹先劳也。”后一“事”指职责。责任。《荀子·大略》：“主道知人，臣道知事。”杨倞注：“事谓职守。”①

［4］毋：楚文作“[illegible]”，楚文“母”既作“[illegible]”也作“[illegible]”，楚文“母”与“毋”字形可以通用。“晦”字楚文也写作“母”。

【译文】

（孔子回答：）“……把百姓希望要做的事放在第一位，让强者臣服于我邦，洞察、体恤百姓疾苦；处理国事，需静观其变，伺机而动，等到时机成熟，方可采取措施。因为这个缘故，所以辅佐国邦，不仅要做到勤于政务、敢挑重任，而且要顺应时局制定政令，制定政令时要记住所要治理之事。……人，就可以算是‘相邦’了。”②

（2）公曰：“敢[1]昏（问）民事?”孔$_{=}$（孔子）：“……$_{2}$［农夫劝于耕］，以实官苍（仓），百攻（工）[illegible]（劝）[2]于事，目（以）实府[illegible]（库）；[illegible]（庶）[3]民[illegible]（劝）于四[4]枳（肢）之[illegible]（艺），目（以）备军[illegible]（旅）。……$_{3}$者。”

【注释】

［1］敢：楚文作“[illegible]”，《上博简五·季康子问于孔子》简14“敢”字作“[illegible]”。《说文》古文“[illegible]”与楚文同。

（2）劝：楚文作“[illegible]”，隶为“[illegible]”，左边衍“人”旁，读“劝”，

① 陈思婷.《相邦之道》译释//季旭昇.《上海博物馆藏战国楚竹书（四）》读本. 台北：万卷楼图书股份有限公司，2007：129.

② 译文中有的地方参考陈思婷的语译。陈思婷.《相邦之道》译释//季旭昇.《上海博物馆藏战国楚竹书（四）》读本. 台北：万卷楼图书股份有限公司，2007：126-127.

勤勉。

(3) 庶：楚文作“[illegible]”，隶为“[illegible]”，从众石声。楚文还有从火石声的“[illegible]”。

[4] 四：楚文作“[illegible]”，《上博简五·三德》简 16“四”字作“[illegible]”，《说文》古文“[illegible]”与楚文同。

【译文】

鲁哀公问：“请问如何处理民事才算是相邦呢?”孔子回答：“……农民勤于耕作，由此足以充实官府粮仓；工匠勤于制造，由此足以充盈府库；百姓精于武功技艺，由此足以补充军旅用人之需。……者。”

(3) 孔₌（孔子）退[1]，告子赣（贡）曰：“虗（吾）见于君，不昏（问）又（有）邦之道而昏（问）[illegible]（相）[2]邦之道，不亦[illegible]（愆）[3]虗（乎）?”

【注释】

[1] 退：楚文作“[illegible]”，《上博简五·君子为礼》简 2“退”字作“[illegible]”。《说文》古文“[illegible]”与楚文同，“[illegible]”即“退”之古字。

[2] 相：楚文作“[illegible]”，隶为“[illegible]”，从又。也有作“相”形的，如《上博简三·恒先》简 4。

[3] 愆：楚文作“[illegible]”，从欿得声，读为“遣”。“遣”与“愆”古音同在溪纽元部，读音相通。《说文·心部》：“愆，过也。”(季旭昇，2007：134－135)

【译文】

孔子告退出来，告诉子贡说：“我刚刚面见国君，国君不问我治理国家的策略，却问我辅佐国家的策略，这难道不是有违常理吗?”

(4) 子赣（贡）曰：“虗（吾）子之答也可（何）女（如）?”孔₌（孔子）曰：“女（汝）[illegible]（思）[1]。”4

【注释】

［1］思：与楚文“詶”通假，此字也见《上博简五·苦成家父》简1“詶”，从言从西，“西”为“囟”之假借。西，心纽真部；囟，心纽脂部，二者声同，韵部阴阳对转。① 《说文·心部》：“思，从心，囟声。”“詶”与“思”声同韵近可通，“汝思”指“你好好想想吧”。（陈思婷，2007：133～136）

【译文】

子贡问：“那夫子您是如何回答的呢？”孔子说：“你好好想想吧。”

【《相邦之道》篇的史料价值】

第一，有关治国理政的史学价值。本篇论述治国理政所应具备的修养和能力。为君相邦者的修养，包括个人品德和能力才华，都需要事先有所准备，以便报效家国；为国相邦者的修养，最主要的是重民事，即以民事为先。“以民为先”是儒家治国理政的重要思想之一。《孟子》说：“民为贵，社稷次之，君为轻。”《韩非子》说：“内有德泽于人民者，其治人事也务本”，“治民事务本，则淫奢止”。本篇是目前最早论述有关“相邦”的文献，提出“先其欲”——即把百姓想要做的事放到第一位的民本思想，这一观念与孟子“民为贵”的民本观保持高度一致。就这一点而言，对研究儒家治国理政思想有着极其重要的价值，同时对当今治国理政也有借鉴意义。

第二，有关教育思想的史学价值。《论语》是目前最早也是最全面反映中国教育思想的重要著作。如孔子因材施教、有教无类、不教而教的教育思想，思学并举的教育方法。在《相邦之道》篇中，当孔子向学生讲述鲁哀公作为一个国君不向孔子询问治邦之道却询问相邦之道时，学生子贡想知道孔子是如何回答鲁哀公，有一段对话：“子贡曰：‘吾子之答也何如？’孔子曰：‘汝思。’”即让子贡从孔子有关治国的理论中去思考。这充分体现了孔子在教育思想上“不教而教”以及教育方法上“思学并举”的

① 张玉金. 释甲骨金文中的“西”和“囟”字. 中国文字，1999（25）：59-74.

教育理念，为研究孔子和中国古代教育思想提供了更多的资料，对当今教育思想研究有很大的借鉴价值。

第三，文献学版本学价值。《相邦之道》属于佚文，可以补充和完善上古时期的儒家学说文献材料，对古典文献学研究有很大的参考价值。本篇简文共4枚，都有残泐，4简的字形一致，内容相同，最后一简末尾有终结符号，并留有余白，可以据此篇简的字体、内容、墨迹等研究竹简版本，对古典文献学版本学的研究有很大的参考价值。

第四，语言学价值。本篇中楚文字“母”与“毋”形体相通，“母”与“晦”形体相通，反映楚古文字的用字特征，《说文》古文“[illegible]”出现于楚文，楚文为研究《说文》中的古字以及其他古字提供了依据。楚文“何如”作“可女”，反映该时期文字的分化。楚文“闻”和“问”都写作“䎽、昏”等字形，由此反映出在渊源上，楚文“闻”和“问”存在一定关系。

参考文献

陈美兰．《从政》译释//季旭昇．《上海博物馆藏战国楚竹书（二）》读本．台北：万卷楼图书股份有限公司，2004：53-86.

陈剑．上博简《子羔》、《从政》篇的拼合与编连问题小议．(2003-01-08)．简帛研究网．

陈思婷．《相邦之道》译释//季旭昇．《上海博物馆藏战国楚竹书（四）》读本．台北：万卷楼图书股份有限公司，2007：125-136.

陈伟．上海博物馆楚竹书《从政》校读．(2003-01-10)．简帛研究网．

范常喜．读《上博四》札记四则．(2005-03-31)．简帛研究网．

范常喜．《上博二·从政乙》札记二则．(2007-05-15)．简帛网．

高佑仁．读《上博四》札记三则．(2006-02-24)．简帛网．

何琳仪．沪简二册选释．(2003-01-14)．简帛研究网．

黄德宽．战国楚竹书（二）释文补正//朱渊清，廖名春．上海博物馆藏战国楚竹书研究续编．上海：上海书店出版社，2004：434-443.

季旭昇．《上海博物馆藏战国楚竹书（四）》读本．台北：万卷楼图书股份有限公司，2007.

黎广基. 上博楚竹书（二）《从政乙》“壅戒先匿，则罪纪治”考. (2007-08-05). 简帛网.

黎广基.《上博简（二）·从政甲》“洒则失众”释读平议. (2009-04-25). 简帛网.

梁静. 上博楚简《从政》研究. 故宫博物院院刊，2013（4）：95-106.

刘乐贤. 读上博四札记. (2005-02-15). 简帛研究网.

马承源. 上海博物馆藏战国楚竹书（二）. 上海：上海古籍出版社，2002.

马承源. 上海博物馆藏战国楚竹书（四）. 上海：上海古籍出版社，2004.

孟蓬生. 上博竹书（二）字词札记. (2003-01-14). 简帛研究网.

孟蓬生. 上博竹书（四）间诂. (2005-02-15). 简帛研究网.

浅野裕一. 上博楚简《相邦之道》的整体结构//“新出土文献与先秦思想重构”国际学术研讨会论文集. 台北：台湾大学哲学系等，2005.

裘锡圭.《上海博物馆藏战国楚竹书（四）·相邦之道》释文注释//裘锡圭学术文集·简牍帛书卷. 上海：复旦大学出版社，2012：493-495.

单尧周，黎广基. 读上博楚竹书《从政甲》“悟则亡新”劄记. (2003-01-22). 简帛网.

史仪.《从政》篇编连拾遗. (2003-01-17). 简帛研究网.

苏建洲.《上博（二）·从政甲篇》考释一则. (2003-01-16). 简帛研究网.

苏建洲. 上海博物馆藏战国楚竹书（二）校释. 台北：花木兰文化出版社，2006：403-464.

王中江. 上博馆藏战国楚竹（二）《从政》试编. (2003-01-11). 简帛研究网.

杨朝明. 上博竹书《从政》篇分章释文. (2003-05-12). 简帛研

究网.

杨泽生. 上海博物馆所藏竹书札记. (2003-04-16). 简帛研究网.

杨泽生.《上博四》札记. (2005-03-24). 简帛研究网.

张光裕.《从政》释文考释//马承源. 上海博物馆藏战国楚竹书(二). 上海：上海古籍出版社，2002：211-238.

张光裕.《相邦之道》释文考释//马承源. 上海博物馆藏战国楚竹书(四). 上海：上海古籍出版社，2004：231-238.

周凤五. 读上博楚竹书《从政(甲篇)》札记. (2003-01-10). 简帛研究网.

第九章　《彭祖》与《王居》篇译注

一　《彭祖》篇译注

上海博物馆藏战国楚竹书（三）《彭祖》篇是保存比较完好的道家著作，通过耉老和彭祖对话的形式，记载彭祖论述道家有关养生的道理。全篇共 8 简 294 字。根据内容，可以分为两个部分：第一部分，彭祖向耉老讲述天地人的关系；第二部分，彭祖向耉老论述养生之道。

根据整理者李零先生研究，大部分简文不可以释读，只有简 1 与简 2 可连缀，简 7 与简 8 可连缀，中间简 3 至简 6 关系不明，无法连缀。①

赵炳清认为简 2 之后为简 5，简 3、4、6 宜缀在一起，放到简 5 后面，简 7 和简 8 可以连读，但简 6 和简 7 之间残缺，不可连缀。赵炳清主张本篇的连缀顺序为：1—2—5—3—4—6……7—8。②

季旭昇认为简 1 之后应接简 3，简 3 之后宜为简 2，5、6 两简内容相同，宜缀到一起，简 7、简 8 连读且宜为末尾，简 4 前后残缺，前后都不可以连缀。季旭昇说，本篇语序为：1—3—2—5—6……4……7—8。③

周凤五、林志鹏基本赞成原考释李零的编排顺序，唯简 2 调至简 4 之

---

① 李零.《彭祖》释文考释//马承源. 上海博物馆藏战国楚竹书（三）. 上海：上海古籍出版社，2003：301-308.

② 赵炳清. 上博三《彭祖》补释.（2005-01-26）. 简帛研究网.

③ 李秀玲.《彭祖》译释//季旭昇.《上海博物馆藏战国楚竹书（三）》读本. 台北：万卷楼图书股份有限公司，2005：246.

后，其简序为1—3……4—2—5—6……7—8。①

由于文献在不同程度上存在残缺，给本篇简文的缀合及语意理解带来一定难度。有些字词和句意还需要做进一步研究，我们参照季旭昇先生有关简序编排成果，对有关释文进行注释和翻译。②

（1）耇老昏（问）于彭祖曰："句（狗）是（氏）㙯（执）心不芒（忘），受命羕（永）长。臣可（何）埶（艺）可（何）行，而（能）[illegible]（迁）[1]于朕身，而（能）䛑（谧）[2]于帝𥛚（常）[3]？"彭祖曰："休才（哉），乃𤖭（将）多昏（问）因由，乃不遊（失）厇（度）。皮（彼）天之道，唯亘（恒）。1 □□□□□□□□□□□□□，不智（知）所冬（终）。"

【注释】

［1］迁：此字解释有作"举"、"与"、"迁""誉"等不同观点，我们主张作"迁"。楚文"[illegible]"从与从口从止，是"迁"的本字。《郭店楚简·五行》简32"播迁于兄弟"，《上博三·仲弓》简8："民安旧而重迁"（陈剑说）都为"[illegible]"。楚文"[illegible]（[illegible]）"与"[illegible]（[illegible]）"字形近似，容易混用，此处与"[illegible]"相比，多"口"形。《说文·辵部》："迁，登也。"这里指到达。

［2］谧：楚文"䛑"即"谧"，《正字通·言部》："䛑同谧。"《慧琳音义》卷三十"永谧"，注引《尔雅》："谧，慎也。"《广韵·质韵》："谧，慎也。"这里指谨慎顺应天命。

［3］常：常道。《荀子·赋》："古之常也。"杨倞注："常，亦古之常道也。"这里指天命之常道。

① 周凤五．上海博物馆楚竹书《彭祖》重探//南山论学集：钱存训先生九五生日纪念．北京：北京图书馆出版社，2006；林志鹏．战国楚竹书《彭祖》补释．江汉考古，2010（1）：126-129.

② 杨芬对简序做了新的排列，为1—4—3—2—5—6—7—8。她认为号简4中彭祖称耇老为"夫子""君"，而简3、2、5、6中却称为"汝"，简4排在简3前似更合理。杨芬．上博简（三）《彭祖》简序编排小议．江汉考古，2010（1）：123-125.

【译文】

耈老问彭祖："狗氏对天命一直持有一种敬畏之心，不敢忘失，因而接受天命的时间长久。请问需要修习何种德行才能让我顺应上天之道呢？"彭祖说："罢了吧。你当询问问题的根由，只有这样，你才不至于失去分寸。那上天之道，说的就是恒。……不知道事情将如何终结。"

（2）耈老曰："眊₌（眊眊）舍（余）朕孳[1]，未则于天，敢昏（问）为人。"彭祖曰："□□□□□□□□□□□□□□□□□□₃言。天陸（地）[2]与人，若经与纬，若䙝（表）与里。"

【注释】

[1] 眊眊余朕孳：指我这个人昏愦。其在语法上存在两种不同理解：一种是把"余"看作词尾，"眊眊余"指昏愦的样子，朕：我；孳：兹。另一种是把"余朕"看作第一人称代词连用。

[2] 地：楚系文字存在几种形体：从阜、土，它声，作"[illegible]（陸）"；从阜、土，豖声，作"[illegible]（墬）"；从土，它声，作"[illegible]（坨）"；从彳、土，它声，作"[illegible]"。秦系文字从土也声。它（透、歌）、豖（审、支）、也（喻、歌）、地（定、歌）四字声属于舌头音，韵属于支歌旁转。《说文》："墬，籀文地。从阜、土，彖声。""墬"源于战国楚文"墬"的形声化。彖，透纽元部，与"地"阴阳对转。段玉裁注汉人传写皆误少一画，改许氏"墬"为"墬"，从阜、土，彖声，彖，审纽脂部，音义与古字相去甚远。

【译文】

耈老道："我这个人昏愦，不敢效法天道，只敢问为人之道。"彭祖道："……所说。天地与人，就如经线与纬线，又如表与里，相互之间关系存在密切关系。"

（3）昏（问）："三法（去）丌（其）二，几（岂）若已？"彭祖曰："于（吁），女（汝）孳₌（孳孳）专（薄）[1]昏（问），舍（余）告女（汝）

人纶（伦），曰：戒之毋乔（骄），誓（慎）冬（终）保褮（劳）。大箸（图）之嫠（娄）[2]，難（难）易訞（滞）欲[3]。舍（余）2［告汝：君臣］……［夫妇朋友］、父子兄弟。五紀（纪）必（毕）周，唯（虽）贫必攸（修）；五紀（纪）不工，唯（虽）福（富）必遊（失）。舍（余）告女（汝）咎（祸）[4]：……5……忍=（忽忽）之恳（谋）不可行，述（怵）易（惕）之心不可长。[5]远虑甬（用）素，心白身泽（释）⑥。舍（余）告女（汝）咎：6……既也（施）于天，或（又）稚（抵）于囦（渊）。⑦夫子之惪（德）登（盛）矣，可（何）丌（其）宗（崇）。古（故）君之忎（愿）良……4 伓（倍）者不㠯（怡），多忞（务）者多惪（忧），恻（贼）⑧者自恻（贼）也。”

【注释】

［1］薄：原考释“尃”读作“布”，或读“敷”和“溥”，文意不顺。季旭昇读“薄”，指迫切。我们从季说。《战国策·韩策二》：“聂政问曰：‘子欲安用我乎？’严遂曰：‘吾得为役之日浅，事今薄，奚敢有请？’”鲍彪注：“薄，犹迫也。”这里“薄问”即紧紧逼问。

［2］大箸（图）之娄：箸，楚文作“𥶶”，原考释隶为“筐”，指大匡。文意不达。季旭昇隶为“箸”，读“图”，指图谋。我们从季说。①箸，表示穿戴义读“著”，知纽铎部。图，定纽鱼部；声属于舌头音，韵部属于阴入对转，上古阴入互押现象普遍，二者相通。“图”作图谋解。《诗·小雅·常棣》：“是究是图。”毛传：“图，谋也。”季旭昇说娄即“謱”。②《集韵·侯韵》：“謱，谨也。”大箸之娄指大的事业要谨慎。

［3］难易滞欲：把容易的事看作难事，让人的欲望得以停止。楚文“訞”，李锐读“滞”，留。③《广韵·祭韵》：“滞，止也。”《淮南子·原道》：“是故能天运地滞，转轮而无废，水流而不止，与万物终始。”高诱注：“滞，止也。”

① 季旭昇.《上海博物馆藏战国楚竹书（三）》读本. 台北：万卷楼图书股份有限公司，2005：257.

② 同①257，258.

③ 李锐. 上博三《彭祖》补释.（2004-04-19）. 简帛研究网.

［4］祸：楚文作“[illegible]”，因字下部分残缺，原考释没有隶定此字。李秀玲隶为“[illegible]”，读“祸”。①

［5］忽忽之谋不可行，怵惕之心不可长：迷茫的图谋不可为，畏惧之心不可长。忽，楚文作“[illegible]”，有重文，字下半作“心”，原考释待考。汤志彪（2005）释为“忽”。引《说苑·谈丛》“忽忽之谋不可为也，惕惕之心不可长也”②。我们认为，“忽”指不明义。《淮南子·原道》：“忽兮怳兮，不可为象兮；怳兮忽兮，用不屈兮；幽兮冥兮，应无形兮。”高诱注：“忽、怳，无形貌也。”怵惕：二字同义连文，指畏惧。《说文·心部》：“怵，恐也。”《玉篇·心部》：“惕，惧也。”《书·盘庚》：“非予自荒兹德，惟汝含德，不惕予一人。”孔传：“汝不从我命，所含恶德，但不畏惧我也。”《左传·襄公二十二年》：“以大国政令之无常，国家罢病，不虞荐至，无日不惕，岂敢忘职?”杜预注：“惕，惧也。”

［6］远虑用素，心白身泽（释）：素，楚文作“[illegible]”，“索”，楚文作“[illegible]”，《说文·素部》有“[illegible]”，此即源于楚文。楚文“索”“素”二字同形，未见分化。甲骨文、金文“绝”“索”的偏旁中有“素”，后来“素”从其中分化出来。“远虑用素”是两个动宾结构，远离忧虑，使用本能赋予的天性本领。白：明白。《荀子·五霸》：“仁人之所务白也。”杨倞注：“白，明白也。”“泽（澄、铎）”与“释（书、铎）”，声属于舌头音，韵叠韵，谐声通用。“心白身释”是两个主谓结构，内心要做到清晰明白，身体要放轻松。

［7］既施于天，又抵于渊：既可以向上施及于天，又可以向下至于地。季旭昇认为，底：至也。“只（照、支）”与“底（端、脂）”通用，声属于舌头音，韵属于支脂旁转，但《诗·小雅·祈父》：“祈父！予，王之爪士。胡转予于恤？靡所底止。”《左传·襄公九年》：“夫妇辛苦垫隘，无所底告。”杜预注：“底，至也。”词义没有问题，只是韵部二者不是一类音，难以相通。赵彤认为是“也”，读“施”，延及的意思。“抵”，原释

① 李秀玲.《彭祖》译释//季旭昇.《上海博物馆藏战国楚竹书（三）》读本. 台北：万卷楼图书股份有限公司，2005：264.

② 汤志彪. 上博简（三）《彭祖》篇校读琐记. 江汉考古，2005（3）：88-91.

楚文作“椎”，读“坠”，但文义窒碍。赵彤认为，楚文作“稚”，读“抵”，声母读定母和端母，同一声类，韵部都是脂部。“抵”有至的意思。①

[8] 贼：楚文有两字形“恻”和“𢦏”，原考释李零隶为“恻”，从贼、心，读为“贼”。贼，害。《说文·戈部》：“贼，败也。”徐锴曰：“败犹害也。”段玉裁注：“（贼古字）从戈若刀毁贝，会意。今字从戎作贼。”段氏所说“贼”的古会意字，即楚文“𢦏”字。

【译文】

耇老问：“除去天与地，难道为人之道就无话可说了吗?”彭祖说：“唉！你这样紧逼着追问，我就把这为人之道告诉你吧。告诫自己，为人勿骄勿躁，做事有始有终，依靠劳动来养活自己。凡是大的图谋一定要谨慎，容易做到的事，一定要把它看成很难做到的事，要让一己之私欲停止膨胀。我告诉你：君臣、……夫妇朋友、父子、兄弟。只要‘五纪’周备，即使贫穷也一定能感觉到美好；倘若‘五纪’不周备，即使富有也一定会感到不满足。我告诉你什么是祸：……迷茫不清的图谋不可采纳，畏惧怯弱之心不可长。远离忧虑，使用本能赋予你的天性和本领去行事；内心要做到清晰明白，身体要放轻松。我告诉你什么是灾祸：……既要能上，直登至上天，又要能下，直降至深渊。夫子您的德行丰厚，这是多么崇高的事情！因此可见您的心愿是美好的……背叛他人的人没有快乐，事务繁忙之人有太多烦恼，贼害他人终究会害自己。”

（4）彭祖曰：“一命弌（一）𢔶（修）[1]，氏（是）胃（谓）益愈；一命三𢔶（修），氏（是）胃（谓）自厚；三命四𢔶（修），氏（是）胃（谓）百眚（姓）之宔（主）。一命弌（一）𦡱[2]，氏（是）胃（谓）散（遭）炍（殃）[3]；弌（一）命三［散］7，氏（是）胃（谓）不长；三命四𦡱，氏（是）胃（谓）𢇍（绝）䌌（辍）[4]。毋𢼸（揹）𩈥（富），毋㔟（夸）臤（贤），毋向梪（树）。”[5]

① 赵彤. 战国楚竹书《彭祖》篇补释.（2007-03-15）. 简帛网.

【注释】

［1］一命一修：一次接受天命显出低头自儆的样子。命，天子赐命。《礼记·曲礼》："夫为人子者，三赐不及车马"。郑玄注："三赐，三命也。凡仕者，一命而受爵，再命而受衣服，三命而受车马。"又《礼记·王制》："制：三公，一命衮。若有加，则赐也，不过九命。次国之君，不过七命。小国之君，不过五命。"依赵炳清和孟逢生，修，低头自儆。楚文作"⿱𦣻攸"，从𦣻，攸声，低头的样子。修，儆戒。《国语·鲁语》："吾冀而朝夕修我曰：'必无废先人。'"韦昭注："修，儆也。"

［2］一命一膴：指一次赐命就显出抬头自傲的样子。依赵炳清和孟逢生，膴，抬头自傲。《说文·肉部》："膴，益州人鄙言人盛，讳其肥，谓之膴。"引申为自傲自大。孟逢生以为"膴"读"襄"，为上举之义。①

［3］遭殃：遭，楚文作"⿰告攴"，为"造"的异体。造，清纽觉部，遭，精纽幽部，声纽相近，韵阴入对转，可以通假。殃，楚文作"⿱口央"，"口"为饰符，央声，与"殃"谐声假借。

［4］绝辍：断绝中止福命。绝，楚文作"[illegible]（𢇍）"，从刀绝丝，或作"⿰刀𢆶（㡭）"，从刀省。《说文·纟部》："绝，断也。𢇍（𢇍）古文绝，象不连体绝二丝。"古文字𢇍与楚文形同。辍，楚文作"縩"。辍，知母月部，蔡，清母月部，声为准旁纽，同韵相通。

［5］毋揂富，毋夸贤，毋向桓（树）：这一段文字原释者李零先生待考，后来经学者们考释，读为"毋逐富，毋夸贤，毋尚树"，指不要聚集财富，不要夸耀自己贤能，不要为自己所做的事树碑立传。

揂：楚文作"**⿰由攴**"，据学者们研究，有读"抽"和"逐"二义的，我们认为，"**⿰由攴**"即"揂"，聚集的意思。《说文·辵部》："揂，聚也。从手、酋声。"段玉裁注："《商颂》：'百禄是遒。'传曰：'遒、聚也。'按，传谓此遒为揂之假借字，即由切。"**⿰由攴**，从支由声，由，以纽幽部，揂，精纽幽部，声属于舌音与齿音，为邻纽，叠韵。"由"与"揂、遒、猷、犹、繇"等都有同源关系。《广雅·释诂》："由，行也。"所以"由"也有

① 赵炳清. 上博三《彭祖》补释.（2005-01-26）. 简帛研究网；孟逢生.《彭祖》字义疏证.（2005-06-21）. 简帛研究网.

聚集之义。又，“由”通“猷”，王引之《经传释词》卷一：“由猷古字通。”《书·康诰》：“汝亦罔不克敬典，乃由裕民；惟文王之敬忌，乃裕民。”孙星衍疏：“由同猷。”曾运乾注：“由，读为猷，图也。”又，“由”通“犹”，《易·豫》：“由豫。”《释文》：“由，马作犹。”又，“由”通“繇”，《上博简二·从政》：“十曰口惠而不繇（由）”，“繇”作“由”，“由”指行动。

夸：指夸耀。楚文作“𭡝”，从力可声，可（溪、歌）与夸（溪、鱼）声同韵近，可通假。

贤：指多才。楚文作“臤”，《集韵·先韵》：“贤，古作臤。”这里的古文就是楚文。《说文·贝部》：“贤，多才也。从贝，臤声。”《集韵·谆韵》：“贤，多才也。”

向：楚文“向”字形有特色，作“[illegible]”。前释为“尚”。我们认为读本字“向”为宜，因为“向”有归趣、崇尚的意思。《集韵·漾韵》：“向，趣也。”《史记·汲郑列传》：“上方向儒术，尊公孙弘。”

树：楚文作“梪”，或作“尌、树、攴豆、杢”。梪，从木、从豆；尌，从壴，从寸持之，都是“树”的简体。段玉裁《说文解字注》：“尌，与人部侸音义同。今字通用树为之。树行而尌废矣。周礼注多用尌字。”《说文·木部》“树”字条下有籀文“[illegible]（尌）”。《说文》籀文即楚文“攴豆”，从木从寸从豆。段玉裁注：“籀文从豆不从岂者，豆柄直，亦有直立之义。豆与壴同在四部，为龤声，寸则谓手植之也。”“树”由直立引申为建立，《汉书·邹阳传》：“有人先游，则枯木朽株，树功而不忘。”又《隽不疑传》：“然后树功扬名，永终天禄。”颜师古注：“树，立也。”这里“树”指建树、作为。揹富、夸贤、尚树，都是动宾结构，即聚敛财富、夸耀多才、崇尚立功立名。

【译文】

彭祖说：“首次接受天命如果能够低下头来表露谦虚谨慎的样子，说明这个人德行将会越来越好；再次接受天命如果能够多次低下头来表露谦虚谨慎的样子，说明这个人的德行已经相当厚重；第三次接受天命如果能够不断地低下头来表露谦虚谨慎的样子，说明这个人能够成为百姓的君主了。相反，如果首次接受天命就把头抬得很高装出一副不可一世的样子，说明这个人即将遭遇祸殃了；如果再次接受天命多次把头抬得很高装出一副不可一世的样子，说明这个人的福命将会缩减了；第三次接受天命如果不断地把头抬得很高装出一副不可一世的样子，说明这个人的福命已经到头了。不要聚敛世间财富，不要夸耀自己贤能，不要热衷于为自己所做的事树碑立传。”

（5）耇老弍（二）拜旨（稽）首[1]曰：“朕孳（兹）[2]不𣁋（敏），既㝵（得）昏（闻）道，忎（恐）弗能守。”8

【注释】

［1］二拜稽首：二拜即再拜，古代的一种礼节，表示拜了又拜，以表恭敬。行拜礼时，楚语第二次不用“再”，而用“二”。而当时的雅言中，第二次用“再”。《论语·乡党》：“问人于他邦，再拜而送之。康子馈药，拜而受之。”稽首，古时一种跪拜礼节，叩头至地，是九拜中最恭敬的礼节。《公羊传·宣公六年》：“灵公望见赵盾，愬而再拜；赵盾逡巡北面，再拜稽首，趋而出，灵公心怍焉，欲杀之。”

［2］朕兹：原释者李零先生把它看作耇老的名字。应该是指“我这个人”，兼称之辞。朕，第一人称代词；兹，指示代词。

【译文】

耇老再拜稽首，说道：“我是如此不聪敏，已闻得大道，但我却担心我自己不能坚守道业。”

【《彭祖》篇的史料价值】

第一，有关黄老学说史学价值。本篇论述了人伦思想和“五纪”观，提出“为人之道”，即，做人不能骄傲，做事要有始有终，处世要谨慎小心，持家要勤劳节约，不主张图谋大的抱负，凡事先从难处着眼，反对滋长欲望，反对追名逐利。这种人伦观带有一定消极观念，近乎黄老人生哲学。彭祖的为人之道还在于：迷茫不清的图谋不可采纳，畏惧畏缩之心不可有；远离忧患，使用本能赋予的天性本领；内心要做到清晰明白，身体要放轻松。往上要能有上到天的气魄，往下要有敢于下到深渊的决心。背天逆道之人没有快乐，事务繁忙之人多烦恼，贼害他人终害自己。《老子》四十四章："知足不辱，知止不殆，可以长久。"《老子》四十六章也云："祸莫大于不知足；咎莫大于欲得。"据赵炳清研究，当时楚国属盛行道家之地，长沙马王堆出土四篇古佚书《经法》、《十六经》、《称》和《道原》，被称作"黄老帛书"。学术界一致认为，这些黄老帛书是黄老学说代表作。从《彭祖》篇论述"为人"的具体做法看，明显具有道家视素保朴、少私寡欲、处卑安下、知足不争的思想。依此观之，《彭祖》篇也当归入黄老学说一类。①

提出"五纪"，即君臣、夫妇、朋友、父子、兄弟。夫妇、朋友的地位在父子、兄弟之前，这与儒家"五伦"观存在一定的差异。"五纪"周备，即使贫穷也一定能感觉到美好；"五纪"不周备，即使富有也一定会感到不满足。《彭祖》篇中所提出的人伦思想和"五纪"主张不见于传世文献，其学术价值实为珍贵。

第二，文献学版本学价值。有关"彭祖"的记载，据李零（2003：303）考证，见传世文献《列女传》、《神仙传》、《国语·郑语》和《世本》等书。② 《列女传》卷上和《神仙传》卷一《彭祖传》记载，彭祖老寿，为神仙家所乐道。又东汉《医生方》卷二八《彭祖经》，托商王遣采女问道彭祖讲述仙道之术。出土文献中张家山汉简《引书》载有"春产、夏长、秋收、冬藏，此彭祖之道也"。马王堆医书《十问》简48载有"王子巧父问于彭祖曰：'人气何是为精乎？'彭祖答曰：'人气莫如朘精……'"。这些都是讲述彭祖养生的道术。这说明，彭祖确有其人。有关耇老的记载，传世文献无证可寻，只在出土文献中罕有出现。在出土文献马王堆医书《十问》简60—62载有耆老向商帝盘庚传授"食阴炼朘"之法，曰："帝盘庚问于耇老曰：'闻子接阴以为强，翕天之精，以为寿长，吾将何处

① 赵炳清．上博三《彭祖》篇的性质探析．西华师范大学学报（哲学社会科学版），2010（1）：83-86．

② 李零．《彭祖》释文考释//马承源．上海博物馆藏战国楚竹书（三）．上海：上海古籍出版社，2003：301-308．

而道可行?’耇老曰：‘君必贵夫与身俱生而先身老者，弱者使之强，短者使长，贫者使多粮……’”① 《彭祖》属于佚文，传世文献中不曾出现，可以作为上古文献必要补充。《彭祖》篇共8简，一半保存完好，一半残缺，有编绳。完整的简长约53厘米，这些完整简是战国简文中较长的竹简。此简字体、大小、内容、墨迹等，对竹简版本研究和古典文献学版本学研究，都具有很重要的参考价值。

第三，语言学价值。以下从语言学角度考察该篇文产生的年代。如“朕”字，《说文·舟部》：“朕，我也。阙。”许慎没有标明六书用法，段玉裁注：“按：朕在舟部，其解当曰舟缝也。从舟、灷声。”朕，楚文作“[illegible](舿)”“[illegible](艕)”，艕，从舟灷声。这可证段注对“朕”字形的分析是正确的。“朕”的用法，之前作一般第一人称代词，表示一般人自称，从秦始皇二十六年开始专用于秦始皇自称。《史记·秦始皇本纪》：“臣等昧死上尊号，王为泰皇，命为制，令为诏，天子自称曰朕。”此篇“朕兹不敏”中的“朕”是耇老自称，作第一人称代词。这说明《彭祖》篇产生年代早于秦始皇二十六年。

二 《王居》篇译注

《王居》篇记载楚惠王重用贤才彭徒的故事。楚惠王怠慢彭徒，嬖臣观无畏乘机诋毁彭徒。邦人闻知后，为彭徒鸣不平。楚王因此转而指责观无畏，并让令尹子春抚慰彭徒。《王居》共存简7枚，残泐地方较多，简的编排顺序难以确定。一同收入《上博八》中《志书乃言》篇第1至第7简和《命》篇第4简、第5简，在形制、字体和内容等方面，二者与《王居》的关系非常密切，由此学界将二者归入《王居》篇，统一命名为《王居》。② 我们支持该做法，其理由：

从版本看。《王居》和《命》有篇题，《志书乃言》无篇题，这表明极

---

① 赵炳清. 上博三《彭祖》篇的性质探析. (2005-11-20). 简帛网.

② 复旦吉大古文字专业研究生联合读书会·上博八《王居》、《志书乃言》校读. (2011-07-20). 复旦大学出土文献与古文字研究中心网站；陈伟《上博楚竹书〈王居〉编连再探》, (2011-10-01). 复旦大学出土文献与古文字研究中心网站.

有可能三者都并非独立的一篇。细看简的版状，三篇都是两端平齐，编绳两道。《王居》和《志书乃言》，简的长度基本一致，都是在33.1～33.2厘米；字数相等，都是在23～25个字。相对《王居》和《志书乃言》而言，《命》的简形略长，大概长出0.2厘米，字数略多，大概多出4个字。

从形制字体看。《王居》、《命》和《志书乃言》三篇文章的形制字体当出自一人之手。具有同一人书写的特点，遵循统一的文字结构规律，字的书写笔画一致，这种一致性还包括异写字和异构字。

从内容看，把《命》篇中第4、5简并入《王居》，能与《王居》内容基本一致。而《命》篇中所剩下的9枚简，也是文脉贯通、清晰通畅。把《志书乃言》篇并入《王居》篇，其内容基本一致，故事情节也能贯通一气。

据此，以《王居》为题的简文由16枚竹简组成，并由此构成了一个完整故事。

关于《王居》（或简称《王》）篇中的7枚简、《志书乃言》（或简称《志》）篇简1至简7、《命》篇第4、5简的顺序编联问题，学界存在以下不同观点：

读书会（2011）认为《王居》简1后面应该接《志书乃言》中除第5简以外所有内容，《志书乃言》中的顺序可以依整理者顺序。《王居》简5、6、7应该排在《志书乃言》之后。其编排顺序为：王1＋志1＋志2＋志3＋志4＋志6＋志7＋王5＋王6＋王7。① 读书会没有对王2、王3、王4、志5、命4、命5这六枚简进行编联。主要原因，一是整理者还没有厘清《王居》篇中简2、简3与《王居》编的逻辑关系；二是对《命》简4、简5的归属只提出了意见，认识却尚不明朗。

据陈剑（2011），单育辰把《命》篇简4、5编入了《志书乃言》篇简2与简5之间，并认为《志书乃言》第3简、《王居》篇第3简和第4简、第7简都有前后残泐。单育辰将简的编排顺序确定为：王1＋志1＋志2＋

① 复旦吉大古文字专业研究生联合读书会·上博八《王居》、《志书乃言》校读.(2011-07-17).复旦大学出土文献与古文字研究中心网站；复旦吉大古文字专业研究生联合读书会.《上博（八）·命》校读.(2011-07-20).复旦大学出土文献与古文字研究中心网.

命4+命5+志5+……+志3+……+王2+……+志4+志6+志7+王5+王6+……+王3+……+王4+……+王7。[①] 单育辰把王2、王3、王4、志5、命4、命5六简编排进《王居》篇中，具有进步意义。但是，单育辰如下观点还需做进一步探讨，即：《志书乃言》篇中第5简与第3简、《王居》篇中的第2简与《志书乃言》篇中的第4简、《王居》篇中的第6简与第3简、《王居》篇中的第3简与第4简、《王居》篇中的第4简与第7简之间都存在缺简。

陈剑（2011）认为，《王居》篇中第1、2、6、7简与《志书乃言》篇中的七枚简、《命》篇的中的第4、5简都可连缀成文。各简的编排顺序为：王1+志1+志2+志3+命4+命5+志5+志4+志6+志7+王5+王6+王2+王7。[②] 陈剑还提出，以上各简之间内容上连贯一致，宜把《王居》第2简并入《王居》第6简与第7简之间。不过，陈剑把《王居》篇第3、4简孤立于外，当另作别论。

陈伟（2011）认为，《王居》篇中的七支简与《志书乃言》篇中的七支简、《命》篇中的第4、5简都可以连缀成文。各简的编排顺序为：王1+王3+志1+志2+志3+志4+志6+志7+王5+命4+命5+王2+王4+志5+王6+王7。[③] 陈伟的这一观点，正好否定了陈剑把《王居》篇第3、4简孤立于外的观点。并入之后，前后连读基本通畅。就这样，由16简组成新的《王居》篇基本得到确定。

浅野裕一（2011a，2011b）认为，《王居》篇中的七枚简与《志书乃言》篇中的七枚简、《命》篇中的第4、5简，都可以连缀成文。各简编排顺序为：王1+志1+志2+志3+命4+命5+志5+志4+志6+志7+王5+王6+王3+王4+王2+王7。[④]他把《志书乃言》篇中的第1、2、3

---

① 陈剑.《上博（八）·王居》复原.（2011-07-20）. 复旦大学出土文献与古文字研究中心网.

② 陈剑.《上博（八）·王居》复原.（2011-07-20）. 复旦大学出土文献与古文字研究中心网.

③ 陈伟. 上博楚竹书《王居》新编校释.（2011-07-20）. 简帛网.

④ 浅野裕一 a. 上博楚简《王居》复原初探. 刁小龙，译.（2011-08-19）. 复旦大学出土文献与古文字研究中心网；浅野裕一 b. 上博楚简《王居》之复原与解释. 刁小龙，译.（2011-10-21）. 复旦大学出土文献与古文字研究中心网.

简编在一起，排在《王居》篇中第 1 简之后，《命》篇中第 4、5 简编在《志书乃言》篇中第 3 简之后，《志书乃言》篇中第 5、4、6、7 简连缀在一起，排在《命》篇中第 5 简之后，《王居》篇中第 5、6、3、4、2、7 简连缀在一起，排在《志书乃言》篇中第 7 简之后。

后来，陈伟（2011）又对《王居》篇的七枚简与《志书乃言》篇的七枚简、《命》篇第 4、5 简做了重新连缀。这一次重新编排顺序为：王 1＋王 3＋志 1＋志 2＋志 3＋志 4＋志 6＋志 7＋王 5＋王 6＋王 2＋王 4＋命 4＋命 5＋志 5＋王 7。① 与陈伟（2011a）编排相对比，《王居》篇第 5、6、2、4 简排在一起作为一个整体，并调到《王居》篇第 5 简之后，《命》篇第 4、5 简排在《王居》篇第 4 简和《志书乃言》篇第 5 简之间。显然，陈伟这一种做法，与故事情节实际需要更加相符。

总体来看，《王居》篇排序整齐，结构合理，故事完整。依据故事情节发展趋势，经我们梳理，把 16 枚简文区分为以下五个层次，分别为：

第一层，简文：王 1A。此层属于导语，交代故事发生时间、地点、人物和背景。楚王在沮澫之宫的时候，彭徒派人自鄢关归往向楚王复命。

第二层，简文：王 1B＋王 3＋志 1＋志 2A。该层属于情节的发展阶段。观无畏制造谗言诋毁彭徒，国人听闻后对观无畏表示不满。

第三层，简文：志 2B＋志 3＋志 4＋志 6＋志 7＋王 5A。这一层属于情节进一步发展阶段。观无畏和楚王对话，楚王对观无畏予以严词驳斥，希望他以国家为重，认真反思。

第四层，简文：王 5B＋王 6＋王 2＋王 4＋命 4＋命 5＋志 5＋王 7A。这一层是情节高潮。叙述令尹子春和楚王的对话。令尹子春朝见楚王，楚王赞赏彭徒一片忠心，要求令尹子春前去对彭徒予以褒奖，任以官职，以正国威。

第五层，简文：王 7B。这一层属于故事结尾。令尹子春命彭徒为洛卜尹。

相比以上各编连结果，陈伟（2011）的编连顺序更符合此故事情节。② 由此，全文编连顺序宜为：王 1＋王 3＋志 1＋志 2＋志 3＋志 4＋志

---

①② 陈伟．上博楚竹书《王居》编连再探．(2011-10-01)．复旦大学出土文献与古文字研究中心网．

6＋志 7＋王 5＋王 6＋王 2＋王 4＋命 4＋命 5＋志 5＋王 7。

王居王1背①

（1）王居鮴（苏）[1]澫之室，彭徒㒳（往）[2]諹（鄗）闗（关）至（致）命，邵昌为之告，王未倉（答）之。王1A

【注释】

[1] 苏，楚文作"鮴"，陈佩芬（2011：206）读为"苏"。②《说文通训定声》："鮴，假借为苏。"《清华简一・楚居》有云："以为处于䣞澫。"䣞，地名，从禾酉声。如《殷周金文集成・鄂君启车节》（12110）："䣞焚。"䣞，后来由内外结构转化为左右结构"酥"，《玉篇・酉部》："酥，酪也。"浅野裕一（2011）认为，䣞与酥通，䣞澫即酥澫。③ 我们的观点是，䣞与酥同，酥与苏同音而通用，所以酥澫即苏澫。陈伟（2011）依《昭王毁室》说"昭王为室于死沪之滸"，后"徙处于平澫"，"苏""疋"相通，而认为"鮴澫"与"平澫"实即一地。但是，平澫是楚昭王之所，鮴澫是楚惠王之所，二者恐非一地。④

[2] 往：楚文作"㒳"，陈佩芬（2011：206）释为"往""至"的意思。⑤ 按："㒳"就是"网"早期形式，甲骨文作"[古文字]"（《甲骨文合集》10759），商代作"[古文字]"（《亚网爵》），战国作"[古文字]"（《天观星简》、《上博简二・容成氏》第41简）。"㒳（网）"的形体是一脉相承的。"㒳"通作"往"，都属于阴部字。"往"可以表前往义和归往义。表示前往义时带宾语。如楚简《天星观简》："[古文字] [古文字]，享荐[古文字]一佩玉环"。[古文字]作"𤻮"，用作地名。"[古文字] [古文字]"指前往𤻮地。"往"表归往义时，带起点处所宾语。如

① 简背面的题目。

② 陈佩芬.《王居》《命》《志书乃言》释文考释//马承源. 上海博物馆藏战国楚竹书（八）. 上海：上海古籍出版社，2011：206.

③ 浅野裕一. 上博楚简《王居》复原初探. 刁小龙，译，(2011-08-19). 复旦大学出土文献与古文字研究中心网.

④ 陈伟. 上博楚竹书《王居》新编校释. (2011-07-20). 简帛网.

⑤ 陈佩芬.《王居》《命》《志书乃言》释文考释//马承源. 上海博物馆藏战国楚竹书（八）. 上海：上海古籍出版社，2011：206.

《上博简四・昭王与龚之脽》简7："龏（龚）之脽被（披）之，亓（其）衿视，𦋊（掆）逃（珧）珤（宝）。"陈佩芬（2011：188）疑"𦋊"为"掆"之异文，说《集韵》："掆，举也①。"按，陈佩芬举《集韵》"掆"字当为"㧢"。《玉篇》："㧢，举也。"《集韵》："㧢，举也。"其实这里的"𦋊"就是"㘫"，即"网"，也是通"往"。其后面带有起点处所宾语"珧宝"，当将"往珧宝"释为"自珧宝归往"。"彭徒㘫（往）鄝关致命"中的"往"指归往，它带起点宾语，"往鄝关"就是"自鄝关归往"的意思。

【译文】

楚惠王居住在穌澫之室的时候，彭徒在鄝关筑城，派郘昌自鄝关替他向楚惠王复命，楚惠王没有给予答复。

（2）观无愄（畏）王1B……毁亚（恶）之。是言既䎽（闻）于众巳（已），邦人其濵（沮）志解体[1]，胃（谓）：王3"《寺（志）》箸（书）乃言：'是楚邦之弜（强）梛（梁）[2]人，反昃（侧）其口舌[3]，以𧶠（辨）譖（讹）[4]王、大夫之言。'纵志1不隻（获）辠（罪），或（又）犹走趣（趋）[5]事王。"邦人其胃（谓）之可（何）！志2A

【注释】

［1］解体：比喻人心离散。《左传・成公八年》："信不可知，义无所立；四方诸侯，其谁不解体。"解，离散其心。《汉书・陈余传》："恐天下解也。"颜师古注："解，谓离散其心也。"

［2］强梁：梁，楚文作"梛"，读书会读"梁"。强梁，本义指有力量，此引申为强横。《老子・第四十二章》："强梁者不得其死，吾将以为教父。"也作"彊梁"。《晏子春秋・内篇》："其言彊梁而信，其进敏逊而顺。"

［3］反侧其口舌：本指言语不正，此处指进献谗言，搬弄是非。反侧

① 陈佩芬.《王居》《命》《志书乃言》释文考释//马承源.上海博物馆藏战国楚竹书（八）.上海：上海古籍出版社，2011：188.

同义连用，侧，楚文作“昃”，二者通用，指不正的意思。《庄子·列御寇》：“醉之以酒而观其侧。”陆德明释文引王云：“侧，谓凡为不正也。”

[4] 辨讹：辨，楚文作“[illegible]”，从又辡省声，陈佩芬读为“对”，读书会读为“辨”，与《郭店简·五行》简 37、39 [illegible]（辨）形近。“辡”与“变”相通。譌，从言为声，又作“讹”。段玉裁《说文解字注》：“诗曰：‘民之讹言’，今《小雅》作‘讹’。”讹，从言化声，从为之字与从化之字可通用。“讹”也有变化义。辨讹，同义连用，指变化之意。

[5] 走趋：同义连用。走，趋的意思。趋，趣的意思。《春秋繁露》：“无怪民之皆趋利而不趋义也。”凌曙注引颜师古云：“趋，读曰趣，谓趣向之也。”趣谓快步走，这里指奔走。

【译文】

观无畏……诋毁彭徒。观无畏诋毁彭徒之事传入国人耳中，令国人士气低落、人心涣散，国人为此议论纷纷，他们说：“《志》中有这样的言论：‘此人是楚国蛮横之人，他巧于进献谗言，搬弄是非。在大王和官员面前尽说假话，使大王与官员之间产生隔阂。’如此放纵的大胆之徒竟然至今都没有遭受大王怪罪，还仍然奔走在朝堂之上侍奉我们大王。”国人对观无畏是何等憎恶啊！

（3）王作色曰：“无愄（畏），此是志2B胃（谓）死辠（罪）。𧆞（吾）安尔而埶（亵）[1]尔。尔（尔）亡（无）以[illegible]（虑）枉（匡）正我，殹（抑）[illegible]（惎）韦（讳）讒（谗）託（愬）以在（载）亚（恶）。[2]吾志3蟲（庸）材以为献，或（又）不能节[illegible]（奢）所以亲人[3]，然以讒（谗）言相忘（仿）[4]。尔思（使）我志4得忧（尤）于邦多巳（已）。吾欲至（致）尔于辠（罪），邦人其谓我不能爯（称）人，朝起而志6夕灋（废）之。是则尽不敦（谷）之辠（罪）也。后舍勿然。唯（虽）我悉（爱）尔，吾无女（如）社志7禝（稷）可（何）！而（尔）必良慎之。”王5A

【注释】

[1] 亵：楚文作“埶”，二字可通用。《郭店简·缁衣》：“故上不可以

执刑而轻爵。”《尊德义》：“教以辩说，则民埶陵长贵以妄。”“埶”读“亵”，指亲近。《论语·乡党》：“见冕者与瞽者，虽亵，必以貌。”邢昺疏：“亵，谓数相见也。言孔子见大夫与盲者，虽数相见，必当以貌礼之。”刘宝楠正义：“亵与狎同，故解为数相见。”

[2] 尔无以虑匡正我，抑惎讳谗愬以载恶：你没有辅佐我，反而行恶，离间、告发、诋毁我良臣。

匡正：楚文作“枉”，扶正；纠正。《左传·哀公十六年》：“子闾曰：‘王孙若安靖楚国，匡正王室，而后庇焉，启之愿也，敢不听从？’”

抑：楚文作“殹”，从殳医声，影纽脂部。抑，影纽质部，对转相通。抑，表示转折，连词（杨伯峻《文言常用虚词》，317页）。上面用例中“抑”不是“殹”本字，“抑”不是表转折“殹”的本字，只是用借字“抑”解释字义。《说文·殳部》：“殹，击中声也。”殹，表示叹气声，段玉裁说：“殹字本义亦未见。”其实，它的本字是“意”。“殹”“翳”谐声，同属于质部，与“意”（影纽职部）旁转相通。

惎讳：嫉恨。惎，楚文“忈”，从心亓声，《小尔雅·广言》：“惎，忌也。”《左传·哀公二十七年》：“知伯不悛，赵襄子由是惎知伯。”忌，嫉恨嫉妒。讳，楚文作“韦”，后作“讳”，嫌恶之意。

谗愬：谗毁、诽谤的意思。谗，楚文作“讒”，读书会释为“谗”。愬，楚文作“[illegible]”陈佩芬（2011：220）隶为“詑”，释作“眊”。① 陈伟（2011）认为左旁似从“屰”，释为“愬”，谗愬，谗毁。② 《汉书·刘向传》：“君子独处守正，不桡众枉，勉强以从王事则反见憎毒谗愬。”

载：楚文作“在”，周早期金文“[illegible]”（盂鼎）、“[illegible]”（栿氏壶），从士才声。战国时期“土”与“士”混同，“士”讹变为“土”。此类发生讹变的字还有“牡、庄”等。作才声的字属从纽之部，载，精纽之部，二者通用。“载”指行的意思，从运载义引申而来。《尚书·皋陶谟》：“亦言其人有德，乃言曰，载采采。”孔颖达疏：“载者，运行之义，故为行也。”

---

① 陈佩芬.《王居》《命》《志书乃言》释文考释//马承源. 上海博物馆藏战国楚竹书（八）. 上海：上海古籍出版社，2011：220.

② 陈伟. 上博楚竹书《王居》新编校释.（2011-07-20）. 简帛网.

《国语·周语》："若登年以载其毒，必亡。"韦昭注："载，行也。"

［3］吾蟲（庸）材以为献，或（又）不能节偖（奢）所以亲人：我选用有才能的人作为贤臣，而你却不能制止奢侈亲近有才德的人。

庸：楚文作"虫"。虫，澄纽冬部；庸，以纽东部，二者通用。庸，任用。《广雅·释诂》："庸，使也。"王念孙疏证："《说文》：'赁，庸也。'赁亦任也，庸亦用也。"《尚书·尧典》："畴咨若时登庸。"孔传："庸，用也。"

奢：楚文作"偖"，原释陈佩芬（2011）读为"欺"，读书会（2011）读为"暑"，陈伟（2011a）读为"奢"，奢侈。①《论语·八佾》："礼，与其奢也，宁俭；丧，与其易也，宁戚。"

亲：楚文作"[illegible]"，原释陈佩芬（2011）读为"皋"，陈伟（2011a）读为"亲"，他认为楚简中从自从辛的"亲"，与"皋"字相近，或致混用。②楚文从自从辛的"亲"作"[illegible]"（上博《缁衣》简19），字形实近似。

［4］仿：楚文作"忞"，陈佩芬（2011）释为"谤"。陈伟（2011）认为，楚简"病"多从"疒"从"方"，《郑子家丧》中"病"从"丙"从"心"之字。简文"忞"从方从心，疑是"病"字或体，表示"祸害"义。③此用法见于传世文献中，如《汉书·沟洫志》："不豫修治，北决病四五郡，南决病十余郡，然后忧之，晚矣"。按，此简疑当为"仿"，"仿"同"妨"，有"害"之义。《集韵·阳韵》："妨，《说文》：'害也。'或作仿。"

【译文】

楚王正言厉色地说道："观无畏，你如此行为，这应该说是死罪。我让你居有所安，并对你加以亲近。而你，不但没有辅佐我，反而还行恶，

---

① 陈佩芬.《王居》《命》《志书乃言》释文考释//马承源.上海博物馆藏战国楚竹书（八）.上海：上海古籍出版社，2011：189-226；复旦吉大古文字专业研究生联合读书会.上博八《王居》、《志书乃言》校读.（2011-07-17）.复旦大学出土文献与古文字研究中心网站；陈伟.上博楚竹书《王居》新编校释.（2011-07-20）.简帛网.

②③ 陈佩芬.《王居》《命》《志书乃言》释文考释//马承源.上海博物馆藏战国楚竹书（八）.上海：上海古籍出版社，2011：189-226；陈伟.上博楚竹书《王居》新编校释.（2011-07-20）.简帛网.

嫉恨、诋毁我良臣。我任用有才能的人当作贤者，而你却不能制止奢侈亲近有才德的人，竟然用谗言来祸害我所亲近的有才德的人。你已经让我在国家大事上犯下太多错误，我要治你的罪。国人一定会说我是一个不善于起用人才的君王，早晨刚刚起用，晚上就又罢免，这些都统统归于我的罪过。以后你要剔除这些坏行为，不要再犯这嫉妒贤能的错误。尽管我器重你，但是你却如此作恶。你这样作恶，让我怎么能治理好国邦？你要迷途知返，做到谨言慎行。”

（4）其昷$_{=}$（明日），命（令）尹子春厌[1]。王就之曰：“夫彭徒一劳。为$_{\text{王5B}}$吾謐（畀）[2]之。”命（令）尹倉（答）：“命须其尽。”王胃（谓）：“虐（吾）谷（欲）速。”乃许诺：“命须后佖（畀）。”王就$_{\text{王6}}$命（令）尹：“少进于此，吾一耻于告大夫。述日，徒自关至（致）命，昌为之告，虐（吾）未$_{\text{王2}}$……□廛（庶）能进后人。恒（愿）大夫之母（毋）留[3]徒，以员（陨）不敦（縠）之$_{\text{王4}}$外臣。[4]而（尔）居虐（吾）左右，不爯（称）掔（贤）进可，以甹（屏）桶（辅）我，则戠（特）为民[illegible]（穷）竆（究）。[5]（吾）闻古$_{\text{命4}}$之善臣，不以厶（私）思、厶（私）悁（怨）内（入）于王门。非而（尔）所以复，我不能聍（贯）壁而视圣（听）。$_{\text{命5}}$虐（吾）以尔为远目耳。而（尔）纵不为虐（吾），爰[6]罢（择）吾父兄眚（甥）咎（舅）之又（有）所善。$_{\text{志5}}$……言之潷（笃）。$_{\text{王7A}}$”

【注释】

[1] 厌：楚文“厌”释为“谒”，厌，影母盍部，谒，影母月部，二者双声，韵部主要元音都读“a”，音近可通。谒，谒见。

[2] 畀：楚文为“謐”，张崇礼释为“畀”。《尔雅·释诂》：“畀，赐也。”郭璞注：“畀，赐与也。”《书·洪范》：“帝乃震怒，不畀洪范九畴。”这里“畀之”指赐予彭徒职位。

[3] 留：单育辰释，“留”指迟滞。《逸周书·武顺》：“均佐肃静而无留，留则无成。”朱右曾集训校释：“留，迟滞也。”毋留徒：指不要延缓对彭徒的提拔。

[4] 陨不縠之外臣：指失去我在外供职的大臣，这里指彭徒。

陨，楚文作“员”，陈伟释为“陨”，失的意思。《诗·大雅·绵》：“肆不殄厥愠，亦不陨厥问。”马瑞辰传笺通释：“孟子曰：‘文王事昆夷，’又曰：‘肆不殄厥愠，亦不陨厥问，文王也。’赵注：‘言文王不殄绝畎夷之愠怒，亦不能陨失文王之善声问也。’今按，赵说是也。”

外，陈伟作“间”，读“奸”。按，陈先生所说的“间”宜为“闲”。《说文·门部》：“閒，隙也。从门从月。閖，古文闲。”我们认为，“月”充当声符，“月”与“外”都是月部字。閖，从门从外，外亦声。闲（见纽元部）与外（疑纽月部），声属牙音，韵属对转，音近相通。段玉裁改“閖”为“閒”，并注云：“此篆各本体误，汗简等书皆误，今改正。与古文恒同，中从古文月也。”这是不对的。因为目前出土春秋战国时期的金文和楚简中，都存在有“閖”。如春秋金文曾姬无恤壶“”，战国楚简《包山简》简13“”，楚国玺彙3215“”。①这些文字都从门从外，外亦声，而非段玉裁所说从门从仆。可见许慎、汉简等书不误。其实，在《命》简4中“外”无须作“闲”，楚文为“”，直作“外”，原释陈佩芬释“外”，这是对的。外臣，在外供职的大臣。

[5] 戠（特）为民穷究：指竟是百姓的仇人。

特，楚文作“戠”，陈剑释“职”。陈伟读“特”，《包山简》简200卜筮祷词“特牛”之“特”写作“戠”。特，表转折，“却”的意思。表转折的“特”也见于传世文献，《战国策·中山策》：“不知者，特以为神，力言不能及也。”

究，楚文从穴周声，当是“究”之异构。《尔雅·释诂》：“究，穷也”。陈剑释“穷究”为“仇雠”，指追究到底的人。

[6] 爰：陈佩芬释“再”，读书会释“受”，陈伟释“爰”，句首语气助词。我们从陈伟释。爰，《说文·爰部》段玉裁注：“爰、粤、于、那、都、繇、于也，八字同训，皆引词也……皆由上引下之词也。”《诗·邶风·凯风》：“爰有寒泉，在浚之下。”郝懿行义疏：“爰，为引起下文之辞。”

---

① 季旭昇．说文新证．福州：福建人民出版社，2010：871.

【译文】

第二天，命令尹子春来谒见楚王。楚王对他说："彭徒在辛勤为我效力，你替我赏给他一个官职。"令尹说："要等他现在的差事完成，方能任命他一个新职位。"楚王说："我希望快一点儿任命他。"令尹应允道："等我回去之后就任命他一个官职。"楚王对令尹说："希望比这还要再快一点儿，我不齿于把这事告诉给官员们。前些日子，彭徒从鄢关复命时提出过一个要求，是邵昌代替他转告给我的，我还没有给予答复。……希望能举荐后面的人。我希望不要延误对彭徒的提升，以免失去我那些在外充差的大臣们的人心。你们在我身边，不但不推举贤能的人和可用之才来辅佐我，反而成了国民眼中的仇敌。我听说古代贤良之臣，都不会怀揣着个人亲疏和恩怨入朝做官。如果没有你们向我汇报具体情况，这天下之事，我又不能穿透墙壁去看、去听。我是把你们当成远处的耳目了啊。你们纵然就是不为我着想，也应推举我父兄、甥舅中那些行有善德的人……言之诚恳。"

（5）命（令）尹许诺，乃命彭徒为洛卜尹。王7

【译文】

令尹应允，于是任命彭徒做洛卜尹。

参考文献

陈广中．道家先驱与养生论：彭祖考．安徽大学学报（哲学社会科学版），1997（1）．

陈剑．《上博（八）·王居》复原．（2011-07-20）．复旦大学出土文献与古文字研究中心网．

陈佩芬．《王居》《命》《志书乃言》释文考释//马承源．上海博物馆藏战国楚竹书（八）．上海：上海古籍出版社，2011：189-226．

陈斯鹏．上海博物馆藏竹简《彭祖》新释//华学：第七辑．广州：中山大学出版社，2004．

陈伟．上博楚竹书《王居》新编校释．（2011-07-20）．简帛网．

陈伟. 上博楚竹书《王居》编连再探. (2011-10-01). 复旦大学出土文献与古文字研究中心网.

复旦吉大古文字专业研究生联合读书会. 上博八《王居》、《志书乃言》校读. (2011-07-17). 复旦大学出土文献与古文字研究中心网.

复旦吉大古文字专业研究生联合读书会. 《上博(八)·命》校读. (2011-07-20). 复旦大学出土文献与古文字研究中心网.

黄人二. 上博藏简《彭祖》试探//上海博物馆藏战国楚竹书(三)研究. 台北: 高文出版社, 2005.

黄人二, 林志鹏. 上博藏简第三册《彭祖》试探. (2004-04-29). 简帛研究网.

黄锡全. 读《上博战国楚竹书(三)》札记数则. (2004-06-22). 简帛研究网.

季旭昇. 《上海博物馆藏战国楚竹书(三)》读本. 台北: 万卷楼图书股份有限公司, 2005.

季旭昇. 说文新证. 福州: 福建人民出版社, 2010.

李守奎. 《楚居》中的樊字及出土楚文献中与樊相关文例的释读. 文物, 2011 (3).

李锐. 上博三《彭祖》补释. (2004-04-19). 简帛研究网.

李秀玲. 《彭祖》译释//季旭昇. 《上海博物馆藏战国楚竹书(三)》读本. 台北: 万卷楼图书股份有限公司, 2005: 246.

林志鹏. 战国楚竹书《彭祖》考论: 兼论《汉志》"小说家"之成立. (2007-08-18). 简帛网.

林志鹏. 战国楚竹书《彭祖》补释. 江汉考古, 2010 (1): 126-129.

刘洪涛. 读上博竹书《彭祖》札记一则. (2007-04-03). 简帛网.

马承源. 上海博物馆藏战国楚竹书(三). 上海: 上海古籍出版社, 2003.

马承源. 上海博物馆藏战国楚竹书(八). 上海: 上海古籍出版社, 2011.

孟逢生. 上博竹书(三)字词考释. (2004-04-26). 简帛研究网.

孟逢生. 《彭祖》字义疏证. (2005-06-21). 简帛研究网.

裘锡圭. 再谈古文献以“埶”表“设”//先秦两汉古籍国际学术研讨会论文集. 北京：社会科学文献出版社，2011.

汤志彪. 上博简（三）《彭祖》篇校读琐记. 江汉考古，2005（3）：88-91.

沈培. 从战国简看古人占卜的“蔽志”：兼论“移祟”说//陈昭容. 古文字与古代史：第一辑. 台北：“中央研究院”历史语言研究所，2007.

史杰鹏. 上博竹简（三）注释补正.（2005-07-16）. 简帛研究网.

苏建洲. 关于《上博八》两个“寻”字的简单说明.（2011-08-19）. 复旦大学出土文献与古文字研究中心网.

王宁. 上博八《王居》释译.（2011-08-21）. 简帛网.

魏启鹏. 楚简《彭祖》笺释//新出楚简国际学术研讨会会议论文集：上博简卷. 武汉：武汉大学，2006.

杨芬. 上博简（三）《彭祖》简序编排小议. 江汉考古，2010（1）：123-125.

杨泽生. 上博竹书第三册零释.（2004-04-29）. 简帛研究网.

赵炳清. 上博三《彭祖》补释.（2005-01-26）. 简帛研究网.

赵炳清. 上博三《彭祖》篇的性质探析. 西华师范大学学报（哲学社会科学版），2010（1）：83-86.

赵彤. 战国楚竹书《彭祖》篇补释.（2007-03-15）. 简帛网.

浅野裕一a. 上博楚简《王居》复原初探. 刁小龙，译.（2011-08-19）. 复旦大学出土文献与古文字研究中心网.

浅野裕一b. 上博楚简《王居》之复原与解释. 刁小龙，译.（2011-10-21）. 复旦大学出土文献与古文学研究中心网.

第十章　出土简帛文献的语言学价值

一　出土简帛文献对语法史研究的价值

1.1　引言

目前，随着出土简帛文献陆续刊布，其内容已广泛涉及政治、经济、哲学、宗教、军事、医学、数学、音乐、语言和文学等诸多领域。出土传抄古籍，如《老子》《缁衣》《穷达以时》《管子》《国语》《逸周书·大武》等①，与传世文献相比，更是具有可靠的语料价值；出土失传佚书，如《太一生水》《五行》《性自命出》《鲁穆公问子思》《唐虞之道》《成之闻之》《六德》《孔子诗论》《乐礼》《鲁邦大旱》《恒先》《子羔》《性情论》《墨子》等②，足以弥补研究资料不足；出土文书档案数据，如法律文书、户籍档案、遣策、卜筮等，能反映当时最真实语言面貌。在汉语语法史研究中，出土简帛文献具有重要语言学价值。我们以量词为例，探讨出土简帛文献在汉语语法史研究中的语言学价值。

1.2　能更精准地把握语法现象的源头

众所周知，在汉语语法史研究中，寻找语法现象源头事关重大。由于

---

①　张春龙（2004：20）认为，湖南慈利石板村 36 号汉墓出土的《国语》《逸周书·大武》《管子》，能和传世本互相印证。

②　李学勤（2001）认为，河南信阳长台关 10 号汉墓出土的《墨子》，可能是传世《墨子》的佚篇。

传世文献语料在某些方面的相对局限，从而导致人们对量词源头把握不够精准。而出土简帛文献刊布，为汉语语法史研究提供更为丰富的语料。无疑，利用出土简帛文献，势必能更精准地把握语法现象产生的源头。以量词“下”为例，王力先生（2005［1989］：39）认为，量词“下”产生于南北朝，引北齐魏收《魏书》“被挞百下”为证。而张显成、李建平（2010：218）发现，量词“下”产生于汉代出土简帛文献，共有4例。如《居延汉简》123.58：“敞辞曰：初欲言，候击敞数十下，胁痛，不耐言。”本节分别对“把”“口”“具”“梃”等量词产生源头做如下探讨：

把 量词“把”由动词“握”（《说文》：“把，握也”）虚化而来，用于称量束状的草本植物。在传世文献中，人们把量词“把”产生源头确定为三国时期。如《三国志·吴书·陆逊传》：“逊曰：‘吾已晓破之之术。’乃敕各持一把茅，以火攻拔之。”而通过对出土简帛文献调查，发现有较三国时期更早用例。主要出现在长沙马王堆汉墓出土《五十二病方》和《养生方》等文献。在《五十二病方》和《养生方》这两部文献中，量词“把”共有4例，都用于称量草本植物（张俊之、张显成，2002）。如：

（1）伤者，以续［𢇍（断）］根一把，独□长支（枝）者二廷（梃），黄黔（芩）二梃，甘草□廷（梃），秋乌豙（喙）二□□。（《马王堆汉墓帛书（肆）·五十二病方》17）

（2）伤胫（痉）者，择薤一把，以敦（淳）酒半斗者（煮）潰（沸），［饮］之，即温衣陕（夹）坐四旁，汗出到足，乃□。（《马王堆汉墓帛书（肆）·五十二病方》43）。

（3）□□□大牡兔，皮，去肠。取萆荚长四寸一把，茮（术）一把，乌豙（喙）十□□□，削皮细析。（《马王堆汉墓帛书（肆）·养生方》121）

上例中，量词“把”称量对象是“根”“萆荚”“薤”“术”等草本植物。据中医研究院医史文化研究室（1975），钟益研、凌襄（1975），张俊之、张显成（2002）和张显成（2005）研究，《五十二病方》和《养生方》出现于秦汉时期。以此类推，量词“把”产生的源头应当提早到秦汉时期。

口 量词“口”是由“人的器官”义（《说文》：“口，人所以言食也。”）虚化而来，最早用于称量人和牲畜，后来发展到称量器皿、釜等对象。基于传世文献，量词“口”产生称量人的用法应当确定在汉代。如《汉书·武帝纪》：“募民徙朔方十万口。”而“口”产生称量器皿的用法则应确定在南北朝时期。如《水经注》卷六：“管涔王使小臣奉谒赵皇帝，献剑一口。”（刘世儒，1965）但是，据张显成、李建平（2010：219）研究，在汉代出土简帛文献中，“口”就已经产生出称量釜、刀等器皿的量词用法，《居延汉简释文合校》中就达14例之多。如：

（4）承六月余官弩二张，箭八十八枚，釜一口，磑二合。（《居延汉简释文合校》128.1）

（5）☒□盗取性文书，筒二枚，钱一千，大刀一口。（《长沙东牌楼东汉简牍》5）

上例中，量词“口”称量对象是釜、刀等。据此，基于出土简帛文献，量词“口”产生的源头当追溯到汉代。

具 量词“具”来源于名词“器物”的虚化，用于称量席、鼎、贝等。传世文献中，量词“具”产生源头是汉代，如《史记·货殖列传》：“旃席千具”。而通过对出土简帛文献资料调查，我们发现，早在西周时期，量词“具”就已经产生。如：

（6）𢦏，辛巳，王赐驭八贝一具，用乍（作）父己尊彝。（《殷周金文集成·驭卣》10.5380）

（7）函皇父乍（作）琱娟（妘）般（盘）盉尊器鼎𣪘（簋）一具。自豖鼎降十又一，𣪘（簋）八、两罍、两壶，琱娟（妘）其万年，子子孙孙永宝用。（《殷周金文集成·函皇父盘》16.10164）

例（6）中“王赐驭八贝一具”意即王赏赐给驾车人八钱币一具。鉴于用贝充当的钱币由多件组成，于是用“具”来称量。例（7）的语意指函皇父给夫人琱妘制作盘盉尊器鼎簋一具。同样，鉴于生活器具由多件组合而成，于是用“具”来称量。

在秦简中，量词“具”还有用来称量人体器官的情况，睡虎地秦简中共2例。如：

(8) 祠固用心肾及它支(肢)物,皆各为一具。一具之臧(赃)不盈一钱,盗之当耐。(《睡虎地秦墓竹简·法律答问》简25、26)

例(8)的语意为“祭祀时固定要供奉的物品有牲畜的心、肾和前、后足,每一种供品各为一具。如果有人偷窃了供品,那么供品就成为偷窃者偷盗的赃物。尽管每一具赃物价值不满一文钱,但只要偷窃者盗窃了一具赃物,就要处以剃去鬓须的刑罚”。此例中,祭祀的供品由多件组合而成,用“具”来称量。

在汉简中,量词“具”更是使用广泛。如:

(9) 护羌使者传车一乘,黄铜五羡一具,伏兔两头,梶两头,亶带二**𢂍**……赤韅各两少,铜**𨪐**一具。(《敦煌悬泉汉简释粹》255)

(10) 节衣一具,疏比一具,诎带一,乡橐四,手衣一具。(《尹湾二号汉墓木牍》一三反)

通过对出土简帛文献调查,更精确地说,量词“具”产生源头当提早到西周时期。

梃 量词“梃”由名词“挺直的树干”虚化而来,用于称量挺而直的条块状物。传世文献中,量词“梃”的语源产生于南北朝。如北齐魏收《魏书·李孝伯传》:“骏遣人献酒二器、甘蔗百梃,并请骆驼。”而在出土简帛文献中,早在秦汉时期,“梃”做量词的用法就已经产生(张俊之、张显成,2002)。如:

(11) 伤者,以续[𢇍(断)]根一把,独□长支(枝)者二廷(梃),黄黔(芩)二梃,甘草□廷(梃),秋乌象(喙)二□□□□□者二瓯。(《马王堆汉墓帛书(肆)·五十二病方》17)

(12) 以水一斗煮葵种一斗,浚取其汁,以其汁煮胶一廷(梃)半,为汁一参,而□。(《马王堆汉墓帛书(肆)·五十二病方》168)

毋庸置疑,量词“梃”产生源头当推断为秦汉。

除了上文所探讨的“把”“口”“具”“梃”以外，量词“合（个体和量制单位）”“颗”“骑”“裁”“品”“积”“艘”“节”“丸”“器”“剂”等，产生的时间也都早于传世文献（张显成、李建平，2010）。在汉语史语法研究中，研究量词目的是掌握汉语量词发展历史，而其中最关键的一环需要寻找量词产生的源头。将出土简帛文献中的量词纳入汉语语法史研究，最大的价值在于能够帮助我们更准确地把握量词这一语法现象的源头。由此及彼，将出土简帛文献中任一语法现象纳入汉语语法史研究，都有助于我们准确把握语法现象产生的源头。

1.3　能更深入地挖掘新的语法意义

出土简帛文献资料包罗万象，不仅包括诸多失传资料，而且还包括能反映不同时期、不同地域真实语言状况的数据。在这些数据中，通常会存在一些鲜为人知的语法现象，而这些语法现象又通常能为挖掘新的语法意义提供便利。如“颗”“斗”“石”。

颗　“颗”本义是“小头”（《说文》：“颗，小头也。”），《说文系传》：“今言物一颗，犹一头也。”后虚化为量词。基于传世文献，传统观点认为，量词“颗”早期语义为“称量小而圆的物体”。如段玉裁《说文解字注》：“颗，引申为凡小物一枚之称，珠子曰颗，米粒曰颗是也。”如《伤寒论》卷三：“水上有珠子五、六千颗相逐。”而我们通过对出土简帛文献的调查，发现早在秦汉，量词“颗”不仅用于称量粒状物，而且用于称量块状物。如：

(1) 婴儿病间（痫）方：取雷尾〈戻（矢）〉三果（颗），冶，以猪煎膏和之。(《马王堆汉墓帛书（肆）·五十二病方》48)

(2) 取弱（溺）五斗，以煮青蒿大把二，鲋鱼如手者七，冶桂六寸，干蘁(姜）二果（颗)。(《马王堆汉墓帛书（肆）·五十二病方》248、249)

(3) 取［乌］豙（喙）三果（颗），干畺（姜）五。(《马王堆汉墓帛书（肆）·养生方》164)

上例中，“果”是“颗”的古字。例（1）中的“颗”，称量雷尾矢，雷尾矢是小而圆的粒状物。[①] 例（2）中的“颗”，称量姜，姜是块状物。例（3）中“颗”称量乌喙，乌喙是长形的块状物。[②]“颗”之所以能用来称量块状物，究其原因，是“颗”有“土块”义。《汉书·贾山传》：“为葬埋之侈至于此，使其后世曾不得蓬颗蔽冢而托葬焉。”颜师古注：“颗谓土块。”清王先谦注：“块颗双声，故块亦为颗。”《颜世家训·书证》：“北土通呼物一**凷**(块)，改为一颗。”

关于量词“颗”早期用法，除了上文所论及的《说文》《说文系传》、段注以外，字典辞书也大都释作粒状物。如《汉语大字典》将其释为“称量粒状或圆形的物体”。但是，从以上用例看，例（1）中的量词“颗”释作“粒状物”，例（2）和（3）都释作“块状物”，可见，根据出土简帛文献中所提供的语料，量词“颗”早期语义当释为“称量粒状物和块状物”。相对传世文献而言，出土简帛文献中量词“颗”的语义更透彻。

斗、石　“斗”和“石”都假借为容量单位。《说文》：“斗，十升也。”《汉书·历律志上》：“十合为升，十升为斗，十斗为斛。”《汉志》：“十斗曰石。”以此为据，传世文献中，一斗为十升，一石为十斗。但据我们调查，汉代出土简帛文献中，斗和石的容量是有所区分的。有关汉代斗和石的容量，既有十升为斗、十斗为石的情况，也有六升为斗、六斗为石的情况。如：

(4) 受征和四六月簿余谷小斗五斗二升，为入縻小石十一石六斗。(《居延汉简甲乙编》488.3、488.4)

(5) 凡三人，用粟大石四石五斗，为小石七石五斗，九月食。(《香港中文大学文物馆藏简牍·汉简》131 正面)

陈梦家（1980：150）和张显成、李建平（2010：203—224）研究，在秦汉简帛中，就已经有大斗、小斗之称，且与大石、小石相对应。一小石为 0.6 大石，一小斗为 0.6 大斗。可见，自古就有大斗与小斗之分，且

---

① 雷尾矢，即雷矢，形似圆状菌类。《急就篇》卷四：“雷矢、藿菌、荩、兔卢。”颜师古注：“雷矢，即雷丸也。又名雷实。”

② 乌喙，中药附子的别称，块状，以其形似乌觜而得名。《急就篇》卷四：“乌喙附子椒芫华。”颜师古注：“乌喙，形似乌之觜也。”

有大石与小石之别。出土简帛文献中“斗”和“石”的容量制反映汉代当时实际容量制，比传世文献中“十升为斗、十斗为石”的容量制更为复杂。

关于量词“斗”和“石”早期用法，上述所提及的《说文》《汉书》《汉志》以及字典辞书（如《汉语大字典》）都将其释为“十升为一斗、十斗为一石”。而从出土简帛文献来看，量词“斗”的释义应为：容量单位，有十升为一斗的大斗计法，也有六升为一斗的小斗计法，大斗与小斗的关系是一小斗为0.6大斗。量词“石”的语义应为：容量单位，有十斗为一石的大石计法，也有六斗为一石的小石计法，大石与小石的关系是一小石为0.6大石。与传世文献相比，出土简帛文献中“斗”和“石”语义更为完整。

除了上面所讨论的“颗”“斗”“石”以外，还有量词“步”“畹”“升”“布”“缄”“斤”等。在汉语语法史研究中，出土简帛文献的出现，有利于更深入地挖掘新的语法意义。

1.4　能充实汉语语法史研究的材料

出土简帛文献能充实汉语语法史研究中的材料。就量词而言，一是能增补量词在虚化过程中某阶段用例的不足，如“张”；二是能增补量词用例不足。如“橐”“橐”。

张　“张”的本义是“张弓”（《说文》：“张，施弓弦也。”），后虚化而成为量词。王力（1958）和刘世儒（1965）认为，“张”虚化为量词以后，当从称量弓弩扩大到称量帷幕、琴和厨等。在传世文献中，量词“张”早期只出现有称量帷幕、琴和厨的用例，如《左传·昭公十三年》：“子产以帷幕九张行。”而没有称量弓弩的用例。而据调查，在出土简帛文献中，量词“张”称量弓弩的用例也有出现。如：

（1）承六月余官弩二张，箭八十八发，釜一口，硙二合。（《居延汉简甲乙编》128.1）

（2）凡弩二张，箭八十八枚，釜一口，硙二合。（《居延汉简甲乙编》128.1）

“张”称量弓弩的用例，在《居延汉简甲乙编》中出现20例，这为“张”语法化为量词以后初期的用例提供了补充。

䊪 “䊪”的本义是“小束”(《说文》:“䊪，小束也。”)，后虚化而成为量词。《玉篇》:“䊪，禾十把也。”“䊪”做量词时，称量束状物。在传世文献中，没有出现量词“䊪”的用法。而在出土简帛文献中，“䊪”写作“𢪛”，出现有做量词的用法（张俊之、张显成，2002)，共4例。如：

(3) 取蠃牛二七，薤一𢪛(䊪)，并以酒煮而饮之。(《马王堆汉墓帛书（肆）·五十二病方》182)

(4) 萆薢、牛膝各五𢪛(䊪)，□荚、桔梗、厚□二尺，乌家(喙)十果（颗)，并冶。(《马王堆汉墓帛书（肆）·养生方》149)

上例中，量词“䊪”用于称量成束的薤、萆薢、牛膝等草本植物。

橐 “橐”本义指盛物的袋子（《说文》:“橐，囊也。”《诗·大雅·公刘》:“乃裹糇粮，于橐于囊。”毛传：“小曰橐，大曰囊。”)，后借用做量词。“橐”做量词时，称量袋子所盛之物。“橐”做量词的用法，在传世文献中没有出现，而在汉代出土简帛文献中却有使用。在汉代出土简帛文献中，“橐”做量词共4例。如：

(5) 卖絮三橐，直百五十。(《居延新简·甲渠候官》51·414)

(6) □□一橐。五采纟一橐。五采绢一橐。(《尹湾二号汉墓木牍》一反)

上例中，量词“橐”称量成袋的物，其对象有絮、纟、绢等。

上面新材料的出现，充实了“张”“䊪”“橐”的量词用例。可见出土简帛文献中新的材料，能充实汉语语法史研究的语料。

1.5 能发现新词和新的词类

由于时代的变迁，传世文献材料难免出现删减情况，因而有些词和词类的丢失也就在所难免。而出土简帛文献，由于具有保存语言原貌的优势，因而便于发现新词和新的词类。以量词为例，具体表现是：传世文献中没有的词，在出土简帛文献中有使用，并有做量词的用法，如“聑”

“埨”；有的词在传世文献中虽有出现，但没有量词这一个词类，在出土简帛文献中却有用作量词的用法，如“絜”“挼”“资”“町”。

聏　整理者认为，“聏”是器名，属于簠的一种。用于盛装食物，呈方形。西周晚期开始出现，春秋战国流行。《周礼·地官·舍人》：“凡祭祀，共簠、簋，实之陈之。”郑玄注：“方曰簠，圆曰簋，盛黍稷稻粱器。”“聏”做量词，由盛食之器假借而来。“聏”，在传世文献中未见，而在出土简帛文献马王堆一号汉墓和三号汉墓遣策中却有出现，并且有做量词的用法，共11例，称量用方簠盛的食物。如：

(1) 白鱼五聏。右方荣鱼七聏。(《马王堆一号汉墓·遣策》49、50)

(2) 笋廿聏。楳（梅）十聏。(《马王堆三号汉墓·遣策》107、109)

出土简帛文献中，量词“聏”称量的食物有梅、笋、白鱼、鰿離熇、鲤離熇等。

埨　整理者认为，“埨”为器名，指用来盛食物的陶类器具。①“埨”做量词，由盛食之器假借而来。“埨”，在传世文献中未见，而在出土简帛文献马王堆三号汉墓遣策中却有出现，并且用作量词，共6例，称量用陶类器具盛的食物。如：

(3) 赖（藾）苴（菹）一埨。元栂（梅）一埨。(《马王堆三号汉墓·遣策》127、128)

(4) 无（芜）夷（荑）一埨。婺（醬）俞（醶）一埨。(《马王堆三号汉墓·遣策》130、131)

上例中，“埨”称量以陶盛的物，包括芥菹、元梅、芜荑、醬醶等。

絜　“絜”本指“一束麻”(《说文》：“絜，麻一端（端）也。”段玉裁注：“一端（端）犹一束也。又《说文》：‘系，絜束也。’是知‘絜’为‘束’也。”)，后虚化为量词。“絜”做量词时，用于称量一束一束的物。

① 湖南省博物馆，湖南省文物考古研究所. 长沙马王堆二、三号汉墓. 北京：文物出版社，2004：54.

如《说文》:“缪，枲之十絜也。”在传世文献中，“絜”做量词的用法没有出现。而在汉代出土简帛文献中，“絜”却有做量词的用法，共2例。如:

(5) 出枲一絜，八月二日付掾绳席。(《居延汉简甲乙编》203.5)

(6) 九月十五日付司□□笥二合，五十四直百八，枲四絜，七直廿八。凡百卅六。(《湖北江陵凤凰山十号汉墓竹简考释》122)

在《江陵凤凰山十号墓汉简》中，另有一例:“十月七日付……五絜，四，凡廿。”(《湖北江陵凤凰山十号汉墓竹简考释》124)根据上面诸简的行文格式，我们推断，此简中，“五絜”前一缺字当为“枲”,“五絜”指枲五束。出土简帛文献中，量词“絜”称量成束的枲。

挼 量词“挼”由表“两手相切摩”义的动词虚化而来。“挼”与“捼”同。《说文》:“捼，一曰两手相切摩也。”《广韵·戈韵》:“挼，挼莎，两手相切摩也。”做量词时，称量两手相切摩的物。传世文献中，未见“挼”做量词的用法。而在出土简帛文献中，“挼”存在有做量词的用法，共2例。(张俊之、张显成，2002:191-224)如:

(7) 治之以柳蕈一挼、艾二，凡二物。(《马王堆汉墓帛书(肆)·五十二病方》266)

(8) 治以蜀焦(椒)一委(挼)。(《马王堆汉墓帛书(肆)·五十二病方》残1)

出土简帛文献中，量词“挼”，整理小组认为疑当为一倖，称量柳蕈、艾叶、蜀椒等的数量。

资 唐兰(1980:23)认为，“资”本指硬陶器，后作“瓷”。《集韵》:“瓷，陶器之致坚者。”后假借为量词，用于称量用陶器盛的物。传世文献中，“资”未见做量词的用法。而在汉代出土简帛文献中，“资”做量词的用法却很常见。如:

(9) 鱼魫一资。肉魫一资。鱼䏙(**鮨**)一资。肉酱一资。爵(雀)酱一资。[illegible]然一资。强(**蠯**)䏙(**鮨**)一资。孝糖一资。(《长沙马王堆一号汉墓·遣策》90—97)

(10) 瓜酱一资。瓜苴(菹)一资。笋苴(菹)一资。(《长沙马

王堆三号汉墓·遣策》124—126）

出土简帛文献中，量词“资”称量用瓷器盛的鱼魫、肉魫、鱼鮨、𪉈鮨、肉酱、雀酱、瓜菹、笋菹、䧢然、孝𥹸等的数量。

町　“町”本是用来表土地单位的名词。《左传·襄公二十五年》：“町原防，牧隰皋，井衍沃。”杜预注：“堤防间地不得方正如井田，别为小顷町。”孔颖达疏引贾逵曰：“原防之地，九夫为町，三町而当一井也。”由此“町”虚化为量词。传世文献中，没有“町”做量词的用法。而在出土简帛文献中，“町”有做量词的用法。做量词时，用来称量土地的个体单位。如①：

（11）盗田二町，当遗三程者□□□□□……（《云梦龙岗秦简》241）

（12）下伍丘男子五孙，田六町，凡十二亩，皆二年常限。（《长沙走马楼三国吴简·嘉禾吏民田家莂》5）

（13）下伍丘男子五常，田一町，凡三亩，皆二年常限。（《长沙走马楼三国吴简·嘉禾吏民田家莂》6）

（14）右区景妻田四町，合廿六亩　。（《长沙走马楼吴简（一）》3370）

从上面用例看，每町数量都不同。例（12）中的“田六町，凡十二亩”指田六处，共十二亩，一町为二亩。例（13）中的“田一町，凡三亩”指田一处，共三亩，町为三亩。例（14）中的“田四町，合廿六亩”指田四处，共二十六亩，一町就是六点五亩。“町”用于称量田土的数量，相当于“处”的意思，一町指一处。“町”表示土地单位量词的用法只出现在楚地出土简帛文献中，可能跟楚地方言有关。

由此看出，在出土简帛文献中，不仅出现有传世文献没有的词，也出现有传世文献中没有的词类。出士简帛文献中新发现的词和词类的挖掘，能增强汉语语法史的研究，推动汉语语法史研究的发展。

---

① 汉代徐胜买地铅券：“陌田一町，贾（价）钱二万五千。”汉代徐胜买地铅券简介．文物，1972（5）．转引自刘信芳，梁柱．云梦龙岗秦简．北京：科学出版社，1997：58.

1.6 结语

从对出土简帛文献量词的研究来看，出土简帛文献对汉语语法史研究具有重要的价值，其价值表现为：能更精准地把握汉语语法现象的源头；能更深入地挖掘新的语法意义；能充实汉语语法史研究的用例；能发现新词和新的词类。近年来，随着学术界对战国秦汉等出土简帛文献的不断关注，大量的出土简帛文献相继面世，其释读和研究工作也进入新的阶段。目前，学术界正如火如荼地展开汉语语法史专书研究和断代研究。综观全局，在新的形势下，将出土简帛文献纳入汉语语法史研究范围，必将给汉语历史语法研究带来新的气象。

二　出土简帛文献对辞书编纂的价值

2.1 引言

目前陆续刊布的春秋战国秦汉出土简帛文献，内容极为广泛，涉及政论、经济、哲学、宗教、军事、医学、数学、音乐、语言和文学等诸多领域。其传抄古书，如《墨子》[①]《国语》《逸周书·大武》《管子》[②]《老子》《缁衣》《穷达以时》等，与传世文献相比，具有更为真实的面貌和更为可靠的研究价值。其失传的佚书，如《太一生水》《五行》《性自命出》《鲁穆公问子思》《唐虞之道》《成之闻之》《六德》《孔子诗论》《乐礼》《鲁邦大旱》《恒先》《子羔》《性情论》等，均为首次发现的珍贵资料。它们自藏于地下至今，已有两千多年历史。由于未经任何改动，因此，其文字记录反映了当时最为实际和最为真实的生活状况。如公文（包括法律、军事、户籍、公共事务等）、遣策、卜筮祭祷记录等，带有典型的口语特征，能极为真实地反映当时的语言状况。近日，笔者经对战国秦汉出土简帛文献的整理，发现当中有相当一部分词语可以用于补正《辞源》的语源和语义。现以量词及其相关词语为例，针对出土简帛文献在《辞源》订补中的

---

① 李学勤认为，河南信阳长台关 10 号墓出土的《墨子》，可能是传世《墨子》的佚篇。

② 张春龙认为，湖南慈利石板村 36 号墓土的《国语》《逸周书·大武》《管子》，能和传世本互相印证。

作用展开讨论。

2.2　能将词语的出处和产生的时间提前

顾名思义，《辞源》就是能为词语提供最早来源的语言工具书。由商务印书馆1998年修订出版的《辞源》（合订本），由于其所收词条多有语源，且能反映语言客观事实，因此，该辞书在语言学界一直备受青睐。但是，倘若能将出土简帛文献中发现的有关词语，如：具、丸、口、封、分1，纳入该辞书，那么，该辞书的内容将更为完善。

如：《辞源》收录量词“具”，语源引自《史记·货殖列传》：“旃席千具。”倘若依据出土简帛文献，那么该词条可从以下两个方面做出订补：一是量词“具”的语源提前；二是称量的范围和对象明确。据调查，早在西周金文中，量词“具”出现，用作个体单位，称量“鼎、贝”。如：

(1) 戠，辛巳，王赐驭八贝一具，用乍（作）父己尊彝。（《殷周金文集成·駿驭卣》10.5380）

(2) 函皇父乍（作）琱娟（妘）般（盘）盉尊器，鼎𣪘一具。（《殷周金文集成·函皇父盘》16.10164）

在秦汉简帛中，量词“具”的称量范围扩大，可以用于称量人体器官和生活器具。如：

(3) 祠固用心肾及它支（肢）物，皆各为一具，一具之臧（赃）不盈一钱，盗之当耐。或直（值）廿钱，而被盗之，不尽一具，及盗不直（置）者，以律论。（《睡虎地秦简·法律答问》25、26）

(4) 甑一具。（《关沮秦汉墓简牍·周家台30号秦简》）

(5) 护羌使者传车一乘，黄铜五羡一具，伏兔两头，柅两头，亶带二蒂……赤韅各两少，铜鐕一具。（《敦煌悬泉汉简释粹》255）

从来源看，量词“具”来源于名词“器物”的虚化。具体由“器物”虚化为称量器物的件数。由此可见，“具”产生时间可以提前到西周时期，其用法可以扩大到用于称量 人体器官和生活器具等。

再如：《辞源》收录量词“丸”，引三国魏曹植《曹子建集·善哉行》为语源。但倘若将出土简帛文献中发现的量词“丸”纳入考证，那么，其书证可提前，称量范围可更明确。春秋战国《五十二病方》和《养生方》等出土简帛文献中①，“丸”作量词共有11例，称量药丸。如：

(6) 毁一垸（丸）音（杯）酒中，饮之。(《五十二病方》2)

(7) 到春，以牡（牝）鸟卵汁畚（弁），完（丸）如鼠矢，阴干，□入八完（丸）叔（菽）酱中以食。(《养生方》37、38)

例(6)中，“毁”的受事指向膏、甘草、桂、姜、椒等做成的药物。量词“丸”的字形，春秋战国时写作“完、捖、垸”，汉代统一写作“丸”。量词“丸”由名词“小而圆的物体”(《说文》:“丸，圜，倾则而转者。”)虚化而来，用于称量像丸状的药物。由此可见，量词“丸”产生的时间可以提前到春秋战国时期，其用法可以扩大到称量丸状的药物。

再如:《辞源》收录量词“口”，引唐房玄龄《晋书·刘曜载记》作语源。若将出土简帛文献中发现的量词“口”纳入考证，就会发现，该语源时间的断定应当提前到汉代，其称量的范围应当扩大到人及有关的物件。在秦汉出土简帛文献中，“口”已普遍用作量词，用于称量器皿、釜和棺木等。如②：

(8) 承六月余官弩二张，箭八十八枚，釜一口，硙二合。(《居延汉简释文合校》128.1)

(9) 故釜一口，鍉有锢口呼长五寸。(《居延汉简释文合校》128.1)

量词“口”是由“人的器官”义(《说文》:“口，人所以言食也。”)虚化而来，最早用于称量人，后来发展到称量与人有关的物件，如“器皿、釜”和“棺木”等。

再如:《辞源》收录量词“封”，谓之“用来称量封缄物”，语源引自唐杜甫《杜工部草堂诗笺·述怀》。早在秦汉出土简帛文献中，“封”就已频繁用作量词，称量文书和典章制度。如：

---

① 《黄帝内经》成书于战国，《五十二病方》《养生方》比《黄帝内经》更早，它们产生于春秋战国之际。

② 晋代继续使用量词“口”，如：故黄柏器一口。(《甘肃武威旱滩坡十九号晋墓木牍》背面)

(10) 出东书八封，板檄四，杨檄三。四封太守章：一封诣左冯翊……(《敦煌悬泉汉简》109)

(11) 南书一封，殄北候印。(《居延汉简甲乙编》30.4)

由此得知，量词“封”产生于汉代。主要用于称量书信、文书和典章制度，从动词“封缄”虚化而来。

再如：《辞源》收录“表示整体中的一部分”的名词“分$_1$”，语源引自《警世通言》。而早在春秋战国出土简帛文献中，“表示整体中的一部分”意义的名词“分$_1$”已经常见。如：

(12) 取弟（蛸）选（蠃）一斗，二分之，以截渍一分而暴（曝）之。(《养生方》90)

该例中，“二分之”意指把蛸蠃（一种螺）分成二等分，此“分”读阴平，作动词。“以截渍一分”指把其中一等分用截（一种酒）浸，此“分”读去声，作名词，表示整体中的等分。

(13) 小婴儿以水［半］斗，大者以一斗，三分和，取一分置水中，挠，以浴之。(《五十二病方》48、49)

该例中，“三分和，取一分置水中”指把混合的药物分成三等分，取其中一等分放入水中。第一个“分”作动词，第二个“分”作名词，表示整体中的等分。

(14) 取枣种麤(粗) 屑二升，葵种一升，三分之，以水一斗半［煮一］分，孰（熟），去滓，有（又）煮一分，如此以尽三分。(《五十二病方》173、174)

该例中，“三分之”指把它分成三等分，“分”作动词。“煮一分”和“尽三分”中的“分”作名词，表示整体中的等分。

由此可见，“分$_1$”这种“表示整体中的部分”的用法早在春秋战国时期就已出现。并且，正是这个“表示整体中的部分”的“分$_1$”的出现，为“分”虚化为量词打下了良好基础。

2.3　能修订和增补词语的传统训释

不仅如此，通过考证出土简帛文献，《辞源》中一些词语，如：颗、梃、顿、斗、石$_1$，还能得到更为完善和更为确切的训释。

如：《辞源》收录量词“颗”，释作“用来计量圆形或粒状物的东西”，引杜甫《杜工部诗史补遗》作语源。而在春秋战国《五十二病方》和《养生方》等出土简帛文献中，量词“颗”已广泛用于称量圆形的粒状物或块状物。如：

(1) 婴儿病间（痫）方：取雷尾〈戻（矢）〉三果（颗），冶，以猪煎膏和之。(《五十二病方》48)

(2) 取弱（溺）五斗，以煮青蒿大把二，鲋鱼如手者七，冶桂六寸，干薑（姜）二果（颗）。(《五十二病方》248、249)

(3) 取［乌］豙（喙）三果（颗），干畺（姜）五。(《养生方》164)

例（1）（2）（3）中，“果”是量词“颗”的古字，可用于称量“圆形的粒状物”和称量“块状物”。与根据传世文献中的材料把量词“颗”定义为称量圆形的粒状实物相比，根据出土文献对量词“颗”的归纳，词义更为完善。

再如：《辞源》收录量词“梃”，释为“条状物的计量单位”，引南北朝《魏书·李孝伯传》作语源。其释义与量词“条”（计量长形物）的释义近似。而在春秋战国《五十二病方》等出土简帛文献中，“梃”有多例用作量词，称量挺而直的物件。① 如：

(4) 伤者，以续［𢇍（断）］根一把，独□长支（枝）者二廷（梃），黄黔（芩）二梃，甘草□廷（梃），秋乌豙（喙）二□□□□□者二瓯。(《五十二病方》17。)

(5) 以水一斗煮葵种一斗，浚取其汁，以其汁煮胶一廷（梃）半，为汁一参，而□。(《五十二病方》168。)

上例中的量词“梃”，由名词“挺直的树干”(《说文》：“梃，材，木梃也。”）虚化而来，用于称量挺而直的条状物（例4）或块状物（例5）。

---

① 张俊之，张显成．帛书《五十二病方》数量值研究//简帛语言文字研究：第一辑．成都：巴蜀书社，2002：191-223.

因黄芩和甘草，茎皆挺而直。“胶”，属于条块的硬状物。显然，量词“梃”所称量的对象不仅有“条状物”，而且有“块状物”，并且具备“挺”而“直”的特征。以此为据，量词“梃”在《辞源》中的释义可以修订为“称量挺直的条状物或块状物”。其产生时间也可从南北朝提前到春秋战国。

再如：《辞源》收录量词“顿”，其释义为“一次一顿”，引《世说新语》作语源。而在出土简帛文献中，表示饮食动作次数的“顿”已见于晋代《肘后备急方》。如：

(6) 菰根和鲫鱼煮，作羹，食之三两顿，即便差耳。(《肘后备急方》卷二)

(7) 待至六日，则饱食羊肉馎饦一顿，永差。(《肘后备急方》卷二)

上例中量词“顿”，由动词“停顿”虚化而来，最早用于称量“饮食的次数”，然后扩大为“责打的次数”。以此为据，量词“顿”在《辞源》中的释义可以修订为“称量饮食或责打的次数”。

再如：《辞源》收录量词“斗”，引自《汉书·历律志上》：“十升为斗……斗者，聚升之量也。”以此为据，古代“斗”为“十升”。在其他字书中，也有“斗”是“十升的容量”的说法。但在出土简帛文献中，根据陈梦家和张显成、李建平研究，西汉时期，斗的容量有所不同。既有十升为斗、十斗为斛的量器，也有六升为斗的量器，基数相同（一合为20毫升）。秦汉简帛中，量词“斗”用例如：

(8) 稻、麻亩用二斗大半斗，禾、麦亩一斗。(《睡虎地秦简·仓律》40)

(9) 凡三人，用粟大石四石五斗，为小石七石五斗，九月食。(《香港中文大学文物馆藏简牍·汉简》131正面)

显然，早在秦汉简帛中就有大斗、小斗之称，且与大石、小石相对应。依例(9)，一大石为4.5斗，一小石为7.5斗，一小斗为0.6大斗，即小斗与大斗的比为1∶0.6。简帛中所用“斗”均指“小斗”。“斗”这种容制反映当时法定容量，与传世文献中所谓“十升为斗”的含义有所不同。[①] 这表明，古时斗的容量，或因地域的不同而不同，或因时代的不同而不同。依此，量词“斗”在《辞源》中的释义可以修订为：容量单位，古时有大斗与小斗之分，一小斗为0.6大斗。后谓斗为十升。

再如：《辞源》收入量词“$石_1$”，即“容量单位，十斗为石”，引自《汉书·食货志》。但在出土简帛文献中，秦汉表量制的“$石_1$”已常见，如在《秦律十八种》中，就已出现量制的“$石_1$”，共计34例。据调查，表示量制的“$石_1$”在早期秦汉出土简帛文献中的用法各有不同。[②] 如：

(10) 顷入刍三石、稾二石。(《睡虎地秦简·秦律十八种》8)

(11) 叔（菽）、荅、麻十五斗为一石。稟毁（毇）粺者，以十斗为石。(《睡虎地秦简·仓律》43)

(12) 昌稟大石五石七斗五升，为小石九石五斗二参半，二月食。(《香港中文大学馆藏简牍·汉简》133)

从秦汉简帛文献看，石有大石、小石之分。斗也有大斗、小斗之分。石和斗关系密切。如上例（9）所表现，一大石为4.5斗，一小石为7.5斗，一小石为0.6大石，即小石与大石的比例为1∶0.6。大石、小石以及大斗、小斗的出现，反映秦汉时期量制使用的特点。显然，这与传世文献的计算方法有所不同。[③]

以此为据，量词“石”在《辞源》中的释义可以修订为：容量单位，古时有大石与小石之分，一小石为0.6大石。后谓石为十斗。

2.4 能增补词语的文献用例

《辞源》所收录词语的文献用例，多来自传世文献。鉴于有些上古文

---

① 张显成，李建平．论简帛量词的研究价值//简帛研究二〇〇八．桂林：广西师范大学出版社，2010：203-224.

② 下面的内容能证明《睡虎地秦简》是秦时的文献，《编年记》里的年号，在昭王、孝文王和庄王之后是“今元年”，即秦王政（始皇）元年，表明《编年记》是秦始皇时期写成的。又如《语书》开头说：“廿年四月丙戌朔丁亥，南郡守腾谓县、道啬夫”，以历朔推算是秦王政（始皇）二十年。《语书》文中几处避讳“正”字，改写作“端”，也证明它是秦始皇时期的文件。竹简中写得早的，则可能属于战国末期。

③ 汉代传世文献中，“石”的算法规定：十斗等于一石或者一斛，一斛就是一石。

献遗失，造成一些词语在该时期语义用例缺乏，如：𥻆、尺、张、步、分$_2$，依出土简帛文献，可以增补词语训释的用例。

如：量词“拼(𥻆)”，《辞源》未载此字。《汉语大字典》虽有此字，但仅引《玉篇》“𥻆，禾十把也”作参考，并无文献证据。而在《五十二病方》和《养生方》等出土简帛文献中，量词“拼(𥻆)”共出现5例。① 如：

(1) 取蠃牛二七，薤一拼(𥻆)，并以酒煮而饮之。(《五十二病方》182)

(2) 萆薢、牛膝各五拼(𥻆)，□荚、桔梗、厚□二尺，乌豙(喙)十果(颗)，并冶。(《养生方》149)

上例中，量词“𥻆”用于称量“薤、桂、萆薢、牛膝”等草本植物，源于名词“小束”义(《说文》：“𥻆，小束也。”)的虚化。如果将出土简帛文献中有关“𥻆”用作量词的用例纳入《辞源》，不仅可以使量词得到充实，而且可以提供足够的文献证据。

再如：《辞源》在释量词“尺”时指出：“长度单位，十寸为尺。周代各种长度如寸、尺、咫、寻，都以人体的部位为准则。”虽有解释，却并无文献依据。而在春秋战国出土简帛文献中，量词“尺”广泛使用。以下用例足以填补量词“尺”在《辞源》中文献依据的空白。如：

(3) 取杞本长尺，大如指。(《五十二病方》73)

(4) 坎方尺有半，深至肘。(《五十二病方》178)

同期传世文献中，“尺”也有作长度量词的用法。如“虽使五尺之童适市，莫之或欺”(《孟子·滕文公章句上》)。可见，以上用例还可以作为长度量词“尺”的语源，并以此为据，在《辞源》中补充量词“尺”称量长度的用例。

再如：《辞源》收录的量词“张”，引自《左传·昭公十三年》：“子产以幄幕九张行。”王力和刘世儒认为，量词“张”称量弓弩的用法由“张”

① 张俊之，张显成．帛书《五十二病方》数量值研究//简帛语言文字研究：第一辑．成都：巴蜀书社，2002：191-223．

的本义“张弓”（《说文：“张，施弓弦也。”》）虚化而来，它最初应该称量“弓弩”，只是早期没有发现这样的用例。早期量词“张”称量的对象是“幄幕”。我们通过对出土简帛文献调查，却发现有27例“张”称量“弓弩”的用法。如：

(5) 承六月余官弩二张，箭八十八枚，釜一口，硙二合。(《居延汉简释文合校》128.1)

(6) 弩一张，力十二石。(《居延新简》748A)

从“张”的语法化历程看，首先由“张弓”引申为“张开”，其意义在春秋时期使用普遍。张开的对象，既可以是弓，也可以是其他物体。其次由“张开”虚化为量词，用于称量能够张开的物体。由此可见，“张”先在《左传》中称量“幄幕”，后在秦汉时用来称量“弓”，都是有据可依的。汉简中称量“弓弩”量词“张”的用例，不仅可以补充传世文献不足。而且可以在《辞源》中补充量词“张”称量弓弩的用例。

再如：《辞源》释“分$_2$”作量词时共有六种用法，认为：“长度，尺的百分之一；重量，两的十分之一；土地面积，亩的十分之一；角度单位，度的六十分之一；时间，一小时的六十分之一；货币，圆的百分之一。”对于此六种用法，均未提供文献出处。战国秦汉时期简帛文献中，量词“分$_2$”早已存在以下用法：

A. 表示货币。如：

(7) 姜四两，两二钱七分直……(《居延新简》9.7B)

(8) 出钱八，就十月尽十二月，月二钱七分。(《居延新简》51.214)

例(7)语义为：姜四两，每两的价钱为二钱七分。例(8)语义为：总共出工钱八钱，从十月到十二月共三个月，每月工钱为二钱七分。① 此时“分$_2$”已不同于“分$_1$”，不再作名词表“等分”，而是用作货币量词，并与量词“钱”排列，搭配成组，用于指价格。按古货币“十厘为一分，

① 周代，一年工钱的计算方式，从十月开始计算起，到来年九月为一年的最后一个月。这里每月工钱是二钱七分，三个月的工钱共八钱一分，算作八钱。

十分为一钱”的计算进制，“分$_2$”亦非今天意义上“圆的百分之一”。

B. 表示度量衡单位。此类用法有两个小类：

a. 表长度。如：

(9) 头四所，其一所创袤三寸①，三所创袤二寸半，皆广三分，深至骨良。(《居延新简》68.188)

(10) 钱径十分寸八以上，虽缺铄，文章颇可智（知），而非殊折及沿钱也，皆为行钱。(《张家山汉简·二年律令》197)

(11) 以方为圜曰材，方七寸五分寸三为圜材几何？曰：四围二寸廿五分十四。(《张家山汉简·算数书》154)

这种用“分$_2$”表长度单位的用法，在传世文献中也有出现。如：《汉书·律历志》：“其算法用竹，径一分，长六寸。”又同卷：“度者，分、寸、尺、丈、引也，所以度长短也。”古长度计算的进制是“十厘为一分，十分为一寸，十寸为一尺，十尺为一丈，十丈为一引”②。

b. 表量制。如：

(12) ……大斗三斗，三斗一升二分。(《居延汉简甲乙编》148.17)

从居延汉简和秦律看，古量制计算的进制是一升为十分。

C. 表份额。如：

(13) 治除热方：贝母一分，桔更（梗）三分。(《居延新简》10.8)

(14) 大黄十分，半夏五分，桔梗四分。(《居延新简》9.7A)

这类作量词的“分$_2$”，一般表示药品等物的剂量。从上例看，当时在对药物进行剂量分配时，或用量制的方式处理，或用衡制的方式处理。当然也有论个数分配的情况，不过这种分配方式适宜单独分类。总之，

---

① “袤”一般指纵长，与“广”或“宽”相对。如《墨子·杂守》：“三十步一弩庐，庐广十尺，袤丈二尺。”

② 《汉书·律历志》记载：“一为一分，十分为寸，十寸为尺，十尺为丈，十丈为引，而五度审矣。”

"分$_2$"不管以何种分配方式出现，都已不再同于"分$_1$"，不再表示等分，而是用作量词"份额"。这表明，"分"已从名词虚化为量词。在量词"分"出现的语境中，通常由多个名词排列，搭配成组，强调其与"数"之间的数量关系。如例（14）中的"分"，指"大黄、半夏、桔梗"在药剂中所占"份额"。后来，人们将这类用作量词的"分$_2$"写作"份"。

D. 表示时间单位。如：

（15）定行廿九时二分，除界中十三时。(《居延新简》22.148)

（16）……隧卒世去临木隧十七里，当行一时七分。(《居延新简》50.107)

古代表示时间单位的"分"与今天的"一小时六十分"的"分"有所不同：一日分八十分，每一分为十八分钟。① 如《汉书·夏侯胜传》："戊子益甚，到五十分，蒙气复起。"

以上研究表明，春秋战国时期，量词"分$_2$"产生，用于表示货币、长度、量制、份额和时间等多项用法。以此为据，可以为《辞源》表示货币、长度、量制、份额、时间等用法的量词"分$_2$"补充用例。

再如：《辞源》收录"步"，用于表示长度的名词，谓"周八尺为一步，秦六尺为一步"。"步"作量词的用法在战国秦汉出土简帛文献中就有出现。当时量词"步"已经有两类用法：表示长度；表示面积。②

a. 表示长度。如：

（17）起禁奸隧西南行七里二百八十九步，未至。(《居延汉简甲乙编》10.13)

（18）□乡厌蒹堤，凡十五里卌步，积三万一千一十步。(《香港中文大学文物馆藏牍·河堤简》214)③

b. 表示面积。

（19）南乡南均堤，凡十八里百七十步，积五万五千六百五十步。

① 孟康曰："分一日为八十分，分起夜半。"

② 《汉语大词典》也未载"步"表示长度和面积的量词用法。

③ 据《香港中文大学文物馆藏牍》中"河堤简"的字体，应该属于东汉时期作品。

（《香港中文大学文物馆藏牍·河堤简》200）

（20）莫阳乡桃丘堤，凡十二里八十步，积二万二千九百廿步。（《香港中文大学文物馆藏牍·河堤简》205）

（21）并租：禾三步一斗，麦四步一斗，荅五步一斗，今并之租一石，问租几何？得曰：禾租四斗四十七分［斗］十二，麦租三斗［四十七］分［斗］九，荅租二斗［四十七］分［斗］二十六。（《张家山汉简·算数书》43、44）①

例（21）“禾三步一斗，麦四步一斗，荅五步一斗，今并之租一石，问租几何”指种禾苗三平方步交租一斗，种麦四平方步交租一斗，种豆五平方步交租一斗，今一共交租一石，即十斗，问每种作物各交租多少。

“步”的面积算法，秦汉依商鞅之法。“步”指平方步，平方步是亩的下一级单位，一亩为二百四十步。

度量量词“步”由其表示“用脚行走”义的动词虚化：用于量制长度和面积的土地；用于量制长度和面积的庄稼。出土战国秦汉简帛文献中，这两种用法都已经普遍存在。以此为据，可以为《辞源》中称量长度单位和面积单位的量词“步”补充用例。

2.5　能增补词语新的词类

出土简帛文献的发掘和释义，能为《辞源》中收录的词语提供必要补充，如：编、笥、搂、囊。

如：《辞源》收录表示“串联竹简的皮筋或绳子”义的名词“编”，语源引自《汉书》，未载入其作量词用法。出土秦汉简帛文献中，有9例“编”用作单位量词，用于称量名籍、簿等书册，相当于“册”。如：

（1）谨移传马名籍一编，敢言之。（《敦煌悬泉汉简·传马名籍》90）

（2）移应书一编，敢言之。（《居延汉简甲乙编》35.8A 102）

量词“编”由表“编辑”义的动词（《说文》：“编，次简也。”）虚化

① 《张家山汉简》中的“算数书”是西汉时期的数学内容。

而来。以此为据，可以在《辞源》中增补一项“编”作量词的词类。

再如：《辞源》收录表示“盛衣物或饭食等的方形竹器”义的名词“笥”，语源引自《尚书·说命》，未载入其作量词用法。出土秦汉简帛文献中，有69例“笥”作单位量词，称量肉、笋、羞、脯、炙、梨等食物的用法，相当于“篮”。如：

(3) 梨一笥。(《散见简牍合辑·长沙马王堆一号汉墓竹简》1231)

(4) 朊脯一笥。(《散见简牍合辑·长沙马王堆一号汉墓竹简》1183)

量词“笥”由名词“竹器”(《说文》:“笥，饭及衣之器也。”)虚化而来，用于称量竹器“笥”所盛的东西。以此为据，可以在《辞源》中增补量词“笥”这一词类。

又如：《辞源》收录表示“揉搓”义的动词“捼”，语源引自元代王恽《秋涧集》，未载入其作量词的用法。在出土秦汉简帛文献中，“捼”作自然单位量词用法有5例，相当于“捧”。(张俊之、张显成，2002) 如：

(5) 治之以柳蕈一捼、艾二。(《五十二病方》266)

(6) 治以蜀焦(椒)一委(捼)。(《五十二病方》残1)

“捼”，原为动词，表示拿东西用两手揉搓。后因虚化而做量词，表示用手量蕈菌、艾叶、花椒等东西。以此为据，在《辞源》中宜增补量词“捼”这一新词类。

又如：《辞源》收录表示盛物的袋子的名词“囊”，未载入作量词的用法。秦汉出土简帛文献中，“囊”用作量制量词的用法常见，用于表示用袋子称量种子、谷米、金银、种子、稾等物品。如：

(7) 金银二囊。(《散见简牍合辑·江西南昌东吴高荣墓木刺、木牍》背面第一栏)

(8) 五穜(种)十囊，囊盛一石五斗。(《散见简牍合辑·长沙马王堆一号汉墓竹简》152)

(9) □白稾一囊一笥。(《散见简牍合辑·长沙马王堆一号汉墓竹

简》1441）

“囊”由袋子虚化为量词，称量用囊盛的物。以此为据，可以在《辞源》中增补“囊”作量词的新词类。

2.6　能增补词语新的用法

出土简帛文献所提供的语料，不仅能给《辞源》中有关词语增添新的词类，而且能增补一些新的用法，如：石$_2$、钱、町、木、合。

如：《辞源》在载入量词“石”的用法时，只收录了传世文献中作容量单位和重量单位的用法。而出土秦汉简帛文献中，“石$_2$”还存在有表示面积单位的用法，共5例。如：

（1）母姃有田十三石，前置三岁，田税禾当为百二下石。（《东牌楼汉简》5）

（2）张、昔今强夺取［田］八石。（《东牌楼汉简》5）

东牌楼汉简中的“石”，按计算，“田一石”相当于旧制的“六亩三分”。据文献记载，这种用“石$_2$”计算土地单位的计量方法，在长沙及其周边地区，直到近代都有沿用。以此为据，可以在《辞源》中为量词“石”补充其表示面积单位的用法。

再如：《辞源》收录表衡制单位的量词“钱”，谓“十钱为两，其制始自宋初”。而出土秦汉简帛文献中，“钱”不仅可做衡制单位量词，而且还可做货币单位量词，共24例。如：

（3）旱亩收钱卅七，凡为钱四百五十五钱。（《长沙走马楼三国吴简·嘉禾吏民田家莂》5）

（4）其旱田亩收钱卅七，其熟田亩收钱七十，凡为钱九百六十二钱。（《长沙走马楼三国吴简·嘉禾吏民田家莂》7）

“钱”本是表示货币的名词，后来用作称量货币的量词。其实，“钱”表货币单位早在《睡虎地秦简》中就已出现。如“冬人百一十钱，夏五十五钱。其小者冬七十七钱，夏卌四钱。”（《秦律十八种》简94）其意为：冬季每人缴一百一十钱，夏季每人缴五十五钱；其中小的，冬季每人缴七十七钱，夏季每人缴四十四钱。以此为据，可在《辞源》中补充量词“钱”表示货币单位的用法。

又如：《辞源》收录“町”，仅提供表示土地面积的名词，没有提供量词的用法。而出土秦汉简帛文献中，“町”已有表示面积单位量词的用法，共3例。如：

(5) 盗田二町当遗三程者……(《云梦龙岗秦简》108)

(6) 一町当遗二程者而……(《云梦龙岗秦简》110)

不仅如此，出土简帛文献中，“町”还有表示个体单位量词的新用法，共42例。如：

(7) 下伍丘男子五孙，田六町，凡十二亩，皆二年常限。(《长沙走马楼三国吴简·嘉禾吏民田家莂》5)

(8) 下伍丘男子五常，田一町，凡三亩，皆二年常限。(《长沙走马楼三国吴简·嘉禾吏民田家莂》6)

(9) 右区景妻田四町，合廿六亩。(《长沙走马楼吴简(一)》3370)

从上面用例看，每町的数量都不同。例(7)中“田六町，凡十二亩”指田六处，共十二亩，一町为二亩。例(8)中“田一町，凡三亩”指田一处，共三亩，一町为三亩。例(9)中“田四町，合廿六亩”指田四处，共二十六亩，一町就是六亩。“町”用于称量田土的个体数量，相当于“处”的意思。个体量词“町”的用法在《长沙走马楼三国吴简·嘉禾吏民田家莂》中较为常见。

“町”由表示土地面积的名词虚化为面积量词，由此，面积量词用法进一步虚化，成为个体单位量词。以此为据，可以在《辞源》中补充量词“町”作个体单位和面积单位的用法。

又如：《辞源》未收录“木”做量词的用法。出土秦汉简帛文献中，“木”有表示个体单位量词的用法，用于称量树木，相当于“株”。如：

(10) 内室皆瓦盖，木大具，门桑十木。(《睡虎地秦简·封诊式》9)

此例中“门桑十木”指门前有桑树十株。“木”作个体量词是出土简帛文献中的新用法。源于名词“树木”义的虚化，在先秦传世文献中不见该用法。汉代以后，“木”由作量词的“树”所取代。以此为据，可以在《辞源》中补充量词“木”作个体单位的用法。

又如：《辞源》没有收录“合”作量词的用法。据传世文献记载，“合”能用作量制量词。“十抄为一勺，十勺为一合，十合为一斗。”（《孙子算经》卷上）“十合为一斗。”（《汉书·律历志》）出土秦汉简帛文献中，“合”也有用作量制的量词，共4例。如：

(11) 冶乌彖（喙）、黎（藜）卢、蜀叔（菽）、庶、蜀椒、桂各一合，并和。（《五十二病方》350）

(12) 冶以丹□□□□□□□□□□为一合，挠之。（《五十二病方》454）

另外，出土简帛文献中“合”还可以用作个体量词，称量生活中的物件。这是出土简帛文献中新的用法。如：

(13) ⿰周攴（雕）杯廿$_{=}$（二十）酓（合）。（《望山2号墓简》47）

(14) 右方濯牛胃、豚、鸡、笋二合。（《长沙马王堆汉墓遣策》55）

(15) 余官弩二张、箭八十八枚、釜一口、硙二合。（《居延汉简甲乙编》128.1）

在唐代，当“合”用于表示盛物的“合子”时，量词“盒”出现，并取代了“合”。盛物之器的名词“合”虚化，成为称量合子所盛物的重量，又，由“合配”义的动词“合”虚化，用以称量成对的物件。以此为据，可在《辞源》中补充量词“合”做量制单位和个体单位的用法。

2.7　结语

对于辞书中词语出处和产生时间的提前，出土简帛文献中，除了“具、丸、口、封、分$_1$”以外，还有“两$_{衡制}$、把、车、囊、筐、篋”等。对于修订增补词语传统的训释，除了“颗、梃、顿、斗、石$_1$”以外，还有“撮、堵”等。对于增补词语的用例，在出土简帛文献中，除了“棊、尺、张、分$_2$、步”以外，还有“撮”等。对于增补词语的新词类，除了“编、笥、搂、囊”以外，还有“剂、节、阳、杯”等。对于增补词语新的用法，除了“石$_2$、钱、町、木、合”以外，还有“束、立”等。类似的问题在《辞源》中并不少见。

辞书的修订，需要摆脱文献资料的局限，扩宽视野，这样辞书编纂才能有新的突破。近年来，随着语言研究的蓬勃开展，学术界对于战国秦汉等出土简帛文献的价值倍加关注。尤其是出土简帛文献释读工作的踊跃开展，使得大量的出土简帛文献得以面世。眼下，商务印书馆正在如火如荼地修订《汉语大字典》《汉语大词典》《辞源》等辞书。我们认为，只有将出土简帛文献研究成果纳入修订范围，辞书所收录的词语才会更为完善，其应用价值和学术价值也将更为全面。

参考文献

陈梦家．汉简缀述．北京：中华书局，1980.

辞源修订组．辞源．合订本．北京：商务印书馆，1998.

李丰娟，张显成．吴简量词研究．古汉语研究，2011 (1).

李建平，张显成．先秦两汉魏晋简帛量词研究．古汉语研究，2009 (1).

李学勤．简帛佚籍与学术史．南昌：江西教育出版社，2001.

刘钊．郭店楚简校释．福州：福建人民出版社，2003.

刘世儒．魏晋南北朝量词研究．北京：中华书局，1965.

龙仕平．先秦两汉魏晋简帛文献所见土地单位考．求索，2011 (9).

马继兴，李学勤．战国现已发现的最古医方：帛书《五十二病方》．北京：文物出版社，1977.

唐兰．长沙马王堆轪侯辛追墓随葬遣策考释//文史：第十辑．北京：中华书局，1980.

王贵元．汉代简牍遣策的物量表示法和量词//简帛语言文字研究(一)．成都：巴蜀书社，2002.

王力．汉语史稿．北京：中华书局，1980.

王力．汉语语法史．北京：商务印书馆，1989.

王毅力. 动量词“顿”的产生及其发展. 语言研究，2011 (3).

张春龙. 慈利楚简概述//新出简帛研究. 北京：文物出版社，2004.

张俊之，张显成. 帛书《五十二病方》数量值研究//简帛语言文字研究：第一辑. 成都：巴蜀书社，2002.

张显成. 马王堆医书中的新兴量词//湖南省博物馆馆刊：第2期. 长沙：岳麓书社，2005.

张显成，李建平. 论简帛量词的研究价值//简帛研究二〇〇八. 桂林：广西师范大学出版社，2010.

张万起. 量词“枚”的产生及其历史演变. 中国语文，1998 (3).

中医研究院医史文化研究室. 马王堆帛书四种古医学佚书简介. 文物，1975 (6).

钟益研，凌襄. 我国现已发现的最古医方：帛书《五十二病方》. 文物，1975 (9).

楚简引用文献

陈松长．香港中文大学文物馆藏简牍．香港：香港中文大学文物馆，2001.

贾连敏．新蔡葛陵楚墓出土竹简释文//河南省文物考古研究所．新蔡葛陵楚墓．北京：大象出版社，2003.

金立．江陵凤凰山八号汉墓竹简试释//文物（6）．北京：文物出版社，1976.

李家浩．释文与考释//湖北省文物考古研究所、北京大学中文系．九店楚简．北京：中华书局，2000.

李零．《长沙子弹库战国楚帛书研究》．补正//古文字研究：第20辑．北京：中华书局，2000.

李学勤．清华大学藏战国竹简：第一至第七册．上海：中西书局，2010－2017.

刘彬徽，彭浩，胡雅丽，等．包山二号楚墓简牍释文与考释//湖北省荆沙铁路考古队．包山楚简．北京：文物出版社，1991.

刘雨．信阳楚简释文与考释//河南省文化局文物工作队．信阳楚墓．北京：文物出版社，1986.

马承源．上海博物馆藏战国楚竹书：第一至第九册．上海：上海古籍出版社，2001－2010.

彭浩，刘祖信．释文注释//湖北省荆门市博物馆．郭店楚墓竹简．北京：文物出版社，1998.

裘锡圭，李家浩. 曾侯乙墓竹简释文与考释//湖北省随县考古队. 曾侯乙墓. 北京：文物出版社，1989.

商承祚. 战国楚竹简汇编. 济南：齐鲁书社，1995.

朱德熙，裘锡圭，李家浩. 望山一、二号墓竹简释文与考释//江陵望山沙冢楚墓：附录二. 北京：文物出版社，1996.

后　记

出土战国楚地简帛文献体裁丰富多样，语言真实可靠，口语性强。文献写作时代为战国时期，地域为战国时期楚国。对于方言研究来说，这些出土简帛文献材料可以修正、补充和发展我们对汉语历史方言的研究。本研究对战国楚方言中的人称代词、量词、连词进行了系统的整理，对名词、动词、副词中的实词或虚词进行了个案研究。我们的研究发现了一些带有楚地特色的语言现象，挖掘了一些楚地方言的特点和规律。本书是目前最早从地域的角度研究上古汉语方言词汇和语法的专题著作。

本书的研究方法是“新的二重证据法”，即将历史文献考证法与历史比较法相结合开展研究工作。“新的二重证据法”是出土文献语言研究的科学方法之一。历史文献考证法强调把出土文献与传世文献相结合，将地下出土的新材料与纸上的传世材料互证；历史比较法强调汉语语音、词汇、语法的研究与历代古文字研究相结合。这实质上也是汉语历史语言学的必由之路。①

汉语历史方言有着悠久的历史，汉语历史方言研究的任务就是利用历史方言材料，采用科学的研究方法，不断探索历史方言的特点和规律，从而加强汉语历史方言学学科建设。历史方言学学科的建设，需要系统描绘汉语各历史时期方言的真实面貌，展示汉语历史方言的发展脉络，揭示汉

① 鲁国尧. 论“历史文献考证法”和“历史比较法”的结合：兼议汉语研究中的“犬马鬼魅法则”. 古汉语研究，2003（1）：2-7.

语历史方言的演变规律，挖掘汉语历史方言现象产生的动因，以实现理论创新。这是本书写作的目标，也是历史赋予我们所有从事汉语历史方言学研究工作者的重任。

首先要感谢中国人民大学，让我的研究成果入选“中国人民大学建校八十周年学术成果征集项目”并得以出版。其次要感谢美国加州大学圣塔巴巴拉分校和该校东亚系遇笑容教授。在我 2016 年访学期间，是圣塔巴巴拉分校给我提供了丰富的图书资源和良好的写作环境，是遇教授给了我工作和生活上的极大关怀和帮助，并给我的研究提出了很多宝贵意见。感谢我的导师李维琦先生、蒋冀骋先生和曹广顺先生的教诲和栽培。感谢人民大学文学院汉语言文字学教研室和古文献学教研室的老师们在学术交流过程中所给予的启发。感谢中国人民大学出版社编辑王宏霞为本书出版付出的劳动。最后要感谢我的家人，是他们支持并协助我完成本书的撰写。

因本人才疏学浅，书中难免出现讹误，敬请方家批评指正。

龙国富

人民大学人文楼

2017 年 10 月

图书在版编目（CIP）数据

战国楚简语言研究/龙国富著. --北京：中国人民大学出版社，2022.2
ISBN 978-7-300-25325-1
（百家廊文丛）

Ⅰ.①战… Ⅱ.①龙… Ⅲ.①竹简文-研究-中国-战国时代②古汉语-研究-战国时代 Ⅳ.①K877.54 ②H109.2

中国版本图书馆CIP数据核字（2017）第311911号

百家廊文丛
战国楚简语言研究
龙国富　著
Zhanguo Chujian Yuyan Yanjiu

出版发行	中国人民大学出版社		
社　　址	北京中关村大街31号	邮政编码	100080
电　　话	010－62511242（总编室）		010－62511770（质管部）
	010－82501766（邮购部）		010－62514148（门市部）
	010－62515195（发行公司）		010－62515275（盗版举报）
网　　址	http://www.crup.com.cn		
经　　销	新华书店		
印　　刷	唐山玺诚印务有限公司		
规　　格	160 mm×230 mm　16开本	版　　次	2022年2月第1版
印　　张	20.75 插页2	印　　次	2022年2月第1次印刷
字　　数	317 000	定　　价	68.00元